Dra. Saliha Mahmood Ahmed

LA CIENCIA
DE LA ALIMENTACIÓN SANA

Hestia

© Saliha Mahmood Ahmed, 2021, 2024
© Editorial Pinolia, S. L., 2024
Hestia, un sello editorial de Editorial Pinolia, S. L.

Recursos gráficos del interior de esta obra diseñados por Freepik

www.editorialpinolia.es
info@editorialpinolia.es

Primera edición: septiembre de 2024

Depósito legal: M-12176-2024
ISBN: 978-84-12864-71-7

Diseño y maquetación: Palabra de apache
Diseño de cubierta: Óscar Álvarez
Impresión y encuadernación: Liberdúplex, S. L.

Impreso en España - *Printed in Spain*

Índice

Prólogo

La comida ha sido una obsesión para mí desde que tengo memoria. Cuando conocí a Saliha en la final de *MasterChef*, ella recreaba uno de nuestros famosos postres de chocolate, y su formación en ciencias se notaba tanto en su enfoque gastronómico como en su metodología de trabajo para abordar el plato técnico. Lo clavó y acabó ganando el concurso.

Como *chef* profesional con más de treinta y cinco años de experiencia, utilizo en el restaurante muchos de los temas aquí tratados a la hora de crear nuevos platos, combinaciones de sabores y texturas. Este libro ofrece la visión y los consejos de una gastroenteróloga profesional cuya pasión es la comida; una combinación perfecta que se verá reflejada en sus deliciosas recetas. Increíblemente perspicaz y completo, este libro no es solo para los entusiastas de la gastronomía; personalmente, lo recomiendo a todos los cocineros de mi restaurante como herramienta para profundizar en la comprensión y en la continua exploración del papel que juegan nuestros sentidos y las texturas en la experiencia culinaria.

Es fundamental poder llegar a comprender bien componentes como la vista, el olfato, la textura y los olores en los alimentos; así también cuestiones como el bienestar y el proceso de la digestión. Como *chef*, volveré una y otra vez a este libro como fuente de consulta. Cubre una gran variedad de aspectos importantes, desde la salud intestinal y la digestión hasta la textura, el sonido y el lenguaje, así como su relevancia en el amplio universo de la gastronomía, lo que permite que entendamos mejor cómo comemos.

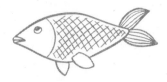

El modo en que Saliha ha entrelazado anécdotas y referencias personales con recetas e historias también facilita la lectura. No cabe duda de que en varios momentos a lo largo del libro sentirás hambre. Si tienes algún interés por la comida, por mínimo que sea, este libro es imprescindible. Educará y enriquecerá tu comprensión de lo que es la comida y cómo esta se digiere, además de enseñarte a elevar su sabor y hacerla deliciosa con unas recetas fantásticas que muero por probar.

**Sat Bains,
chef del restaurante Sat Bains,
galardonado con dos estrellas Michelin**

Con cariño a la memoria de mi abuela paterna, Naseem Akhtar, por enseñarme que una actitud positiva inquebrantable puede alterar la trayectoria de tu vida.

Introducción

POR QUÉ BUSCAR EL BIENESTAR DIGESTIVO Y LA FELICIDAD

A ctualmente en nuestra sociedad existe una tendencia progresiva —casi una obsesión— que nos lleva a analizar muy de cerca todo lo que comemos. Decidir qué consumir en el desayuno, la comida o la cena (por no hablar de los tentempiés entre horas) se ha vuelto, en cierto modo, más estresante y complejo que nunca. El bombardeo de información sobre la «alimentación ideal» puede resultar desconcertante y estresante para algunos, sembrar ansiedad en otros y dejar exhaustos a muchos de nosotros.

En este clima de confusión gastronómica puede existir, también, cierta presión social por «definir» tu propia relación con la comida. ¿Eres de los que cuentan las calorías, restringen los carbohidratos y ayunan una vez a la semana? ¿O eres el vegano que come alimentos integrales y cree en los suplementos nutricionales? Tal vez te consideras vegetariano, aunque ocasionalmente un pescetariano, que también come pavo en Navidad. ¿Comes platos precocinados con orgullo? ¿O con el corazón encogido de arrepentimiento tras un largo y agotador día de trabajo? Tal vez comas siempre productos ecológicos comprados exclusivamente en el mercado local de agricultores; o quizás vayas al supermercado local porque prefieres tus tomates todos idénticos y esféricos, y porque disfrutas de ciertos niveles de comodidad. ¿Te consideras un crítico gastronómico? ¿Tu pasatiempo más extravagante es la buena mesa? ¿O eres más bien un conocedor de todos los bares de tapas que existen en un radio de 8 kilómetros a la redonda de tu sofá? Puede ser que la ética alimentaria y las preocupaciones ambientales influyan en tus elecciones alimenticias, o que la amplitud de estos debates, y la gran cantidad de alternativas posibles, te hayan dejado más confundido que antes…

Y esto no es ni mucho menos una lista exhaustiva de estilos de vida alimenticios. Intenta pasar una hora en Instagram leyendo algunos de los pies de foto que se muestran bajo la etiqueta #instafood: acabarás tirando el teléfono contra la pared por la sobrestimulación. Aunque puede que descubras en el proceso un nicho culinario que hasta ahora no sabías que existía. Pero a menudo me pregunto si tener todas estas opciones es liberador o es más bien dañino para nosotros. ¿Estamos viviendo una revolución o una catástrofe alimentaria? ¿Y cuál de estas opciones, si es que hay alguna, nos acerca más a una sensación de bienestar digestivo y felicidad?

Está claro que la comida es importante. Y su importancia ya no se limita solo a la supervivencia: la comida es ahora un pasatiempo, una industria, un estilo de vida, un objeto de celebración cuando estamos contentos y un consuelo cuando estamos tristes. Está presente en todos los aspectos de nuestra vida moderna, desde el nacimiento hasta la muerte, pasando por todas las etapas intermedias.

Desde los alimentos que elegimos poner en el carro de la compra hasta el dinero que gastamos, desde los cajeros con quienes acabamos estableciendo vínculos hasta los restaurantes que elegimos frecuentar, y quizá —lo que es más importante— hasta nuestra salud física y bienestar mental a largo plazo: el impacto de nuestras elecciones alimentarias es absoluto. Por eso es tan fundamental encontrar la salud y la felicidad a través de la alimentación.

Como gastroenteróloga y autora de libros de cocina, conozco a muchas personas que se interesan por mis hábitos alimenticios. Algunos compañeros de trabajo han intentado husmear a hurtadillas en mi fiambrera, curiosos por saber qué maravillas exóticas podría contener. Tal vez esperan un cordero cocinado a fuego lento durante doce horas, aromatizado con especias que solo se pueden pedir en la *dark web*, o que haya sustituido mi táper de plástico por un tajín de barro tradicional marroquí. Rápidamente se decepcionan porque, a pesar de haber ganado *MasterChef UK* en 2017, mi fiambrera muchas veces contiene tan solo un trozo de pizza fría y una manzana medio magullada. Un día cualquiera puedo comer sushi como tentempié de media mañana, una tostada para la comida y quizá un curri para la cena. Pero también soy de las que se reconforta preparando caldos aromáticos, ensaladas ricas en fibra y todo tipo de alimentos fermentados. De hecho, puedo hablar durante horas sobre mi kombucha (para los que no lo sepan, se trata de un té verde fermentado, efervescente y de sabor ligeramente avinagrado que sabe a gloria).

Cada alimento tiene su lugar en la vida, y conocer ese lugar es importante. Se trata de ser autoconsciente, intuitivo, incluso holístico con lo que comes y cuándo lo comes, sabiendo que lo haces porque has tomado una decisión informada, libre de juicios y presiones externas. No se trata de adherirse a una dieta prescriptiva, sino de adoptar una mentalidad equilibrada hacia la comida y la alimentación, basada en la ciencia de cómo comemos, saboreamos, digerimos y procesamos mejor los alimentos que decidimos introducir en nuestro cuerpo.

En estos tiempos tan complicados y confusos, me reconforta saber que, en gran medida, he sabido entrenar mi mente y mi cuerpo para mantener una relación equilibrada con la comida. Sin embargo, reconozco que alcanzar este equilibro puede ser todo un desafío en un mundo donde conviven mensajes culinarios y científicos contradictorios entre una vasta gama de opciones alimenticias.

He aquí un ejemplo del tipo de dilema al que uno puede enfrentarse a diario. Imagínate que tienes mucha hambre. Delante de ti hay una bolsa llena de los mejores *donuts* de mermelada de la ciudad: una masa blanda y suave envuelta en cristales de azúcar, rebosante de mermelada de frambuesa ácida y jugosa. Un sueño. ¿Qué haces? ¿Te reservas el apetito para una ensalada y no te comes los *donuts*? ¿O te devoras todo el paquete? ¿Te comes un solo *donut* y guardas el resto, a regañadientes, para más tarde? ¿Cuál es la conversación que pasa por tu cabeza en esta situación?

Simplificando, te estás enfrentando la clásica disyuntiva del placer culpable. Cuando yo estuve en una situación así, me comí —no, en realidad, me devoré— el *donut* de mermelada… y sabía tan delicioso como cabría esperar. ¿Me sentí culpable por comérmelo? No, en absoluto. Estaba horneado a la perfección y me trajo mucha alegría. Nosotros, los humanos, por nuestra propia naturaleza, estamos diseñados para disfrutar de los alimentos dulces. Las papilas gustativas reconocen el azúcar y se alimentan de las vías de recompensa del cerebro, por lo que difícilmente puedes resistirte a la tentación de un *donut*.

¿Soy consciente, al mismo tiempo, del daño que le hará a mi cuerpo comer *donuts*? Sí, por supuesto. Conozco la ciencia que explica los picos de azúcar en sangre cuando el intestino absorbe los alimentos procesados, así como la biología detrás del hambre y de los antojos. Esta comprensión es suficiente para disuadirme de darme un atracón con los cuatro *donuts* restantes. En pocas palabras, entiendo la ciencia que explica por qué me apetece el *donut* de mermelada... y también la que me dice que los coma con moderación. Esto puede parecerte de sentido común, pero para muchas personas no es tan obvio; algunos pueden optar por abstenerse de la rosquilla por completo, mientras que otros podrían devorarse rápidamente todo el lote mientras buscan con los ojos la próxima golosina para deleitarse el paladar.

En las páginas de este libro encontrarás dos tipos de mensajes. El primero se refiere a cómo el sistema digestivo y el cuerpo humano están diseñados para disfrutar de la comida. Te ayudará a convertirte en el mejor cocinero posible sentando las bases del bienestar digestivo y la felicidad, y te enseñará a disfrutar al máximo de la comida. En otras palabras, será una exploración —a través del gusto humano, del papel del umami, del mundo de las especias, las texturas de los alimentos, etcétera— de los sabores de ese *donut* de mermelada y por qué te hace sentir tan bien.

El segundo tipo de mensaje se centrará en lo que la ciencia más actualizada nos dice que es beneficioso comer, en la posibilidad de equilibrar el amor por la comida apetitosa con el deseo de comer «sano»; es decir, por qué comerse todo el paquete de *donuts* no le hace ningún favor al sistema digestivo. Profundizo en el fenómeno del hambre frente a la saciedad, el papel de nuestras bacterias intestinales y los conceptos de hinchazón y estreñimiento, con delicioso detalle.

El viaje de una gastroenteróloga hacia el bienestar digestivo y la felicidad

Una cosa que notarás a medida que avances en este libro es que gran parte de mi viaje personal hacia el bienestar digestivo y la felicidad se centra en la ciencia del intestino. Como estudiante de medicina, me formé para comprender su función. Las estructuras celulares, así como la fisiología y anatomía intestinales, fueron mi lenguaje científico durante muchos años. Las clases no eran ni remotamente glamurosas, e incluso el más devoto friki de la ciencia, como yo, quedaba decepcionado y un poco aburrido con la materia. Pero una cosa que me llamó la atención fue que, a lo largo de todos mis años de estudio, la comida y la alimentación nunca —y quiero decir nunca— se mencionaron.

Tras licenciarme, me di cuenta de que, al no haber hablado de la alimentación durante mi formación como médica gastroenteróloga, mi educación sobre el aparato digestivo humano estaba fundamentalmente incompleta. Cada vez que pensaba en ello me parecía más absurdo. Por ejemplo, los pacientes con dolencias intestinales me preguntaban, comprensiblemente, qué podían comer para aliviar sus síntomas, pero normalmente me veía obligada a desviar la conversación de la comida y centrarla en cosas como sus medicamentos y síntomas, cosas que me habían enseñado a comentar. En algunos casos, podía remitirlos a un colega dietista, pero por lo general las conversaciones sobre comida no entraban en el menú.

Para mí fue una llamada de atención. ¿Por qué, como médicos, no nos interesaba lo que comían nuestros pacientes? El menú diario de un individuo nos proporciona una enorme cantidad de información valiosa sobre su salud, y hablar de la dieta de un paciente puede producir mejoras tangibles a largo plazo; en algunos casos, incluso salvar vidas.

El intestino es el lugar donde los alimentos que ingerimos sufren una transformación mágica para convertirse en parte de nosotros. Es uno de esos puntos críticos de contacto entre el resto del universo y el cuerpo, pero a menudo no se le da el crédito que merece, sobre todo en los círculos científicos. Es asombroso pensar que cada bocado de alimento que ingerimos se somete a un viaje extraordinario. Se encuentra con músculos y curvas, ácidos violentamente fuertes, una multitud de sustancias químicas, hormonas, nervios, bacterias y organismos extraños. Se extrae lo que necesitamos y se expulsa lo que no podemos utilizar, que vuelve a entrar en el mundo exterior (sí, en forma de caca).

Hipócrates, el padre fundador de la medicina moderna, fue el primero en darse cuenta de que la salud empieza en el intestino y que puede verse afectada por los alimentos que ingerimos. Es más, tuvo esta idea unos cuatrocientos años antes del nacimiento de Cristo. Sin embargo, parece que su mensaje se ha perdido en algún lugar a lo largo de los siguientes milenios.

En los últimos diez años se ha citado mucho a Hipócrates en la literatura sobre la «alimentación saludable», pero, en realidad, hasta hace relativamente poco la ciencia que sustenta la salud intestinal estaba en pañales. En la actualidad, con un creciente número de estudios que revelan fascinantes percepciones sobre el impacto de la salud intestinal en nuestro bienestar general, resulta sorprendente descubrir hasta qué punto están relacionadas con ello nuestras emociones, nuestro entorno físico y nuestra elección de alimentos. Y una vez que comprendemos que los alimentos que ingerimos pueden tener un efecto tangible en nuestra vida, es evidente que nuestras decisiones alimenticias pueden determinar la salud y la felicidad.

Como médica que ahora trabaja en el campo de la gastroenterología, puedo ver de primera mano el impacto de una relación negativa con la comida en la salud general y en la sensación de bienestar de un paciente. Ya se trate de la obesidad, con toda la morbilidad asociada, o de la obsesión (increíblemente difícil de tratar) por perder peso y la búsqueda de un cuerpo perfecto, la relación de una persona con la comida puede afectar muchos aspectos de su vida.

Por mi trabajo como médica, he conocido a personas con casi todos los síntomas inducidos por la comida que te puedas imaginar: desde hinchazón y burbujeo con flatulencia excesiva hasta eructos molestos y dolor abdominal intenso, como para obligarlos a guardar cama. Náuseas, vómitos, reflujo, indigestión, acidez, diarrea o el más espantoso estreñimiento.

Los cambios en la dieta, junto con los tratamientos médicos convencionales, han ayudado a aliviar algunos de estos preocupantes problemas gastroenterológicos y a reavivar en estos pacientes una relación sana con la comida. Y es precisamente por esta razón que he decidido escribir un libro que da tanta importancia a la comida de gran sabor como a la ciencia de la alimentación «sana». En pocas palabras, este libro es el manifiesto de una *chef* y médica sobre cómo comer por placer y por salud.

Acerca de este libro

Mis investigaciones, tanto para mi trabajo como para este libro, me han llevado a la triste conclusión de que los distintos agentes del sector alimenticio y de la salud digestiva no suelen hablan entre sí con eficacia. Por ejemplo, la industria alimentaria no habla mucho con los investigadores del sector, mientras que la práctica clínica de los gastroenterólogos se mantiene alejada del trabajo de los científicos de la alimentación y de los gastrofísicos. Los periodistas gastronómicos, los autores de libros de cocina, los cocineros profesionales, los historiadores de la alimentación, los nutricionistas, los dietistas y otras disciplinas afines también deberían contribuir a tejer la colcha de conocimientos sobre la relación entre los alimentos y el cuerpo. Creo firmemente que cada disciplina ofrece una visión nueva y valiosa, y me he referido a muchas de ellas en estas páginas. Con tantos actores y perspectivas, y siendo la alimentación una parte tan íntima de nuestro tejido social, creo firmemente que la alimentación merece ser una «logía». La alimentación: un vasto objeto de estudio, una rama del conocimiento dinámica y en evolución, una disciplina por derecho propio.

En última instancia, las conversaciones con mis pacientes, familiares y amigos, la relación con mi propio intestino y el amor por la comida son lo que me impulsaron a escribir *Foodology*. Sin duda, está escrito para que lo disfrutéis todos los lectores (no solo quienes padecen enfermedades o síntomas digestivos) y puede que sea el primer libro que os lleve por un viaje culinario de la mano de la ciencia, de la investigación médica y de recetas, deteniéndose en los principales puntos de interés. ¡Desde la boca al trasero!

Para que quede claro una vez más, este no es un libro sobre «dietas» en el sentido convencional. Tampoco es un manual sobre cómo tomar todas y cada una de las decisiones alimentarias a las que te enfrentas en el día a día. Es una celebración sin complejos de lo que, creo, es el órgano más asombroso del cuerpo: el alucinante e intrincado sistema digestivo, y de lo que ocurre cuando ciertos alimentos pasan por él. También es una antología culinaria: una colección de anécdotas cuidadosamente seleccionadas, relacionadas con la comida y el cuerpo que la percibe y procesa.

A lo largo del libro se intercalan recetas gloriosas y apetitosas que inspiran y despiertan las papilas gustativas. Desde las que muestran alimentos fermentados y especias hasta las que descubren nuevas formas de apreciar los alimentos ricos en fibra, y mucho más. Las recetas sirven como ejemplos de cómo incorporar la ciencia de la que hablo a tu vida cotidiana, en tu propia cocina, en tu mesa, en tu fiambrera. Al convertir estas recetas en parte de mi repertorio culinario, he proporcionado una gran alegría a mis seres queridos… y, lo que es más importante, a mí misma. Para aquellos lectores que sintáis que vuestro afecto por la comida está flaqueando, soy optimista y creo que estas recetas reavivarán, una vez más, vuestro amor por lo «sabroso».

Espero que, con el tiempo, cada uno de los lectores de este libro alcance una sensación de equilibrio con su alimentación, sea cual sea el camino que tome. Y el camino es importante, porque la comida y la cocina son una verdadera fuente de alegría. Con su riqueza sensorial y emocional, la comida tiene la capacidad mágica de reconfortar, cultivar y satisfacer. Más que simple nutrición y sustento, es vitalidad y maravilla al mismo tiempo. Modela el crecimiento y es el combustible que impulsa la vida a través de nuestros extraños (y maravillosos) cuerpos. Cocinar y comer han sido dos de las formas más importantes en que los seres humanos han adquirido una comprensión más profunda del mundo natural que habitamos, y sin ser demasiado *pachamámica* al respecto, la comida es realmente la conexión más fuerte que existe entre la biología de la tierra y la nuestra.

Con todo esto sobre la mesa, comencemos.

Hoja de ruta del tracto gastrointestinal

Antes de entrar en el texto principal, echemos un vistazo a las partes y funciones básicas del tubo digestivo.

1. **La cavidad bucal:** el punto de entrada de los alimentos y también se conoce como «boca». Además de saborear los alimentos, gracias a una lengua recubierta de papilas gustativas, la boca es también el lugar donde comienza la digestión mecánica y química de los alimentos. La lengua y las mejillas ayudan a crear una bola de comida que luego se traga. Una vez que hemos tragado, un complejo proceso neuromuscular llamado «deglución» impulsa la bola de comida formada hacia el esófago.

   Los capítulos 2, 3, 4 y 5 analizan algunas de las cosas sorprendentes que ocurren en la cavidad bucal. El capítulo 2 explora cómo saboreamos y el capítulo 3 se centra en un tipo de sabor menos conocido llamado «umami». El capítulo 4 examina cómo afecta la textura a nuestra experiencia culinaria, en particular las cosas «crujientes», mientras que el capítulo 5 analiza cómo responde nuestro cuerpo a uno de los ingredientes que más divisiones genera: la guindilla.

2. **El esófago:** este tubo, de unos 20 centímetros de longitud, conecta la boca con el estómago. Los alimentos no caen simplemente por el esófago, sino que se desplazan hacia abajo mediante una serie de contracciones rítmicas y movimientos de propulsión llamados «peristaltismos». Observar los movimientos peristálticos es como ver

una ola de estadio pasar entre la gente, y es la razón por la que, si te
pusieras boca abajo después de dar un mordisco a un bocadillo de
queso, la comida no volvería a tu boca. Las contracciones empujan
la comida en una sola dirección, hacia el estómago. El esófago se
une al estómago en un lugar llamado «unión gastroesofágica», que
actúa como una barrera unidireccional que impide que el contenido ácido del estómago suba al esófago. Visitaremos brevemente el
esófago en el capítulo 5.

3. **El estómago:** este saco muscular con forma de alubia es la parte más ancha del tubo digestivo y tiene una gran capacidad de almacenamiento, ya que se encoge cuando está vacío y se expande
hasta casi el doble de su tamaño cuando está lleno. Las células que
recubren el estómago segregan potentes ácidos que facilitan la digestión y constituyen la primera línea de defensa antimicrobiana
del organismo. El estómago se revuelve bajo control inconsciente,
macerando los alimentos y mezclándolos con una serie de enzimas
para formar un líquido pastoso llamado «quimo». El estómago
provoca la liberación de una orquesta de hormonas, algunas de las
cuales ayudan a controlar el apetito, mientras que otras gestionan
la secreción de enzimas y el funcionamiento de la vesícula biliar.
Afortunadamente, no se digiere a sí mismo, ya que está recubierto
por una gruesa capa de mucosidad que protege su revestimiento, en
constante regeneración.

Analizaremos el estómago en el capítulo 6, que trata sobre cómo
nuestro cuerpo experimenta el hambre y la saciedad, y sobre la multitud de sensaciones y procesos que conforman lo que denomina-
mos «apetito».

4. **El intestino delgado:** el centro de procesamiento del tubo digestivo. Está formado por unos 6 metros de tubos enroscados en
forma de serpiente y en él se realiza la mayor parte de la digestión
y la absorción de nutrientes. La parte interna del intestino delgado está recubierta de pequeñas proyecciones pilosas denominadas
«vellosidades», que al microscopio parecen dedos y hacen que la
superficie del intestino delgado parezca una alfombra de pelo. Las
vellosidades ayudan a la superficie disponible en el intestino delgado
a maximizar la absorción de nutrientes y agua. Es irónico que lo
llamemos «intestino delgado», cuando en realidad que es enorme.

La capa superficial de células del intestino delgado se denomina
«epitelio» y segrega un moco que protege el revestimiento del qui-

mo ácido que entra en él. El epitelio que recubre el intestino delgado se regenera aproximadamente cada cuatro días. Los alimentos se desplazan por el intestino delgado por peristalsis, igual que en el esófago.

5. **El intestino grueso (también llamado «colon»):** el contenido no digerido del intestino delgado entra en el intestino grueso a través de una válvula unidireccional llamada «válvula ileocecal». La primera parte del colon se denomina «ciego», al que está conectado una bolsa pequeña llamada «apéndice». Anteriormente considerado inútil, el apéndice es en realidad un reservorio de microbios beneficiosos. Ayudan a mantener el colon rebosante de bacterias que conviven simbióticamente en el intestino (detalles adicionales más adelante). El colon actúa un poco como un tanque de fermentación, trabajando en todos los trozos no digeridos que el intestino delgado no pudo descomponer y generando subproductos gaseosos en el proceso.

El colon también es responsable de la absorción de agua, junto con el procesamiento de una variedad de vitaminas (B y K) y sales biliares. Asciende por el lado derecho del cuerpo, atraviesa la parte superior del abdomen y desciende por el lado izquierdo, por donde finalmente pasa al recto y al ano. Afortunadamente, las heces blandas que entran en el colon ya están ligeramente más formadas cuando llegan al final, hasta el recto.

6. **El recto y el ano:** el recto es un segmento de intestino de 10 a 15 centímetros que funciona como cámara de almacenamiento de las heces. En Occidente, cada uno de nosotros produce una media de unos 200 gramos de heces al día, compuestas principalmente de bacterias intestinales muertas, fibra, células intestinales y glóbulos rojos digeridos. Las heces se expulsan al exterior a través del ano, un anillo de tejido muscular de entre 5 y 7 centímetros de longitud, en un proceso llamado «defecación».

La última parte del aparato digestivo está formada por el intestino grueso, el recto y el ano, y estas partes se exploran con más detalle en los capítulos 7, 8, 9 y 10. En el capítulo 7, nos ocupamos de nuestro microbioma, la vasta colonia de bacterias que, ahora empezamos a darnos cuenta, determina nuestra salud mental y física más de lo que imaginábamos. El capítulo 8 estudia cómo este microbioma afecta a nuestro cerebro a través de lo que se conoce como el «eje intestino-cerebro» y qué ocurre cuando las cosas van mal y el microbioma intestinal se desequilibra. El capítulo 9 examina el fenómeno de la hinchazón y el capítulo 10 analiza el más común de los males gastroenterológicos: el estreñimiento.

Órganos del aparato digestivo

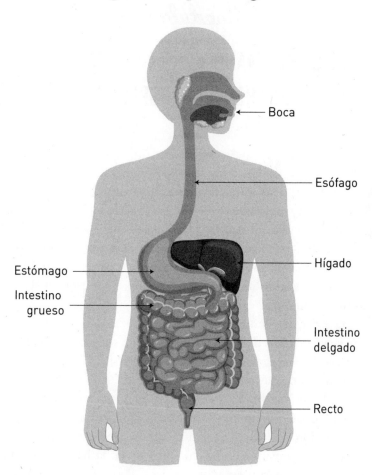

Boca

Esófago

Hígado

Estómago

Intestino grueso

Intestino delgado

Recto

Imagen de brgfx en Freepik

Capítulo 1

EL SER HUMANO Y LA ALIMENTACIÓN: UNA RELACIÓN ESPECIAL

Durante toda mi infancia, mareé a mi madre con la misma pregunta: «¿por qué?». ¿Por qué tenía que comer guisantes a la cena? ¿Por qué eran buenos para mí? ¿De dónde venían los guisantes? ¿Por qué eran verdes? ¿Por qué no me gustaba su sabor? Las preguntas seguían y seguían. Yo simplemente no iba a comerme los guisantes hasta obtener una respuesta satisfactoria a cada pregunta.

Con el paso del tiempo, mientras comenzaba a desarrollar una conciencia social, dejé de formular la pregunta «¿por qué?» con tanta vehemencia. En su lugar, busqué respuestas. No solo a las razones por las que ocurrían ciertas cosas en la cotidianidad, sino también a cómo ocurrían. Me pasaba horas hojeando las páginas de mi enciclopedia ilustrada, alimentando mi insaciable curiosidad. Recuerdo que me absorbía la sección de «alimentación y cocina» que explicaba cómo se cultivaban las frutas y verduras, cómo se molía la harina y cómo se hacía el queso. Tal vez una señal temprana de mi futuro amor por la comida y la gastronomía.

Sin embargo, no fue hasta que me hice mucho mayor que me di cuenta de que la necesidad de saber «por qué» y «cómo» funcionan las cosas es una parte esencial para dar sentido al mundo que nos rodea, ya sea en el contexto de una búsqueda espiritual o de una exploración científica. Así pues, en un libro que sirve como guía para los amantes de la comida y que te acercará al bienestar digestivo y a la felicidad, creo necesario abordar desde el principio algunas cuestiones fundamentales.

En primer lugar, ¿por qué nos molestamos en cocinar? En segundo lugar, ¿cómo se formó nuestro sistema digestivo? Y, por último, ¿cuándo aprendemos a degustar y desarrollamos el gusto? Las respuestas a estas preguntas no son solo fascinantes, sino que también constituyen la base sobre la que se asientan la salud digestiva y la felicidad.

Coquo ergo sum: cocino, luego existo

Si vamos a hablar de encontrar el bienestar digestivo y la felicidad, tenemos que empezar por el principio, entendiendo la historia de la relación humana con la comida y el papel transformador que ha desempeñado la cocina a la hora de desbloquear los nutrientes necesarios para la evolución.

Cocinar es un rasgo muy humano. Imagínate que las gallinas de corral cocinaran buñuelos de maíz para comer, las vacas prepararan una ensalada de ulmaria para el almuerzo y los zorros de jardín cocinaran guisos carroñeros en sus madrigueras. Suena extraño, ¿verdad? Sin embargo, no lo es en humanos. De hecho, todas las sociedades humanas conocidas en la actualidad, desde la tundra ártica hasta el África subsahariana, cocinan sus alimentos. Desde un punto de vista antropológico, cocinar es una actividad clave que nos define como seres humanos y nos separa del reino animal en general.

Considera este menú:

> Desayuno: hojas fibrosas y amargas, miel y fruta
> Almuerzo: corteza, más fruta, carne cruda de mono y tejido cerebral.
> Cena: hojas, larvas y una porción de antílope.

¿Te suena apetitoso? Probablemente no, pero no te preocupes, no es la última moda en dietas depurativas. De hecho, es la dieta típica de uno de nuestros parientes vivos más cercanos: el chimpancé. Sin embargo, es extremadamente difícil extraer calorías de este tipo de dieta basada en alimentos crudos, por lo que los chimpancés deben buscar comida de forma más o menos continua.

Y no solo los chimpancés; los gorilas y orangutanes en libertad pasan de seis a ocho espectaculares horas al día comiendo. La comida cruda, como la que se sirve en el menú del chimpancé, es más difícil de masticar y de digerir, y es mucho más complejo extraer calorías de allí que de la comida cocinada que nosotros disfrutamos. Si intentáramos sustentar nuestro modo de vida moderno extrayendo calorías de una dieta cruda como la del chimpancé, no prosperaríamos.

A Richard Wrangham, un destacado antropólogo biológico británico que trabaja en la Universidad de Harvard, se le atribuye la invención de la «teoría de la cocina». Por ser tan deliciosamente provocativa, se ha convertido en uno de mis modelos antropológicos favoritos. En su forma más simple, sugiere que la capacidad de cocinar alimentos ha determinado la evolución más que casi cualquier otro comportamiento humano.

La historia comienza hace unos 2 millones de años, cuando se produjo un importante cambio evolutivo. El *Homo habilis* empezó a evolucionar hacia el *Homo erectus* (nuestros antepasados evolutivos más recientes) antes de la aparición de los humanos en su forma actual, el *Homo sapiens*. Los fósiles del *Homo erectus* nos indican que, mientras aumentaba el tamaño su cerebro, disminuía el de sus dientes y el tubo digestivo.

¿Y qué? ¿Qué tiene que ver un cerebro grande y unos dientes pequeños con la cocina?

Wrangham sostiene que cuando los *Homo erectus* empezaron a cocinar sus ingredientes crudos (muy probablemente en una fogata) pudieron extraer más calorías de la misma cantidad de comida. Y, como los alimentos cocinados necesitan masticarse con menos fuerza y se digieren más fácilmente, ocurrieron dos cosas: se gastaron menos calorías consumiendo la misma cantidad de comida, y los dientes y el tubo digestivo se especializaron, disminuyendo en tamaño.

Como cocinera, esto tiene sentido para mí. Sabemos que el carpacho de ternera se corta fino como el papel porque tardamos una eternidad en masticar un gran trozo de carne cruda. En cambio, las tiernas costillas de ternera a la barbacoa, en las que la carne se desprende del hueso, prácticamente se deslizan por la garganta sin provocar dolor de mandíbula.

El aumento del número de calorías extraídas de los alimentos cocinados permitió que el cerebro del *Homo erectus* creciera, y lo hizo muy rápido. El cerebro humano es un órgano muy hambriento; en proporción a su tamaño, necesita más energía que cualquier otro órgano del cuerpo, y utiliza alrededor de una quinta parte de nuestra energía total disponible. Entonces, debido a que nuestros antepasados cocinaban la comida antes de consumirla y gastaban menos energía en digerir alimentos crudos, nuestros cerebros pudieron aprovechar más energía de la dieta para hacerse más grandes y complejos.

La teoría de Wrangham está bien fundamentada y, aunque algunos la rebaten con fervor, existen pruebas muy persuasivas a favor de sus afirmaciones. Por ejemplo, en Wonderwerk, Sudáfrica, los antropólogos han descubierto indicios de control del fuego, quizá para cocinar, en cuevas con una antigüedad de 1 millón de años. Hace unos cuatrocientos mil años aparecieron los hogares primitivos para cocinar, seguidos de hornos de barro, hace alrededor de doscientos cincuenta mil a trescientos mil años. Incluso han aparecido ollas y utensilios de cocina en algunos sitios arqueológicos en China con una antigüedad de unos veinte mil años. Ahora sabemos que los restos neandertales muestran huesos quemados, especias y hierbas adheridas a su placa dental, lo que me hace preguntarme a qué sabría su barbacoa.

Aunque la comunidad científica aún no ha llegado a un acuerdo unánime sobre el momento exacto en que comenzó la cocción de la comida, es evidente que (independientemente de cuándo empezara) mejora la calidad de los alimentos digeribles y la cantidad que tenemos a nuestra disposición para utilizarlos o bien como energía (pensemos en la patata cocida frente a la cruda) o bien simplemente para utilizarlos (ya que la cocción evita que los alimentos perezcan tan rápidamente). Lo que también está claro es que los comportamientos sociales en torno a la comida debieron de cambiar profundamente tras la aparición de la cocina. Por ejemplo, en lugar de tener que desplazarse de una parcela de comida a otra, nuestros antepasados podrían haber acumulado alimentos en un territorio concreto y vivir allí hasta que decidieran cocinarlos a su gusto.

Lamentablemente, no existe ninguna máquina del tiempo que demuestre o refute la teoría culinaria de Wrangham. ¡Cómo me hubiera gustado ser una mosca en la pared en el momento decisivo de la historia humana en que se produjo la primera reacción alquímica de cocción de los alimentos! Un pequeño paso para el hombre primitivo, un gigantesco paso evolutivo para la humanidad.

El término «coctívoro», del latín *coquere* (cocinar) se ha utilizado para describir al ser humano como aquel diseñado para cocinar lo que se come. Como cocinera y madre, no puedo evitar sentir cariño por el término. El proceso de cocinar plantas y carne ha traído multitud de alegrías a mi vida y a las de mis amigos y familiares, y saber que cocinar es una actividad que nos separa de otras criaturas terrestres me ha permitido apreciar también su significado para los humanos modernos de todo el mundo. En otras palabras, *coquo ergo sum*: cocino, luego existo.

Saber que la cocina es una parte tan importante de la experiencia humana me ha permitido inclinarme más hacia mi amor por la cocina y abrazar la comida en todas sus formas, desde las más complejas, en platos que tardan días en prepararse, hasta las más humildes, como las alubias con tostadas. Teniendo todo esto en cuenta, debemos estar agradecidos a ese primer hombre o mujer neandertal que recogió una rama humeante tras una tormenta eléctrica y pensó: «¡Quizá debería poner aquí mi filete!». Sin él, o ella, quizá seguiríamos comiendo sesos de mono.

Al conocer de dónde venimos, y el papel que ha desempeñado la cocina en convertirnos en la asombrosa forma que somos hoy en día, me siento aún más enamorada de este poderoso e influyente oficio. La cocina nos ha moldeado y es parte de todos nosotros, y espero que estéis de acuerdo en que se trata de un conocimiento clave en nuestra búsqueda del bienestar digestivo y la felicidad.

Así que animaría a aquellos de vosotros que dudáis de la cocina a que os deis una oportunidad. Creo sinceramente que no hay nadie que «no sepa cocinar». Lo bueno de la cocina es que puede aprenderse en cualquier momento de la vida, y con la creciente popularidad de los vídeos paso a paso y los tutoriales en línea, los recursos y la orientación para convertirse en un cocinero competente son enormes. Tanto si te marchas a la universidad como si deseas emprender una nueva afición o has perdido a la persona de tu vida que te hacía la comida, convertirte en maestro de tu cocina y cocinar, la más fundamental de las actividades humanas, te permitirá cosechar una sinfín de recompensas y dar el primer paso hacia sentar las bases de la formación de un sentido de bienestar digestivo y felicidad.

¿Cómo se convierte un intestino en un intestino?

Está muy bien conocer la historia de la raza humana y sus experimentos culinarios, pero (como era de esperar tratándose de una médica) lo que me hace sentir aún más en paz con mi relación con la comida es saber cómo nos convertimos, como individuos, en criaturas diseñadas para amarla y abrazarla. Y para saber más sobre esto tuve que adentrarme en el complejo campo médico de la embriología.

La embriología es la rama de la biología que estudia el desarrollo del feto. Cuando tenía que asistir a las clases de embriología en la facultad de medicina, me sentía abrumada, asombrada, luego totalmente confundida con los cambios biológicos en el feto. Incluso el lenguaje utilizado para describir izquierda y derecha, adelante y atrás, arriba y abajo era diferente. Imagínate a un profesor hablando a cien por hora en un idioma que no entiendes, utilizando palabras como medial, lateral, caudal, craneal, endodermo, ectodermo, gastrulación, estructura topológica, blástula…

Es cierto que elegí ser médica, pero, aun así, era demasiado. Me sentía un poco como un niño haciendo un examen de razonamiento no verbal, mirando formas giratorias, imaginando cómo una masa de células podía convertirse en un ser que se pareciera a un humano. Me las arreglé para estudiar lo suficiente, pero nunca tuve la sensación de dominar la asignatura.

Unos años más tarde, después de terminar la carrera de medicina, mientras trabajaba como médico en formación, me encontré con el caso de un bebé que había nacido con gastrosquisis, un defecto congénito en el que los intestinos del bebé se extienden fuera del abdomen a través de un orificio situado junto al ombligo. Me había entrenado para controlar mis emociones delante de los pacientes y sus familias, pero enfrentarme a un bebé tan hermoso con una afección tan desgarradora, junto a una maravillosa y cariñosa pareja de padres primerizos que se enfrentaba al mayor reto de sus vidas, me llevó al límite. En aquel momento estaba embarazada de seis meses y surgió un miedo en mí como nunca antes, profundamente arraigado a cómo se estaba formando mi bebé.

Me di cuenta de que necesitaba mejorar mis conocimientos sobre el desarrollo del aparato digestivo. La necesidad de intelectualizar la experiencia formaba parte de mi manera de afrontarla, así que volví a coger aquellos polvorientos libros de embriología de la facultad, desesperada por saber en qué momento se habían torcido las cosas para este inocente bebé.

La formación del aparato digestivo comienza casi inmediatamente, tras apenas cuatro semanas de gestación. Es un momento en el que muchas madres ni siquiera saben que están embarazadas. En esta fase, el bebé apenas tiene el tamaño de una semilla de amapola, un puntito que mide solo 2 milímetros en cualquier dirección. Un disco de células se pliega para formar un tubo ciego y se divide claramente en tres regiones clave. Se denominan, como era de esperar, intestino anterior en la parte superior, intestino medio en el centro e intestino posterior al final. Los seres humanos son deuteróstomos, lo que significa que, en el desarrollo embrionario, la primera abertura que se forma es el ano, no la boca. Para aquellos que se pregunten qué significa esto, significa que comenzaste tu vida como el culo… sin ánimo de ofender, es un hecho.

Lo que me parece especialmente asombroso es que este simple tubo se las arregle para especializar su función, para formar lo que yo diría que es uno de los sistemas arquitectónica y funcionalmente más complejos de nuestro cuerpo. Es más, todos los órganos del cuerpo comienzan su vida como una pieza del intestino. La formación de órganos individuales con sus tipos celulares especializados se produce cuando se desarrollan pequeñas «bolsas» a partir del tubo intestinal. Por ejemplo, en el intestino anterior, una bolsa se convierte en el hígado, otra en el páncreas y otra en la vesícula y los conductos biliares. Sorprendentemente, incluso los pulmones se forman a partir del tubo del intestino anterior. A las trece semanas, la formación de órganos u «organogénesis» del intestino está completa.

Cuando nace un bebé, la longitud media de su intestino es de unos asombrosos 275 centímetros. El intestino humano no solo es más largo que el de cualquier otro mamífero, sino que también está mucho más maduro al nacer. Por ejemplo, a mitad del embarazo, las células del intestino humano responsables de la absorción de nutrientes estarán tan maduras (o más) que las de una rata lactante que lleve viva dos semanas. Si examinamos más detenidamente el pequeño milagro que crece dentro del útero, veremos que el feto realiza movimientos de deglución a partir de la undécima semana y movimientos de succión entre la decimoctava y la vigésima semana de gestación. Con todos estos increíbles desarrollos, me preguntaba si mi bebé saborearía realmente la comida que yo le daba. ¿Están los bebés formando sus propias relaciones con la comida, encontrando su propio bienestar digestivo y felicidad en nuestros estómagos?

Aprendizaje prenatal de sabores

Durante el embarazo tuve antojos como nunca había tenido. Algunos eran pasajeros, mientras que otros persistían. Durante los nueve meses de mi primer embarazo, lo único que quería era devorar platos llenos de patatas fritas. Se me iluminaban los ojos cuando entraba a la cafetería del Servicio Nacional de Salud a la hora de comer y veía cómo depositaban un lote caliente en una bandeja metálica, recién salido de una freidora, brillando bajo las luces doradas de un calentador comercial, con un centro suave y esponjoso y un exterior crujiente, cubierto con una generosa cantidad de sal. ¡Ay, cómo me derretía de gusto!

Por suerte he vuelto a tener un amor más comedido por las patatas fritas desde que di a luz. Y aunque sigo adorando las *pommes frites* en todas sus maravillosas formas, aquellos antojos indomables se han disuelto en mera nostalgia con el paso del tiempo. Pero en aquel entonces me hizo preguntarme: ¿aprendemos a saborear cuando estamos en el vientre de nuestra madre o más tarde, cuando nos destetan? ¿Amaría mi bebé las patatas fritas solo porque a mí me encantaban cuando estaba embarazada?

Muchas personas comparten sus palabras de sabiduría a una mujer embarazada (hayan sido invitadas a hacerlo o no) sobre cómo debe alimentarse para optimizar el crecimiento de su bebé. Por ejemplo, una amiga de Singapur con anemia me contó una vez que una tía abuela la animó a comer tierra roja de un montículo de termitas para reponer sus reservas de hierro. En Japón, a veces se aconseja a las mujeres que eviten la comida picante por miedo a que el bebé desarrolle mal genio. En Tanzania, algunas mujeres se abstienen de comer carne por la creencia tradicional de que el bebé podría adoptar las características de ese animal en particular… supongo que, en el fondo, nadie quiere tener un hijo con la personalidad de una cabra. Y hay ejemplos como este en todo el mundo, que varían según la cultura y la geografía. El problema es que la mayoría de las creencias están impregnadas de folclore ancestral, historias de miedo y mucha superstición sin base científica, más cerca de la mística y la magia que de los hechos y la medicina. Así que, en lugar de preguntarme si a mi bebé le encantarían las patatas fritas, quizá debería haberme preguntado: ¿pueden los «sabores» de los alimentos penetrar en la placenta e infundir el líquido amniótico que rodea al bebé y que este ingiere?

Cuando pienso en el efecto de la comida sobre el sabor de las secreciones corporales, me viene a la cabeza una escena memorable de la antaño popular serie *Sexo en Nueva York*. Samantha, nuestra protagonista, está bastante encariñada con un caballero llamado Adam Ball, salvo por un pequeño detalle: cuando le practica sexo oral, descubre que su semen sabe a «espárragos en mal estado». Las amigas de Samantha se echan a reír y deciden, tras muchas deliberaciones, que un buen punto de partida sería escribir a Martha Stewart para preguntarle qué podría comer Adam Ball para que su semen fuera más dulce. Ahora me doy cuenta de que esto es un poco crudo para un libro sobre cocina, pero el punto que esta escena ilustra de manera bastante inequívoca es que los alimentos que comemos pueden llegar a entrar en nuestras secreciones corporales. Por eso, después de comer remolacha, la orina puede volverse morada, o el sudor puede empezar a oler un poco a cebollas después de comerlas.

Afortunadamente, hay científicos que lo han estudiado. En una investigación se comparó el líquido amniótico de mujeres embarazadas que habían ingerido cápsulas de ajo con las que no. Después de cuarenta y cinco minutos, se tomó una muestra de líquido amniótico de cada una de las participantes. A continuación, se les pidió que olfatearan el líquido para ver si podían detectar el olor a ajo en él. Como era de esperar, fueron capaces de distinguir con gran fiabilidad el líquido amniótico infundido con ajo del que no lo estaba. Los investigadores afirman ahora, con un alto grado de confianza, que el líquido amniótico es un «primer alimento» bastante complejo para el feto y que incluso tiene un olor y un sabor asociados.

En otro experimento, se filmó a los bebés de madres que bebieron zumo de zanahoria en su último trimestre de embarazo mientras les daban de comer zanahoria por primera vez. Se compararon los vídeos con otros de bebés cuyas madres no tomaron zumo de zanahoria. ¿Los resultados? Los bebés de madres que tomaron zumo de zanahoria durante el embarazo disfrutaron más de ellas al probarlas después por primera vez, con un número notablemente menor de expresiones faciales negativas.

Se han realizado experimentos similares con recién nacidos de madres que habían estado o no expuestas al anís durante el embarazo. De nuevo, las expresiones faciales de los bebés a los que se les presentaba el aroma del anís eran mucho más positivas entre aquellos cuyas madres habían estado expuestas a él.

El amor por todo lo dulce parece innato, casi como si estuviéramos programados para derretirnos por ello. Aproximadamente quince semanas después de la concepción, el feto comienza a demostrar su aprecio por el azúcar tragando más líquido amniótico dulce que amargo. El amor por lo dulce es tan fuerte en la infancia que cuando se les da a los niños soluciones dulces de distinta intensidad y se les pide que elijan su favorita tenderán a inclinarse por la más dulce. En comparación, los adultos tienden a elegir un nivel de dulzor que consideran adecuado para ellos, con cierta repulsión hacia las soluciones azucaradas más concentradas. Para los más pequeños, comer puede ser una experiencia muy intensa. Se cree que los bebés tienen unas treinta mil papilas gustativas en la boca (el número se acerca a las nueve mil en la edad adulta). Por eso no es de extrañar que los niños tengan una fuerte aversión a los alimentos amargos y que la comida de las guarderías sea tradicionalmente insípida. Algunos científicos incluso han sugerido que los bebés nacen con «sinestesia», es decir, que los sentidos se entrelazan unos con otros, por lo que los niños pueden degustar alimentos en tecnicolor 3D con los sonidos asociados amplificados… o eso dice la teoría.

Individualmente, las papilas gustativas pasan por ciclos constantes de regeneración que duran aproximadamente quince días. Por eso recuperamos la capacidad gustativa después de quemarnos la lengua con bebidas calientes. El problema es que, a medida que envejecemos, las papilas gustativas, si bien siguen muriendo y desprendiéndose, se regeneran menos. Con menos papilas gustativas en la boca, la comida sabe más sosa en general y requiere más condimentos. Además, la disminución del sentido del olfato, los cambios en la composición de la saliva y varios medicamentos pueden influir en la percepción del gusto en la vejez.

Para mí, toda esta investigación me hace pensar en las decisiones que tomé en mi embarazo y si tendrán alguna repercusión a largo plazo en los hábitos alimentarios de mi hijo. Ahora admito que adora las patatas fritas más que ninguno de sus compañeros. Aún recuerdo el regocijo en su cara cuando las probó por primera vez, a los seis meses, a mitad del destete, con la cara llena de baba y sonriente, gorgoteando de emoción, sacudiendo alegremente todas sus extremidades sentado en la encimera de mi cocina. Su afición fue inmediata, algo que no había visto con los otros alimentos que le había presentado.

Sin embargo, también comí grandes cantidades de cerezas cuando estaba embarazada de mi hijo y él parece evitarlas como si fueran la peste. Entonces, ¿dónde nos deja eso? En última instancia, la composición del líquido amniótico y la alimentación materna son muy difíciles de investigar, solo hay unos pocos estudios a los que remitirse, y hay aún menos estudios que se extiendan más allá de la lactancia hasta la infancia y la adolescencia.

A veces me pregunto si habría sido preferible reprimir mis ansias de patatas fritas durante el embarazo, y si esto habría sido mejor para mi hijo a largo plazo. Quizá debería haber actuado con más moderación. Pero, sinceramente, me parece una tarea infructuosa y potencialmente destructiva echar la vista atrás y lamentarme de decisiones que me parecieron acertadas en su momento (y si alguno de vosotros piensa que

Antojos durante el embarazo...

Los antojos alimentarios son fuertes deseos de comer, más específicos que el hambre y muy difíciles de resistir. Se desconoce la etiología exacta de los antojos durante el embarazo. Algunas hipótesis apuntan a los cambios hormonales y a una mayor sensibilidad olfativa y gustativa. Sin embargo, los datos globales que prueban esta teoría siguen siendo escasos y aún no se ha dilucidado la naturaleza exacta de la relación entre el olfato, el gusto, las hormonas y los antojos durante el embarazo. Antes se pensaba que los antojos durante el embarazo podían responder a algún tipo de carencia nutricional. En realidad, la mayoría son antojos de alimentos que no son necesariamente ricos en ningún nutriente concreto; el más popular en el mundo occidental es el antojo de chocolate.

Algunas investigaciones apuntan a que los antojos durante el embarazo tienen un origen psicológico. Muchos de los alimentos que se antojan —por ejemplo, chocolate, pollo frito o macarrones con queso— son intrínsecamente placenteros, pero también se asocian a un sentimiento de culpa, de estar «prohibidos» o ser «malos». Algunos psicólogos opinan que los antojos surgen durante el embarazo porque es una época en la que está socialmente sancionado/aceptado comer ciertos alimentos que las mujeres creen que deben evitar.

Puede haber otros factores culturales que impulsen los antojos en el embarazo; que puede ser una etapa exigente, tanto física como emocionalmente. Estudios en Tanzania afirman que proporcionar la comida deseada o ansiada a una embarazada puede ser un indicio de que la mujer está recibiendo el apoyo social que necesita por parte de su pareja y sus familias. Así que, cuando a las dos de la mañana te entran ganas de comer una hamburguesa y tu comprometida media naranja te lleva al autoservicio más cercano, no es solo la hamburguesa lo que te resulta intensamente placentera, sino el hecho de que alguien a quien quieres te haya comprado la hamburguesa; esto tiene un valor que va mucho más allá de las calorías.

podría haberse interpuesto entre una mujer embarazada y su antojo, aplaudo su ingenuidad).

Nuestro cerebro vincula los sabores con las experiencias desde la infancia. Cuando un bebé mama del pecho de su madre, al mismo tiempo está siendo abrazado y reconfortado, y es aquí donde se cree que nace la asociación entre comer y reconfortarse. A medida que crecemos, nuestras preferencias gustativas pueden cambiar, y a menudo lo hacen, pero los efectos del aprendizaje temprano de los alimentos suelen permanecer. Según algunos científicos, la razón por la que el helado de vainilla es el sabor más popular del mundo es porque es el más parecido a la leche materna. ¿Por qué, si no, iba a ser algo tan sencillo el sabor más vendido del mundo?

El paso del tiempo influye en la percepción de los sabores. El amor desenfrenado por la comida dulce suele dejar paso a un paladar más sofisticado que disfruta con las verduras, las aceitunas, el queso fuerte y todos esos otros sabores «adultos». Es probable que un entorno en el que se anime a los niños a probar una variedad de alimentos diferentes amplíe considerablemente su repertorio de sabores. Cuando pienso en mi infancia, me doy cuenta de que muchos de los alimentos que ahora me encantan eran una amarga tortura cuando era niña. Me vienen a la mente el brócoli, el pomelo y el chocolate negro, y estoy segura de que comparto esta experiencia con muchos de vosotros. Supongo que lo que quiero decir es que el hecho de que tu madre odiara las coles cuando estaba embarazada no significa que no te vayan a gustar a ti en la adultez. Algunos sabores van gustando más a medida que pasa el tiempo y con la práctica.

Para mí, el hecho de que nuestra relación individual con la comida comience probablemente en el feto es un testimonio de lo fundamental que es la relación entre los seres humanos y la comida.

Cada vez que encuentro un nuevo ingrediente favorito, o veo a mi hijo enamorarse de un nuevo alimento, se consolida la conexión emocional que tengo con la gastronomía. Como amante de la comida, para mí encontrar la felicidad no consiste solo en entender la ciencia que hay detrás de los alimentos. Se trata de entender por qué esa ciencia es importante, y de ser capaz de identificar las formas emocionales y físicas en que se manifiesta en nuestra vida cotidiana.

Resumen

> Mi primer consejo para todos aquellos que deseéis alcanzar la felicidad gastronómica es que cocinéis, cocinéis y sigáis cocinando. Si creéis que no sois buenos, ¡no pasa nada! ¡Animaos, hasta los neandertales eran capaces de hacer una barbacoa! Estamos biológicamente diseñados para comer alimentos cocinados, así que no tengáis miedo de experimentar en vuestra cocina.

> No pretendo que todos comamos tarta todos los días, pero es importante darse cuenta de que estamos biológicamente predispuestos a disfrutar de los dulces. Es completamente natural desearlos, sobre todo de niños, pero la clave está en la moderación.

> El primer alimento que probaste y tragaste fue el líquido amniótico de tu madre. Es posible que los alimentos que disfruta una mujer durante el embarazo y la lactancia influyan en las primeras preferencias gustativas.

> Si tu madre se dio un atracón de patatas fritas, dulces y chocolate durante el embarazo, eso no significa que a ti te vayan a gustar necesariamente todas o alguna de esas cosas, pero puede que sí. Los gustos cambian con el tiempo.

Capítulo 2

LA BOCA Y LAS PAPILAS GUSTATIVAS: VAMOS AL LÍO...

Sinceramente, no llegaremos muy lejos en nuestra búsqueda de la felicidad gastronómica si no tenemos un *tête-à-tête* sobre el gusto. Saber que la cocina nos convirtió en lo que somos hoy y que estamos biológicamente diseñados para extraer la mayor cantidad de nutrientes de los alimentos es genial, pero, en realidad, es el sabor y la textura de lo que comemos (y tal vez también lo «instagrameable» que sea) lo que define nuestra relación moderna con la comida.

Teniendo esto en cuenta, me pregunto si se te ocurre algo más satisfactorio que una verdadera experiencia gastronómica. No me refiero a ese sándwich frío de la comida, ni al desayuno rápido de cereales con leche que te metes en la boca antes de salir corriendo. Me refiero a esas experiencias gustativas que lo consumen todo y que puedes recordar con perfecta claridad sentado aquí leyendo este párrafo: las que te hacen salivar con solo pensarlo. Y mientras tu barriga gorgotea de anhelo, te invade el impulso de correr a la cocina y consumir cualquier cosa que caiga en tus manos, aunque solo sea para satisfacer el antojo durante unos minutos.

A todos nos ha pasado. Recuerdo muy bien una de esas experiencias. Cuando era niña, quizá solo tenía cinco o seis años, mi primo Zain y yo fuimos arrastrados con el resto de nuestra familia a visitar la casa de un pariente lejano. Zain y yo éramos grandes amigos, casi inseparables. Nos pasábamos horas jugando a ser médicos y pacientes, a guerras en la selva, serpientes y escaleras y al escondite. Él era el cabecilla y yo seguía obedientemente sus órdenes (la mayoría de las veces).

Recuerdo que era otoño, quizá invierno, a principios de la década de 1990, y llovía a cántaros. Debíamos de estar en algún lugar del norte de Inglaterra, quizá en Yorkshire. Yo lucía con orgullo un nuevo vestido rojo de pana que guardaba para ocasiones especiales. En las familias pakistaníes, las ocasiones especiales son aquellas en las que las distintas ramas de la familia se reúnen para presentar a sus hijos al grupo, demostrando lo bien que se portan y, por tanto, compitiendo por el premio al «mejor hijo de la familia» (que, seamos sinceros, en realidad significa «mejor padre»).

Zain y yo esperábamos sentados a la mesa del comedor a que nos sirvieran la comida, hambrientos después del largo e incómodo viaje en el pequeño y traqueteante Lada de mis padres. Como niños que éramos, teníamos mucha consciencia de dónde estaba exactamente la comida y qué cantidad estaba a nuestro alcance; así que cuando el aroma de los pasteles fritos salió de la cocina llenando el aire de la esencia de la celebración, y luego, viajando por encima de nuestras cabezas, un plato aterrizó frente a nosotros, supimos sin tener que mirar que las samosas habían llegado.

No eran samosas descongeladas compradas en la tienda. Eran de verdad. Triángulos dorados y divinos, hechos en casa por un pariente anciano que las había hecho mil veces, para mil celebraciones familiares. Aún recuerdo cada crujido de la corteza sabrosa y crujiente que envolvía la cantidad perfecta de relleno. Cada bocado te proporcionaba una cantidad considerable de carne picada de cordero especiada, grasa y húmeda, suavemente atemperada con la dulzura de los guisantes verdes de la huerta británica. Junto a las samosas, no menos importante para la experiencia global, había una enorme botella de cristal de kétchup de tomate rojo rubí, en la que mojamos nuestras samosas alegremente y sin moderación.

Unas cuantas veces vi a mi madre mirándome fijamente. Era el tipo de mirada en la que sus ojos lo decían todo: deja de comer esas samosas. Ya. Ahora. No quería que nuestros parientes pensaran que su hija era avariciosa o que me negaba los placeres de la buena comida o la alimentación regular. Los niños glotones y maleducados solían ser el tema de los chismes familiares, y ella se esforzaba mucho por asegurarse de que sus hijos glotones y maleducados no fueran el tema de conversación. Pero estas samosas estaban deliciosas, demasiado deliciosas para prestar atención a la mirada de mi madre. Comimos sin parar, ignorando el resto de la comida de la mesa y evitando la mirada de mi madre hasta que, por supuesto, la enorme pila de samosas se redujo a una. Zain me miró y yo lo miré. Fue un momento de tensión, del tipo que solo se produce cuando dos jóvenes miembros de una familia compiten por unos recursos escasos pero sabrosos. Éramos dos vaqueros, mirándonos fijamente en una calle arenosa del Salvaje Oeste, listos para desenfundar. *A Fistful of Dollars* bien podría haber estado sonando de fondo. ¿Quién se iba a quedar con la última samosa del plato?

Al ser la más joven, me había preparado para renunciar obedientemente a ella, pero Zain me miró con benevolencia. «Vamos, cómetela tú», me susurró. Recuerdo que sonreí mientras devoraba la última samosa, mordisqueándola de esquina a esquina, encantada de que mi primo y mejor amigo de la infancia se sacrificara por mí.

Estoy segura de que, independientemente de dónde hayas crecido, de si tu familia era grande, pequeña o de tamaño intermedio, tienes un recuerdo tan vívido como el que acabo de describir. Recuerdos como este, que todos hemos construido en algún momento de nuestras vidas, conforman un mosaico de experiencias gustativas impregnadas de un arcoíris de emociones y grabadas para siempre en nuestras mentes. Para mí, estos recuerdos maduran con el tiempo y adquieren un valor sentimental cada vez que los vuelvo a visitar. Hoy sigo manteniendo una relación muy estrecha y afectuosa con las samosas de cordero, y sí, todavía hay que mojarlas en kétchup.

Pero ¿cuánto sabemos realmente de la ciencia que sustenta estas memorables experiencias gustativas? Por decirlo sin rodeos, ¿sabemos realmente cómo funciona el gusto?

Samosas de cordero y guisantes

Para 4 personas

Ingredientes

Para el relleno:
150 g de carne picada de cordero graso
1 cucharadita colmada de semillas de comino
½ cucharadita de garam masala
1 cucharadita de pasta de jengibre

1 cucharadita de pasta de ajo
½ cucharadita de pimentón dulce
2 cucharaditas de puré de tomate
100 g de guisantes descongelados
3-5 guindillas verdes, cortadas en rodajas finas
Sal al gusto

Para la masa:

150 g de harina común

1 cucharadita de semillas de comino negro (opcional)

1 cucharadita de sal

2 cucharadas de aceite de oliva suave

Aceite vegetal para freír

Preparación

1. Primero prepara el relleno de la samosa. Coloca la carne picada de cordero graso en una sartén antiadherente a fuego fuerte (si está demasiado bajo, la carne picada se guisará y soltará agua en lugar de dorarse y soltar su grasa). Dora la carne picada en la sartén y, con una cuchara de madera, intenta romper los trozos de carne picada en trozos más pequeños para que luego se puedan rellenar fácilmente las samosas. La carne picada tardará entre 5 y 7 minutos en dorarse por completo.

2. Añade ahora las semillas de comino, el garam masala, las pastas de jengibre y ajo y el pimentón dulce, y baja el fuego a medio-bajo. Esto evitará que las especias se quemen y amarguen. Por último, añade el puré de tomate y 250 mililitros de agua caliente. Deja que la carne se cueza a fuego lento durante 15-20 minutos, o hasta que la humedad se haya evaporado casi por completo y la grasa empiece a separarse. Sazona con sal al gusto, retira la cazuela del fuego y deja enfriar.

3. Añade los guisantes congelados y las guindillas verdes según el nivel de picante que prefieras (a mí me gustan las samosas muy picantes, así que suelo optar por 5 guindillas verdes, pero comprendo que esto puede ser demasiado para algunos). Cuando el relleno se haya enfriado completamente, estará listo.

4. Para preparar la masa, coloca la harina, las semillas de comino negro (si se utilizan), la sal y el aceite de oliva en un bol grande. Añade agua suficiente para formar una masa y unirla con las manos. Amasa suavemente hasta que la mezcla no se pegue al bol y divídela en 4 bolitas. Cúbrelas con film transparente para evitar que se sequen. Deja reposar en el frigorífico unos 30 minutos, si tienes tiempo, o utiliza inmediatamente si tienes prisa.

5. Extiende cada bola de masa sobre una superficie ligeramente enharinada hasta formar un círculo de menos de 1 milímetro de

grosor y unos 20 centímetros de diámetro. Corta los círculos por la mitad para formar 2 semicírculos. Unta con un poco de agua el borde recto de uno de los semicírculos y levántalo. Forma un cono doblando las dos esquinas hacia dentro de modo que se unan en el centro y un borde húmedo se superponga al otro. Presiona los bordes de la masa para sellarlos.

6. Rellena el cono hasta aproximadamente tres cuartos de su capacidad. Pincela el resto de la masa con un poco más de agua y séllala pellizcando los bordes con los dedos o con un tenedor. Continúa con toda la masa y el relleno (deberías obtener 8 samosas).

7. Coloca las samosas preparadas en una bandeja engrasada y cúbrelas con un paño húmedo o film transparente para que no se sequen. Puedes prepararlas con un día de antelación y enfriarlas en el frigorífico o congelarlas para otro día; simplemente descongélalas durante 1 hora antes de freírlas.

8. Cuando estés listo para servir las samosas, calienta el aceite vegetal en una sartén grande o freidora; estará lo suficientemente caliente cuando un trocito de masa que se deje caer en ella chisporrotee inmediatamente. Fríe las samosas en pequeñas tandas durante unos 90 segundos por cada lado (voltéalas con cuidado con una espumadera) o hasta que estén doradas y crujientes. Sácalas del aceite y escúrrelas sobre papel de cocina. Sírvelas calientes con cualquier encurtido o condimento de tu elección (mi condimento preferido es el kétchup).

¿Qué hace que el sabor sea sabor?

Siempre que pienso en qué alimentos me hacen más feliz, me sobrevienen los sabores que recuerdo que me reconfortaban cuando era más joven. Pero nuestra relación con el sabor, como tantas cosas relacionadas con la comida, es ciencia y emoción a partes iguales. ¿Por qué sabe bien esa samosa? ¿Y por qué me hace sentir bien su sabor? Aunque el gusto es una de las principales interfaces que nos ayudan a dar sentido al mundo que nos rodea, su comprensión neurocientífica y fisiológica ha permanecido en pañales hasta hace muy poco.

Desde el siglo IV a. C., los humanos sabemos que hay una serie de sabores básicos que somos capaces de discernir: dulce, salado, ácido y amargo. Más recientemente, hemos añadido a esta lista el sabor umami (más precisamente, la detección del compuesto glutamato. Véase la página 64). Al principio, se pensaba que estos sabores se detectaban en zonas específicas de la lengua, con receptores dulces en la punta, amargos en la parte posterior y salados y ácidos en los laterales. Quizá no te sorprenda saber que esta versión simplista, popularizada por la repetición y el paso del tiempo, no podría estar más lejos de la realidad.

La boca es el lugar donde viven nuestras papilas gustativas más importantes. Estas papilas gustativas, bellas y complejas construcciones, son células en forma de columna incrustadas en la superficie de la lengua. Cada papila gustativa humana no es una célula solitaria, sino un conjunto organizado, formado por cientos de células gustativas con forma de bulbo de ajo. En la base de las células gustativas hay una red de nervios, llamados «fibras nerviosas sensoriales aferentes», que llevan la información desde la papila gustativa hasta los centros superiores del cerebro, donde los impulsos nerviosos eléctricos pueden traducirse en lo que percibimos como sabor.

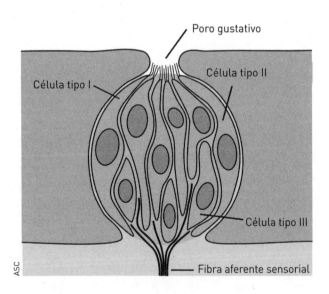

Poro gustativo

Célula tipo II

Célula tipo I

Célula tipo III

ASC

Fibra aferente sensorial

Trivia sobre el gusto

Un dato interesante para el próximo concurso: los científicos han identificado una serie de papilas gustativas en lugares muy alejados de la boca. En el cerebro, el corazón, el estómago, los intestinos, el páncreas, los pulmones y, aunque parezca mentira, en los testículos. La función que desempeñan en estos lugares sigue siendo en gran medida un misterio, pero creo que todos podemos alegrarnos de que las papilas gustativas situadas en el páncreas, el estómago y los testículos estén apagadas. No me imagino que sea una experiencia especialmente agradable degustar lo que sea que tengan que ofrecer mientras se merienda un cruasán de chocolate.

En esencia, se puede pensar en las papilas gustativas como un elegante dispositivo conductor del «estímulo gustativo» (también conocido como gusto) y, en términos generales, los científicos las clasifican en tres tipos de células gustativas, denominadas tipo I, tipo II y espera... tipo III.

> **Tipo I.** Son las más numerosas y constituyen aproximadamente la mitad de las células de una sola papila gustativa. Se desconoce en gran medida su función, pero sabemos que tienen pequeñas proyecciones en forma de dedo que envuelven a las células gustativas vecinas. Es posible que las células del tipo I funcionen como pequeños limpiadores que regulan y limpian el entorno externo de las células gustativas.

> **Tipo II.** Representan alrededor de un tercio de las células de una sola papila gustativa y son mucho más grandes y anchas que las tipo I. Tienen receptores gustativos llamados «receptores acoplados a proteínas G» en su superficie, unos dispositivos muy sofisticados que detectan determinados compuestos gustativos. Por ejemplo, algunos receptores acoplados a proteínas G detectan compuestos dulces, otros umami y otros amargos. Cuando un compuesto gustativo se une a la superficie de una proteína G en una célula gustativa del tipo II, provoca la activación de una proteína especial en el interior de la célula. Esta proteína inicia la producción de un aluvión de moléculas que activan las delicadas terminaciones nerviosas de la base de las papilas gustativas.

> **Tipo III.** Son, a diferencia de las de tipo I y II, escasas y poco frecuentes. Varían según la región de la boca, siendo mucho más frecuentes

en las papilas gustativas de la parte posterior de la lengua que en las de la parte anterior. Detectan los sabores ácidos y son responsables de tu amor por el cordial de lima, el zumo de lima en el guacamole, las cebollas encurtidas y las gomitas ácidas. Estas células esbeltas y elegantes no funcionan de la misma manera que las de tipo II. El consenso es que las células de tipo III transducen los estímulos ácidos a través de al menos dos mecanismos moleculares distintos, informando así a nuestro cerebro de que hay algo ácido merodeando por nuestra boca.

Quizá te hayas dado cuenta de que no he hablado de cómo decodifican las papilas gustativas el sabor salado. Los estudios han demostrado que podría haber un receptor celular en ratones de laboratorio llamado «ENaC», responsable de la detección de la sal, junto con un segundo receptor que detecta el grado de salinidad de las soluciones; pero la realidad es que, aunque hayamos puesto un hombre en la luna y hayamos aprovechado la energía nuclear para alimentar nuestras ciudades, seguimos sin conocer los mecanismos receptores específicos implicados en la degustación de las patatas fritas, con y sin sal.

Cómo la detección del gusto se convierte en percepción del gusto

Cuando las papilas gustativas convierten los distintos alimentos en impulsos eléctricos, una combinación de tres nervios transporta la información gustativa desde la boca hasta el cerebro. Estos tres nervios envían información a una zona profunda del cerebro llamada «médula». Desde la médula, la información gustativa codificada eléctricamente se transmite a una zona denominada «corteza gustativa primaria».

La corteza gustativa primaria nos permite percibir el sabor de los alimentos y envía información a otros centros cerebrales. Uno de ellos es la amígdala, responsable de la producción y liberación de dopamina, la sustancia química que nos hace sentir bien. Nos impulsa a sentir una sensación de recompensa o placer cuando comemos algo delicioso (y explica por qué todavía me estremezco cuando me ofrecen samosas de cordero).

Como acabamos de aprender, existe un vínculo químico que explica por qué un bocado de fondant de chocolate semiamargo, con su centro derretido y rezumante, puede desencadenar vívidos recuerdos de placer, lujuria e incluso amor. Pero los recuerdos de la comida funcionan en ambos sentidos; los mismos mecanismos también pueden explicar por qué, por ejemplo, haber comido una ostra podrida en las vacaciones de 2013 puede dejarte con una aversión de por vida a esas pequeñas bolas de moco marino.

Hasta ahora, los científicos pensaban que la corteza gustativa primaria del cerebro contenía nervios especializados que respondían principalmente a una sensación gustativa concreta, pero que estos nervios tenían el potencial de percibir también otros sabores a un nivel inferior. Sin embargo, los estudios han utilizado técnicas de resonancia magnética para observar el cerebro de animales a los que se les administran distintas soluciones gustativas, y los investigadores han detectado que en el cerebro se iluminan zonas discretas cuando se aplican a la lengua soluciones amargas, saladas, dulces o umami. Como resultado, se ha propuesto un «mapa gustotópico» de la percepción del gusto en el cerebro que sugiere la existencia de zonas separadas, en lugar de difusas, para la detección de los sabores.

Aunque en principio resulta intrigante, muchos científicos opinan que este mapa gustotópico es demasiado simple, una explicación unidimensional para un complejo e intrincado conjunto de procesos. Por ejemplo, en el experimento no se pudo localizar ninguna zona del cerebro responsable de detectar los sabores agrios, lo que plantea más dudas sobre cómo se identifica el sabor de los alimentos agrios. Pero, como ocurre con todos los avances científicos, las preguntas y los desafíos a las teorías solo sirven para avanzar en el conocimiento de un tema, y la búsqueda de la comprensión del funcionamiento del gusto no es diferente.

¿Puede influir el conocimiento de las diferentes papilas gustativas en mi forma de cocinar?

A lo largo de mi vida he tenido la suerte de conocer a cocineros realmente brillantes. Manejan sus cocinas con una destreza admirable y tienen un don para identificar el ingrediente que falta y que completa su plato, dando a su comida un cierto *je ne sais quoi* indescriptible.

Una vez tuve una empleada de origen indio gujarati llamada Jaya, que a veces también me ayudaba a preparar la comida en mi casa, los días en que gestionar una familia joven y mi carrera de médica se convertía en una tarea imposible. Era vegetariana y preparaba los curris más deliciosos. A mí me gustaba mucho un curri de col blanca salteada que preparaba en cuestión de minutos. Para mi sorpresa, me di cuenta de que añadía sal y un buen terrón de azúcar de caña sin refinar a las hojas de col que se marchitaban en la sartén. Nunca se me había ocurrido añadir azúcar a ningún curri que hubiera preparado, pero tenía todo el sentido. Las notas dulces del jengibre complementaban el sabor ligeramente amargo de las hojas de col y los condimentos salados que Jaya eligió para darle un sabor irresistible a la humilde verdura hicieron que el plato fuera mucho más que la suma de sus componentes.

He pensado a menudo qué es lo que hace que cocineros como Jaya sean tan brillantes. Sí, cocinan con el corazón, por placer y comodidad, pero creo que hay algo más. En última instancia, los cocineros instintivos son capaces de utilizar su paladar a su favor. Tanto si se trata de un chorrito extra de zumo de limón sobre un pollo asado caramelizado con miel como de una pizca de sal gema sobre chocolate semiamargo fundido, estos cocineros comprenden subliminalmente los componentes del sabor —las notas saladas, dulces, ácidas, amargas y umami— y son capaces de utilizarlos para crear platos equilibrados y sabrosos que despiertan una variedad de papilas gustativas diferentes en cada bocado.

Por desgracia, no todos podemos ser como estos cocineros instintivos e intuitivos que comprenden sin esfuerzo el funcionamiento del gusto y los componentes básicos del sabor; pero podemos acercarnos añadiendo, por ejemplo, una pizca de azúcar a una salsa de tomate ácida o, en un curri salado, un poco de vinagre balsámico al toque amargo y ahumado de las verduras asadas y caramelizadas, transformando algo ordinario en un plato memorable al que es difícil resistirse. Analizar los componentes del sabor de tus alimentos y diversificar las sensaciones gustativas que utilizas significa dar un paso hacia el éxito culinario.

Desde luego, no soy la única cocinera que cree en el poder de utilizar diversas sensaciones gustativas para enriquecer los platos. Varias culturas del Lejano Oriente han abordado los fundamentos del sabor como una ideología para crear comida deliciosa durante siglos. Recuerdo que de niña vi un documental sobre comida tailandesa en el que un apasionado cocinero local hablaba de utilizar los sabores dulce, ácido, picante y salado como las «notas de un acorde musical» para crear platos armoniosos; aunque una nota puede dominar un plato, las otras también deben estar presentes de fondo, y en cierta medida. Autores de cocina contemporánea como Samin Nosrat, autora de *Sal, grasa, ácido, calor*, Yotam Ottolenghi (*Sabores*) y Nik Sharma (*La fórmula del sabor*), proporcionan un recurso invaluable para aquellos que desean aprender más sobre los fundamentos del sabor, o deberíamos decir lo «sabroso».

¿Existe una papila gustativa para detectar la grasa?

Uno de mis sabores favoritos es el de la grasa. La mantequilla, el ghee, el aceite de oliva, la nata entera, la grasa crujiente de las chuletas de cordero a la barbacoa... esos son los sabores que más me apasionan. No se me ocurre nada más delicioso. El estereotipo de los cocineros que añaden enormes cantidades de mantequilla a todo para que sepa un poco más delicioso es una imagen que conecta realmente con mi idea personal de la comida y el sabor.

La cuestión de si existen células gustativas especializadas responsables de la percepción de las grasas, o si estas son más bien una textura oral (o, por utilizar su término técnico, «sensación en la boca»), sigue sin respuesta. El tiempo dirá si se identifica una papila gustativa específica para detectar las grasas, pero parece que puede existir algún tipo de sensibilidad oral a los ácidos grasos que tenga un significado funcional en los seres humanos. Las investigaciones han demostrado que las personas (y los animales) con una sensibilidad disminuida al sabor de las grasas las comen más, y que esto, a su vez, puede tener como efecto un aumento de peso.

Le pregunté a mi hijo de cuatro años qué sabores conocía. Además de dulce, salado y ácido, también mencionó «el sabor de la mantequilla». Muchos de los niños a los que les he planteado esta pregunta en clases de cocina para niños parecen identificar la grasa también como un sabor distintivo.

La otra noche volví sobre este tema sin querer, después de servir en la mesa un puré excepcionalmente cremoso y cargado de mantequilla. Hice un comentario de pasada dirigido a mi marido sobre lo rico que sabía y mi hijo, que ahora estoy convencida de que está destinado a hacer carrera en leyes, anunció: «¡Mira, mamá, te dije que la mantequilla era un sabor! La mantequilla hace que el puré esté delicioso, ¡aunque antes dijeras que no tenía sabor!». Me retracto.

¿Están relacionados nuestros sentidos del gusto y del olfato?

El gusto es instintivo e involuntario; lo usamos varias veces al día sin pensar en ello conscientemente. No elegimos encender nuestras papilas gustativas cuando comemos y no tenemos forma de no saborear lo que tenemos en la boca.

Hasta ahora he explicado un poco cómo percibimos los sabores salado, dulce, ácido, amargo y umami, y espero que hayas disfrutado del conocimiento que he compartido sobre el extraño y maravilloso mundo del gusto. Pero ahora cambiemos un poco el enfoque y veamos cómo nuestra percepción del gusto se vincula con otro sentido muy importante relacionado con la comida: nuestro sentido del olfato.

En la universidad, tenía una amiga llamada Rose que había crecido en el campo antes de empezar sus estudios en el sur de Londres. Siempre había padecido rinitis alérgica y a menudo sufría de sinusitis. Al llegar a Londres, las cosas fueron de mal en peor, y durante todo el primer año Rose sufrió sinusitis constantemente. Poco a poco, estos problemas fueron mermando su gusto por la comida hasta que un día, mientras comía patatas con atún en el comedor de la facultad de medicina, me dijo que creía haber perdido casi por completo el sentido del gusto. La patata asada y el atún sabían a cartón, me dijo, claramente disgustada por la situación.

«Ni siquiera puedo saborear bien el curri», suspiró.

Hablamos largo y tendido sobre sus síntomas, intentando averiguar por qué había sucedido esto. Al estar tan obsesionada con la comida, una vida sin los placeres del gusto me parecía intolerable, casi impensable. Así que, como era de esperar de una pareja de estudiantes de medicina, nos pusimos a averiguar cómo podíamos cambiar esta situación. ¿Quizá había tomado demasiados antibióticos que alteraban su percepción del gusto? ¿O quizá tenía demasiada mucosidad en la lengua?

Después de algunas idas y venidas, le pregunté a Rose si todavía podía oler la comida y, tras unos momentos de deliberación, reconoció que su sentido del olfato había desaparecido casi por completo. ¿Podría ser esta la razón del mal funcionamiento de las papilas gustativas de Rose? ¿Podría ser que el gusto y el olfato estuvieran tan intrínsecamente ligados que la pérdida del sentido del olfato estuviera privando a Rose del sentido del gusto? Cuando Rose consiguió visitar a un otorrinolaringólogo, resultó que había desarrollado un pólipo (un pequeño tumor no canceroso) en la parte posterior de la nariz. Le estaba obstruyendo los senos paranasales, provocando la pérdida de su sentido del olfato. Seis meses más tarde, cuando finalmente le extirparon el pólipo, prácticamente de la noche a la mañana recuperó el olfato y, con ello, el sentido del gusto. Para celebrarlo, fuimos al lugar más lleno de sabores que podíamos pensar: nuestro local de curri de Bermondsey. Brindamos por el regreso del sabor a la vida de Rose y por toda la alegría que solo un buen curri puede proporcionar.

¿Cómo interactúan nuestros sentidos del gusto y del olfato?

Así pues, está claro que la olfacción (o el sentido del olfato) contribuye en gran medida a nuestro sentido del gusto. Pero ¿hasta qué punto? En realidad, parece que mucho. Algunos investigadores afirman que hasta el 80 % de lo que experimentamos al masticar la comida no procede de nuestras papilas gustativas, sino de nuestro olfato.

Hasta hace poco, la literatura científica coincidía, en general, en que el ser humano era capaz de discriminar unos diez mil olores diferentes. A mí me parecía mucho. Yo no podría nombrar diez mil olores distintos ahora mismo. Pero cuando se diseñaron experimentos para cuestionar esta cifra y examinar con más precisión la resolución del olfato humano, los investigadores se encontraron con algunos resultados intrigantes.

Los científicos calculan que el ser humano puede ser capaz de identificar 1 billón de estímulos olfativos diferentes, una cifra muy alejada de las diez mil estimadas anteriormente (para situar esta asombrosa cifra en su contexto, el ser humano puede ver alrededor de 8 a 10 millones de colores diferentes y quizá medio millón de tonos). De hecho, el sistema olfativo supera a prácticamente todos nuestros sentidos en cuanto al número de estímulos diferentes que puede discriminar. Lo más probable es que los humanos hayamos desarrollado un predominio de la vista simplemente porque somos capaces de procesar los estímulos visuales unas diez veces más rápido que los olfativos. También es más sensato entrenar al cuerpo para que reaccione al avistamiento de un tigre que a su olor.

Pero volvamos al vínculo entre el olfato y el gusto. La teoría es que cada bocado de comida contiene miles, sino millones, de lo que se conoce como «compuestos aromáticos volátiles». Un compuesto volátil es esencialmente una sustancia química que se desplaza por el aire, y «aromático» se refiere aquí a cualquier sustancia química que el sistema olfativo humano sea capaz de oler.

Un compuesto aromático volátil emitido por los alimentos de nuestros platos será atraído a la parte posterior de la nariz y la garganta a través de nuestra respiración, y se unirá a una célula receptora específica que, a través de una compleja red de nervios, enviará una señal al cerebro donde se podrá interpretar el aroma asociado a ese compuesto. Cuando el alimento entre en la boca y se descomponga al masticar, otras moléculas aromáticas saldrán disparadas, llegarán a la parte posterior de la garganta y la nariz y, de nuevo, nos permitirán experimentar esas mágicas complejidades del sabor.

En esencia, los compuestos volátiles ayudan a crear perfiles de sabor, de modo que cuando describimos algo como afrutado, floral, cítrico, herbáceo, terroso o carnoso, es nuestra interacción con ellos la que está funcionando. Y aunque las reglas exactas que rigen la integración de la información olfativa y gustativa no se conocen del todo en este momento, lo que sí sabemos es que están integradas y que, como demostró Rose, nuestra experiencia con la comida depende en gran medida de que ambos sentidos trabajen juntos en armonía. La ciencia más puntera sugiere que el mismo compuesto aromático, percibido a través del olfato normal o desde el interior de la boca, puede evocar percepciones ligeramente diferentes y activar distintas partes del cerebro.

Así que, la próxima vez que tengas un pollo asado en el horno y tu pareja llegue a casa y te diga que la cena huele de maravilla, puedes sentarlo y hablar de los compuestos aromáticos volátiles del pollo asado y de cómo interactúan con su sistema olfativo, dando lugar a la experiencia del olfato. Igual puedes incluso coger una pizarra y dibujar algunos diagramas. Seguro le encanta.

Supongo que, instintivamente, todo esto tiene sentido. Cuando uno tiene la nariz taponada a causa de un resfriado, el sentido del gusto disminuye porque las moléculas aromáticas volátiles no pueden atravesar la pegajosa capa de mocos para llegar a la parte posterior de la nariz y la garganta. He conocido a pacientes con traumatismos craneoencefálicos que han perdido el sentido del olfato, porque los delicados nervios que llevan la información sensorial a la parte posterior del cerebro se han dañado o desgarrado. He conocido a otros pacientes sometidos a radioterapia por cáncer de cabeza o cuello que a menudo se quejan de que el sabor de sus platos favoritos no es el mismo que antes. Una de estas pacientes me dijo que, a menos que añadiera sal, azúcar y guindilla para compensar, su comida no tenía más sabor que el de un fajo de papel. Esto también explica por qué el olfato y el gusto de Rose se normalizaron tan rápidamente tras la extirpación de su pólipo nasal.

Si todavía no me crees cuando hablo de lo vital que es el sentido del olfato para influir en la percepción del gusto, aquí tienes un experimento interesante (en aras de la ciencia, obviamente): intenta cerrar los ojos y pellizcarte la nariz. Luego métete una gominola en la boca y mastícala. Supongo que no serás capaz de identificar exactamente de qué sabor se trata, aunque al principio te parezca un poco dulce o incluso ácida (porque, obviamente, las papilas gustativas siguen funcionando, pero sin el efecto amplificador de su sentido asociado). Ahora, despega suavemente la nariz y deja que todos esos compuestos aromáticos volátiles floten hacia la parte posterior de la lengua y la parte posterior de la nariz. ¿Ha cambiado algo? Imagino que el sabor distintivo de la gominola, así como los tonos dulces o ácidos subyacentes, es mucho más pronunciado que cuando lo degustabas con la nariz tapada.

Comprender el componente sensorial del olfato y su relación con el gusto es esencial para un cocinero porque, estoy segura, ayuda a cocinar platos más refinados y matizados. Recordando mi época en *MasterChef*, recuerdo que una vez estaba cocinando un plato de lentejas secas especiadas cuando el juez y *chef* profesional John Torode pasó por delante y comentó casualmente que algo estaba a punto de quemarse. Me sorprendió un poco, ya que no esperaba que ningún plato estuviera completo hasta pasados unos minutos, y la comida quemada es el desastre culinario irrecuperable por excelencia.

Sin embargo, cuando eché un vistazo a mis lentejas, resultó que había dejado accidentalmente el fuego alto y, de hecho, si las hubiera dejado un minuto más, habrían empezado a quemarse. John, siempre tan maestro, me miró: «Saliha —me dijo—, no te olvides de usar el olfato. Te ayudará a reconocer cuándo tus platos están preparados a la perfección». Y se fue.

A muchos de vosotros os parecerá un consejo sensato, aunque no innovador, y estaríais en lo cierto. Pero las implicaciones prácticas en mi cocina han sido casi inconmensurables. Puedes entrenar tu olfato para distinguir una gama más amplia de olores, convirtiéndote en lo que los olfateadores profesionales (sí, existen) llaman «consciencia de los olores». Es una habilidad especialmente útil en la cocina, donde los olores te pueden decir si un alimento está crudo, perfectamente cocinado o quemado hasta resultar irreconocible. Por ejemplo, ahora puedo confiar en mi olfato para saber cuándo dar la vuelta a las tortitas. Si antes les daba la vuelta antes de tiempo, ahora consigo olfatear, con un porcentaje de éxito muy respetable, la parte inferior perfectamente dorada antes de lanzarlas. Del mismo modo, tras mucha práctica, ahora sé cuándo está listo un asado o una pasta al horno confiando en los mensajes de mis fosas nasales y no solo en mis ojos. Incluso cocinar arroz es más fácil desde que aprendí a reconocer el olor cuando está perfectamente cocido. Como consecuencia, mi temporizador languidece en algún rincón del armario de la cocina.

Esto ha aumentado esa conexión intuitiva que siento con los alimentos que cocino, lo que ha contribuido en gran medida a mi sensación de felicidad gastronómica y seguridad en la cocina. Esta habilidad puede ser algo que quieras añadir o mejorar en tu práctica culinaria. Si te interesa, te animo a practicar la confianza en tu olfato porque, más que cualquiera de tus otros sentidos, puede marcar la diferencia entre una buena comida y una estupenda.

El odio heredado (o la historia del cilantro)

El misterioso caso del *Coriandrum sativum*, el cilantro, es muy extraño. La gente lo ama o lo odia, pero ¿por qué? Personalmente, me encanta el toque cítrico y bucólico del cilantro, y lo utilizo generosamente en mis recetas. Crecí comiendo curri espolvoreado con cilantro fresco picado y siempre sentí que le daba vida. Pero, si uno es un ferviente opositor a esta hierba, la experiencia de ingerirla puede ser totalmente detestable, algo que comúnmente se compara con tragarse una pastilla de jabón.

Una parte considerable de mis amigos, a los que considero relativamente sanos de cuerpo y mente, pertenecen a este último grupo. Cuando el presentador Larry King preguntó a Julia Child, la reina de la cocina estadounidense, por los alimentos que odiaba, ella mencionó un odio tan profundo hacia el cilantro que le sabía a «muerto», y si aparecía delante de ella lo arrancaba de la comida y lo tiraba al suelo. Y si eso te parece exagerado, te insto a que dejes este libro, te prepares una taza de té y leas algunos de los comentarios del grupo de Facebook *I F***ing Hate Coriander* [«Odio el p*to cilantro»]. Cada vez hay más pruebas de que la aversión al cilantro está codificada en nuestro ADN. Las observaciones realizadas en gemelos y mellizos mostraron que, mientras que alrededor del 50 % de los mellizos tenían la misma opinión sobre el cilantro (que es la proporción 50/50 que cabría esperar), el 80 % de los gemelos idénticos (que tienen el mismo ADN) compartían la misma opinión que su gemelo sobre el amor o el odio a la hierba. Puede que no parezca mucho, pero una diferencia del 30 % entre los dos grupos es un salto muy significativo en términos científicos, y podría apuntar a algún tipo de característica heredada que da forma a la relación de amor u odio de una persona hacia ciertos alimentos.

Como siempre, la historia no está nada clara. Los resultados mostrados en el estudio de gemelos pueden interpretarse sin duda como un rasgo genético heredado, pero la imagen completa sigue siendo borrosa. Los científicos seguirán añadiendo detalles a medida que avance la investigación. Y aunque la crianza también es importante (es decir, la forma en que se educa a los sujetos y los mensajes que oyen de sus padres y compañeros sobre determinados alimentos), las pruebas sugieren que las preferencias alimentarias heredadas pueden ser algo real.

El cilantro no es el único alimento que implica lo que podría ser una preferencia genética heredada. Las humildes coles de Bruselas, el brócoli, el ajo, una variedad de hojas de ensalada y las especias también caen en el mismo enigma de amor/odio basado en los genes. La gente cree que saben, bueno, amargos. Que conste que a mí me encantan, y me iré a la tumba argumentando que las coles de Bruselas no son un plato destinado solo para Navidad.

He diseñado una serie de recetas que celebran estos ingredientes tan controvertidos y que sirven como fantásticos puntos de partida para aquellos que intentan convencer a sus seres queridos de sus méritos culinarios. ¿Qué tal un aliño de ajo y cilantro? O quizá te inspire un zhoug de cilantro y nueces para mojar tu cordero asado. Quizá te apetezca freír los ramilletes de brócoli rebozados en pakora hasta que queden ligeros y crujientes. O puede que asar unas coles en un horno bien caliente y servirlas con una salsa de curri cambie para siempre tu opinión sobre ellas.

Intenta dejar a un lado cualquier prejuicio y observa lo que piensas. Por mi parte, puedo decirte que con estas recetas he convencido a unos cuantos amigos fóbicos al cilantro, al brócoli, a las coles y al ajo de que su arraigado odio era infundado, así que vale la pena probarlas. Si al final persiste tu aversión por estos ingredientes y el sabor amargo sigue siendo intolerable, supongo que puedes aceptar que no estabas destinado a amarlos, que la naturaleza ha prevalecido sobre la educación.

De todos los sabores, son los amargos los que más han cautivado mi interés. Los estímulos amargos son extremadamente diversos en su estructura química. La función de poder sentirlos parece estar relacionada con nuestra capacidad para detectar sustancias venenosas, y cuando los vertebrados salieron del océano y llegaron a la Tierra hace más de 500 millones de años, la capacidad del gusto se convirtió en una parte clave de nuestro primitivo mecanismo de supervivencia. Prueba de lo importante que era para nuestros antepasados evitar los venenos es que los distintos receptores del sabor amargo superan con creces a los del dulce y otros sabores en nuestras lenguas. También es la razón por la que los sabores amargos pueden abrumarnos mucho más fácilmente que los dulces o ácidos.

Estudios neurológicos y conductuales en humanos, ratas y monos demuestran que estas especies pueden distinguir entre una serie de estímulos amargos diferentes. Incluso se ha sugerido que las fibras nerviosas responsables de detectar tipos específicos de amargor pueden estar agrupadas en haces diferenciados en el cerebro. El próximo reto para el mundo culinario es encontrar nombres para los distintos tipos de sabores amargos que existen.

También hay pruebas que parecen demostrar que la sensibilidad a los sabores amargos podría ser un rasgo genético. Existe una solución llamada «feniltiocarbamida» o «PTC», que a siete de cada diez personas les resulta insípida, mientras que las tres restantes, al ingerirla, experimentan el sabor más repugnante e intolerablemente amargo que se pueda imaginar. Estas tres de cada diez personas son esencialmente «supergustadores amargos» y es menos probable que disfruten de la col, el brócoli, las coles de Bruselas, la cerveza, el café y otros placeres similares a lo largo de su vida. A esas tres personas de cada diez, mi más sentido pésame.

Melón, mango y pepino con aliño de cilantro y ajo quemado

Para 2 personas
Parte del atractivo del cilantro reside en el hecho de que sus notas herbáceas, cítricas y alimonadas lo convierten en el maridaje perfecto para una gran variedad de sabores salados, dulces y afrutados. Aque-

llos de vosotros que percibís el cilantro como algo jabonoso os sorprenderéis gratamente de lo atractiva que resulta esta combinación de ingredientes. Quemar el ajo en la cocina es una tradición bangladeshí que aporta un toque ahumado al plato final.

Ingredientes

125 g de melón cantalupo cortado en dados de 1 cm

125 g de mango cortado en dados de 1 cm

125 g de pepino sin pepitas y cortado en dados de 1 cm

15 g de cilantro, finamente picado

2 dientes de ajo

1 cucharada de sirope de arce

Ralladura y zumo de 1 lima

1 guindilla roja, cortada en rodajas finas

2 cucharaditas de chutney de tamarindo

1 cucharada de aceite de oliva

Sal al gusto

Preparación

1. Empieza mezclando el melón, el mango, el pepino y el cilantro en un bol.

2. Coloca los dientes de ajo en la punta de un tenedor y quémalos con cuidado en la llama de la cocina (o en una sartén antiadherente seca en una placa eléctrica) hasta que estén totalmente carbonizados y negros por todos los lados (unos 3 minutos).

3. Machaca el ajo quemado con la punta del cuchillo y añádelo al bol, junto con el sirope de arce, la ralladura y el zumo de lima, la guindilla roja, el chutney de tamarindo, el aceite de oliva y una pizca de sal. Mezcla bien todo antes de servir.

Nota: es perfectamente aceptable que la fruta esté cortada en trozos de más de 1 centímetro, si no tienes paciencia para picar tan finamente.

Pakoras de brócoli

Para 4 personas

Si a alguien no le gusta el brócoli, casi se puede garantizar que la mejor manera de convencerlo de que su odio es infundado es servirle la verdura frita en un crujiente rebozado. En una tarde fría y lluviosa, estas crujientes pakoras con una guarnición de chutney de tamarindo, y los codiciosos dedos de los miembros de la familia apresurándose a coger el lote recién salido de la freidora, es mi idea personal de paraíso.

Ingredientes

75 g de harina de garbanzo

1 cucharada colmada de harina de maíz o de arroz

½ cucharadita de bicarbonato de sodio

1 cucharadita de guindilla en polvo

1 cucharadita de semillas de comino, molidas gruesas

1 cucharadita de semillas de cilantro, molidas gruesas

1 cucharadita de semillas de comino negro

½ cucharadita de sal

2 cucharadas de zumo de limón

200 g de brócoli cortado en trozos de 3 a 4 cm

Aceite vegetal para freír

Para servir:

½ cucharadita de chaat masala (opcional)

Chutney de tamarindo

Preparación

1. Mezclar en un cuenco la harina de garbanzo, la harina de maíz, el bicarbonato de sodio, la guindilla en polvo, el comino y el cilantro molidos, las semillas de comino negro y la sal. Añadir el zumo de limón y agua suficiente para formar una masa con la consistencia de la nata líquida. Incorporar el brócoli a la masa y remover para cubrirlo bien.

2. Calentar el aceite vegetal en una sartén grande o freidora hasta que una gota de rebozado chisporrotee en el aceite. Freír los trozos de brócoli en pequeñas tandas hasta que estén crujientes y el rebozado adquiera un color dorado intenso. Retirar y escurrir en papel de cocina mientras preparas la siguiente tanda. Se tarda unos 4-5 minutos.

3. Servir con una última pizca de chaat masala, si lo deseas, y una guarnición de chutney de tamarindo.

Nota: si no tienes suficiente con el sabor del brócoli, puedes servir estas pakoras con un chutney verde de cilantro. Mezcla 125 gramos de anacardos crudos con 125 gramos de pasas sultanas doradas, 60 gramos de cilantro picado, 75 mililitros de zumo de limón, una guindilla verde y una pizca de sal hasta obtener una mezcla homogénea. No digas a los comensales que está hecho con cilantro ¡y observa cómo reaccionan!

Coles de Bruselas asadas con salsa de yogur al curri

Para 4 personas

El problema de las coles de Bruselas no es que a la gente no le guste su sabor, sino que a menudo se cocinan muy mal. Hervirlas hasta que estén blandas es, en mi opinión, un pecado capital. La justicia culinaria reside en asarlas en un horno caliente o desmenuzarlas y saltearlas rápidamente.

Ingredientes

500 g de coles de Bruselas, cortadas por la mitad, a lo largo

2 cucharadas de aceite de oliva virgen extra

1 cucharada de miel

1 cucharadita de cúrcuma

½ limón

1 cucharada de mayonesa

125 ml de yogur

2 cucharadas de aceite vegetal

10 hojas de curri

1 cucharadita de semillas de mostaza

Semillas de 1 vaina de cardamomo

1 guindilla verde, finamente picada

Sal al gusto

Preparación

1. Precalienta el horno a 200 °C con ventilador. Mezcla las coles con el aceite de oliva, la miel y media cucharadita de cúrcuma, y sazona con sal. Viértelas en una bandeja y ásalas en el horno durante 10-15 minutos. Retira del horno y ralla la cáscara de medio limón por encima.

2. Mezcla la mayonesa y el yogur en un bol. Deja el aceite vegetal al fuego en una sartén antiadherente hasta que se ponga caliente, pero no dejes que llegue a humear. Añade las hojas de curri, las semillas de mostaza, las semillas de cardamomo, la cúrcuma restante y la guindilla verde al aceite caliente, removiendo rápidamente para que no se pegue nada. Cuando las especias empiecen a chisporrotear y las hojas de curri estén crujientes, retira la sartén del fuego. Retira las hojas de curri con una espumadera y reserva.

3. Vierte el aceite caliente sobre la salsa de yogur y mayonesa y mezcla bien. Añade el zumo de medio limón y sal al gusto. Trabaja con cuidado, alejándote del fuego, ya que las especias pueden salirse de la sartén y quemarse.

4. Para servir, esparce las hojas de curri crujientes sobre las coles asadas y la salsa de yogur.

Pierna de cordero asada al ajillo con zhoug de cilantro y nuez

Para 6 personas

El zhoug es algo así como la versión de Oriente Medio de la salsa verde. Resulta delicioso como acompañamiento del cordero, pero también es muy versátil y se puede utilizar en ensaladas, sopas, verduras asadas o incluso en el hummus. Lo que más me gusta de este plato es que, con un esfuerzo mínimo, los resultados son asombrosamente buenos. La gente piensa que has trabajado como un esclavo durante horas, pero no. En realidad, solo se necesita un mortero, un trozo de carne y un horno. Justo el tipo de engaño culinario que me gusta. He utilizado deliberadamente el ajo, en exceso. Tengo una larga historia de amor con ese bulbo, pero puedes suavizar la receta si lo deseas.

Ingredientes

Para el cordero:
4 cucharadas de aceite de oliva
Todos los dientes de 2 ajos enteros, machacados en un mortero
2 cucharaditas de copos de guindilla roja
1 cucharadita colmada de orégano
2 cucharadas de vinagre de Jerez
1,5 kg de pierna de cordero, deshuesada y cortada en tiras
Sal al gusto
Para el zhoug de nueces:
2 dientes de ajo

1 cucharadita de semillas de comino tostadas
½ cucharadita de cardamomo molido
100 g de nueces tostadas
40 g de cilantro picado grueso
3 jalapeños frescos, cortados en rodajas finas
4-5 cucharadas de aceite de oliva
1 cucharada de vinagre de Jerez o 2 cucharadas de zumo de limón
Sal al gusto

Preparación

1. Para hacer el cordero, prepara la marinada mezclando el aceite de oliva, el ajo, los copos de guindilla roja, el orégano y el vinagre de Jerez. Pincha el cordero unas 20 veces con una brocheta; las perforaciones ayudarán a que la marinada penetre en la carne. Asegúrate de que el cordero tiene un grosor más o menos uniforme y, si no es así, haz algunas incisiones en el vientre del músculo para aplanarlo. Frota la marinada por todo el cordero y refrigéralo, idealmente toda la noche, pero al menos 3 horas antes de cocinarlo.

2. Precalienta el horno a 180 °C con ventilador. Cuando vayas a cocinar el cordero, sácalo de la nevera durante al menos 30 minutos para que alcance la temperatura ambiente antes de meterlo en el horno. Sazona con abundante sal e introduce el cordero en el horno en una bandeja de asar honda junto con toda la marinada. El cordero debe cocinarse durante 20 minutos si lo deseas al punto, durante 30 minutos si lo prefieres a término medio (tres cuartos) y 40 minutos si lo deseas bien asado. Yo suelo optar por el término medio. Cuando saques el cordero del horno, déjalo reposar tapado con papel de aluminio durante 20 minutos antes de pasarlo a una fuente y cortarlo en lonchas finas, en el sentido de las fibras en lugar de en sentido contrario.

3. Prepara el zhoug mientras el cordero está en el horno. Empieza colocando el ajo en un mortero junto con las semillas de comino y el cardamomo (puedes utilizar una licuadora si lo deseas, pero debo decir que los resultados son mejores cuando se utilizan las manos y un mortero tradicional, acompañados de un poco de esfuerzo físico). Machaca hasta que los dientes de ajo queden como una pasta. Añade ahora las nueces. La idea es machacarlas lo suficiente como para que se deshagan en trozos, pero sin que pierdan completamente su textura. Para completar el zhoug, añade el cilantro, los jalapeños, el aceite de oliva, el vinagre y una cantidad generosa de sal. Mezcla utilizando el mortero para combinar todo. Pruébalo y ajusta el punto de sal o acidez a tu gusto.

4. En el fondo de la bandeja quedarán restos pegajosos de carne quemada y jugos. Para hacer la salsa, coloca la bandeja de asar en una olla a fuego medio y añade unos 250 mililitros de agua. Raspa todos los jugos pegajosos de la carne del fondo de la bandeja con una cuchara de madera. Tras 3-4 minutos, tendrás una salsa concentrada. Con una cuchara, vierte un poco sobre las lonchas de cordero; procura no utilizarla toda, ya que estará muy salada y tendrá mucho ajo.

5. Para completar el plato, vierte el zhoug de nueces sobre las lonchas de cordero y sírvelo con pan crujiente o patatas cocidas.

Comer a bordo del vuelo PK757

La mayoría de la gente que conozco odia el sabor de la comida de los aviones. «No hay manera de que coma en los aviones», ha dicho alguna vez Gordon Ramsay. Tras haber trabajado con aerolíneas, Ramsay a menudo se ha quejado de que la forma en que se prepara la comida, se almacena y llega a bordo, junto con la convección seca que se utiliza para recalentarla, la hace prácticamente intragable. Muchos de los *chefs* que conozco optan por quedarse con hambre o por comer comida precocinada para saciar sus retortijones durante el vuelo.

La opinión que voy a compartir no es muy extendida, pero, aunque la mayoría de las comidas de avión me han dejado con náuseas, también he probado comidas a bordo que describiría, de todo corazón, como deliciosas, a la altura de muchas cocinas en tierra.

PIA son las siglas de Pakistan International Airlines, una aerolínea que en 2019 ni siquiera se coló entre las cien mejores del mundo, según Skytrax. Durante años, PIA ha realizado vuelos desde Londres, mi ciudad natal, hasta Lahore, la ciudad natal de mis abuelos, y cuando yo era niña, PIA solo servía comida tradicional pakistaní a bordo. Lo que quiero decir es que, si vuelas con PIA, ¡más te vale que te guste el curri!

Un año en particular, al abrir la tapa plateada de papel aluminio de mi comida a bordo, descubrí un plato rectangular de plástico lleno hasta el borde de biryani de cordero. El aroma de las especias penetró en mi nariz a través del aire presurizado de la cabina, llenando mis fosas nasales de aquel aroma inconfundible que anticipa una delicia. Los granos de arroz estaban perfectamente cocidos, habiendo resistido de algún modo las variaciones de temperatura que suelen producirse con el tratamiento de convección en seco. Los condimentos eran generosos e incluían buenas dosis de jengibre y ajo, rematados con una combinación de guindillas rojas y verdes, finamente picadas, para darle un toque extra. El nivel de picante, aunque elevado, no supuso ningún problema para un paladar pakistaní acostumbrado a niveles superiores a la media.

Sentada con el trasero entumecido, en un asiento incómodo y sin espacio para las piernas, el cansancio y el estrés del viaje se olvidaron temporalmente y me acabé toda la comida, mientras luchaba con mi hermana pequeña por el poco espacio que quedaba para los codos. Comimos deprisa y en silencio, hasta que mi madre, terminando su biryani, dijo: «Bueno, no ha estado nada mal, ¿verdad? Parece que ya han empezado las vacaciones», y tomó un sorbo de su zumo de tomate, una elección extraña, pensé entonces, ya que, que yo supiera, nunca lo bebía en casa.

En retrospectiva, a menudo me he preguntado por qué la comida de los aviones en general sabe tan horrible y mundana, y por qué esta comida en particular supo tan deliciosa. No fue hasta que descubrí el trabajo del profesor Charles Spence, científico de Oxford, que comprendí el efecto que tiene volar en nuestras papilas gustativas.

Según Spence, hay tres razones fundamentales por las que el sabor de la comida de los aviones suele ser tan mediocre. En primer lugar, la cabina presurizada de un avión altera nuestro sentido del olfato y del gusto al resecar las fosas nasales. La humedad es muy importante para la transmisión de olores a través del aire (por ejemplo, los olores que nos rodean después de una fuerte lluvia están en realidad siempre en el aire, pero la humedad extra que aporta la lluvia permite a nuestra nariz detectar temporalmente una gama mucho más rica de olores). En segundo lugar, los bajos niveles de humedad en el aire pueden reducir la sensibilidad de las papilas gustativas hasta en un 30 %. Y, por último, el ruido de fondo adicional durante un vuelo no solo afecta a la capacidad de oír la película que se está viendo, sino que también impide la percepción del gusto.

Dicho esto, parece que los sabores ácidos, umami y amargos se ven menos afectados en el avión que los dulces y salados, por lo que llevar un paquete de caramelos ácidos para picar es probablemente una buena idea. Ahora tiene sentido que mi madre optara por el zumo de tomate en los vuelos, porque es una bebida en la que predomina el sabor umami. Y mientras disfrutaba de su zumo de tomate, siempre añadía un sobrecito extra de sal a su vaso. Parece que, sin darse cuenta, compensaba el sabor disminuido de la sal en altitud.

En cuanto a las especias, hay pruebas de que el curri y la hierba de limón se vuelven más intensos en el cielo, mientras que la canela, el jengibre y el ajo mantienen su sabor. Esto explica, al menos en parte, por qué aquel biryani sabía tan bien hace tantos años. También que Jude Law lleve consigo salsa Tabasco durante sus vuelos, en un intento por hacer más apetecible su comida. También hay informes de astronautas que piden salsa picante para mejorar la calidad del sabor de su comida. A estos astronautas les diría: ¿por qué no prueban un biryani de PIA a bordo? Estoy segura de que no se decepcionarían.

¿En qué punto nos encontramos de nuestro viaje hacia el bienestar digestivo y la felicidad? Bueno, quizá este capítulo te haya ayudado a darte cuenta de que la travesía empieza cuando se saborea la comida como es debido. Creo que muchos de nosotros damos por sentada la experiencia del «gusto»; comer puede ser habitual, como otras actividades de la vida diaria: lavarse, vestirse, limpiar, etcétera. Ahora, espero que te animes a saborear activamente tu comida y a comprometerte con aquella compleja experiencia multidimensional que simplificamos groseramente y llamamos «gusto». Dedicar algo de tiempo a contemplar tus maravillosas (y no tan maravillosas) experiencias gustativas e involucrarte en los sentimientos de placer y repulsión que provocan es liberador, y una de las bases para fomentar una relación satisfactoria con la comida.

En el próximo capítulo veremos cómo nuestra experiencia con la comida está ligada no solo al gusto y al olfato, sino también a la textura. Exploraremos cómo las diferentes texturas de los alimentos pueden crear diferentes experiencias en un bocado que, utilizadas eficazmente en el diseño culinario, pueden elevar un buen plato a uno fantástico, separando a los buenos *chefs* de los verdaderamente grandiosos.

Resumen

› Los principales sabores que detectan las papilas gustativas son el dulce, el salado, el ácido, el amargo y el umami.

› El sabor y la emoción están inexorablemente unidos, y la comida tiene la capacidad de provocar tanto placer como repulsión. Aún no tenemos del todo claro cómo se mapean los sabores en el cerebro, pero los recuerdos de la comida tienen un gran impacto en lo que uno elige comer en determinados escenarios.

› Con el tiempo, quizá descubramos si existe una papila gustativa específica para detectar las grasas. Parece que podemos poseer una cierta «sensibilidad a los ácidos grasos», según la cual aquellos de nosotros que tenemos una sensibilidad más baja acabamos consumiendo más grasa que el resto. Piensa si tienes niveles altos o bajos de sensibilidad a las grasas en comparación con otras personas de tu entorno.

› Nuestro sentido del olfato contribuye enormemente a la creación de perfiles de sabor. Puedes utilizarlo a tu favor. Una mayor conciencia del sentido del olfato en tu cocina te ayudará a ser un mejor cocinero.

› Si hay ciertos alimentos que no te gustan, sobre todo los de sabor amargo como el cilantro, el brócoli, las coles o el ajo, puede que tu aversión sea genética, así que no te castigues demasiado si no te gustan las coles de Bruselas.

› La próxima vez que viajes en avión, opta por un zumo de tomate y una comida muy especiada y de sabor fuerte. Será mucho más agradable que la comida insípida que comen los demás.

Capítulo 3

UMAMI: LA ESENCIA DEL SABOR

Como te dirá cualquiera que tenga una comida favorita, ciertos sabores pueden afectar profundamente tu relación con la comida, mientras que otros quizá no te resuenen tanto por diversas razones. Para algunas personas es la limonada ácida que disfrutaban en los días de verano de su juventud; para otras, es la dulzura de una tarta de cumpleaños lo que activa su memoria y despierta un cálido recuerdo en lo más profundo de su ser. En mi caso, he aprendido que el sabor con el que más conecto es uno que hasta hace poco ni siquiera tenía nombre. Bienvenidos al umami.

Antes de sentarme a escribir este capítulo, me arrastré sigilosamente hasta mi cocina, tosté un bollo y lo cubrí con mantequilla y una generosa ración de Marmite terroso y rico en umami. Para ser sincera, ni siquiera tenía hambre, pero los bollos con Marmite son de esos aperitivos que no requieren hambre para que se me antoje. Marmite, el extracto de levadura rico en umami que amamos u odiamos, tiene, para mí, el sabor más satisfactorio, persistente, sabroso y carnoso que existe. Por eso es tan apropiado que mi capítulo sobre el umami, el misterioso quinto sabor creado por la detección del glutamato y los aminoácidos relacionados, empiece con un bocado de ello.

Recuerdos umami

En 1995, cuando por fin llegaron las vacaciones de verano, mis padres nos llevaron en avión a casa de mis abuelos en Pakistán, como era cos-

tumbre en nuestra familia. Allí, bajo el calor abrasador del verano, mi
hermana y yo jugábamos a la rayuela en el porche, hacíamos perfume
con las flores plantadas en el patio y, más de una vez, convertimos el
cuarto de baño en una piscina tirándonos cubos llenos de agua fría.
Todas las noches nos tumbábamos en los polvorientos sofás granates
de la biblioteca de mi abuelo y veíamos *Matilda* en vídeo mientras co-
míamos cubitos fríos de mangos carnosos y dulces como la miel. Hoy
en día, la gente utiliza mucho la palabra «idílico» y, para ser sincera,
no estaba tan lejos de eso.

Pero incluso cuando se goza de todas las libertades del mundo, hay
normas que deben respetarse. Una de ellas era que, en el calor abrasador del verano pakistaní, la entrada a la cocina familiar estaba vedada
a todos menos al *khansama* o *chef*: su nombre era Sharif y la cocina era
su dominio.

Era la norma de mi abuela. A su manera típica de abuela pakistaní, expresaba su preocupación por la decoloración de nuestro cutis y
por cómo nos derretiríamos si pasábamos un solo segundo en el calor
abrasador de la cocina de Sharif. Aunque por un lado suena razonable, por otro, si se le prohíbe a un niño hacer algo, hay un 100 %
de probabilidades de que lo haga a la primera oportunidad que se le
presente. Y, en palabras de Matilda, la famosa niña a la que se le pro-
hibió hacer cosas, pero las hizo de todos modos, «nunca hagas nada a
medias si quieres salirte con la tuya».

Y así, cuando llegaba la hora de la siesta de mi abuela, me escabu-
llía de la comodidad de nuestro dormitorio con aire acondicionado
y me adentraba en las entrañas de la cocina. Como ya he dicho, la
cocina era territorio de Sharif. Estaba organizada por él de una manera que solo él entendía; increíblemente vieja, pero en general limpia.
Había frascos llenos de especias, encurtidos y pociones en estanterías
desvencijadas cubiertas de periódicos viejos con titulares sobre la llegada a la luna y la guerra de Vietnam. Sharif cocinaba deliciosos platos
cada noche, y llevaba más de treinta años haciéndolo para nuestra
familia. Aunque su repertorio era principalmente de cocina regional
pakistaní, de vez en cuando se atrevía a salir de su zona de confort y
probar lo que él llamaba «comida del mundo exterior».

Uno de esos platos de inspiración global son los espaguetis a la
keema (véase la página 68), una versión pakistaní de los espaguetis a la
boloñesa. Puede que los puristas de la cocina me juzguéis por esto, y
os entiendo. Sin embargo, os animo a que os reservéis la opinión hasta

que hayáis probado los espaguetis a la keema de Sharif. Son absolutamente adictivos y es probablemente el plato que más me gustaba en aquellos veranos pakistaníes. Gruesos espaguetis cubiertos de carne picada de cordero cocinada a fuego lento, guisantes, zanahorias, trozos de patatas fritas y generosas cantidades de ajo. El plato, en su conjunto, no era especialmente jugoso ni aceitoso, y cada bocado, capa tras capa llena de sabores, era una experiencia difícil de olvidar. Obviamente, lo servía con una guarnición de kétchup.

Para mi sorpresa, Sharif me acogió en su cocina, aunque con una mezcla de cautela y entusiasmo. Yo, con ocho años, armada con un cuaderno y un lápiz afilado, estaba dispuesta a correr riesgos si aquello significaba descubrir la receta de sus espaguetis a la keema. En mi mente, le estaba haciendo un favor a mi madre al aprenderla, porque era un plato que había que introducir en nuestras vidas en el Reino Unido. Esperar un año entero para volver a comerlo no era una opción.

Sharif me sentó a su lado en un taburete alto y me explicó cómo freía las cebollas, cómo equilibraba la mezcla de especias picantes y suaves hasta que estaba en su punto y cómo doraba la carne picada hasta que adquiría un color oro oscuro. Su control del cuchillo, el calor de la sartén y el orden natural que creaba en una cocina por lo demás caótica hipnotizaban a mi mente joven. No hablaba ni mucho ni poco, y apenas dejaba traslucir sus emociones, pero yo sabía que disfrutaba impartiendo su clase tanto como yo disfrutaba asistiendo a ella.

Le pregunté a Sharif si podía mezclar bien el contenido de la olla, pero mi petición fue denegada de inmediato. Después de todo, incluso estar fuera de la habitación con aire acondicionado a esas horas ya era peligroso; no iba a arriesgarse a que me derramara keema caliente por todo el brazo. Aun así, con su larga barba canosa, su físico esbelto y sus gafas de montura dorada, que aumentaban el tamaño de sus ojos hasta ocupar la mayor parte de su cara, trabajaba mientras yo observaba. Ollas hirviendo a fuego lento, el aroma de las especias y la carne llenando el aire a nuestro alrededor.

En unos cuarenta minutos, me pareció que la sinfonía de espaguetis a la keema estaba completa. Pero cuando las cintas de pasta y carne picada estaban a punto de unirse en sagrado matrimonio, Sharif hizo una pausa. «Un último secreto», dijo. Se inclinó hacia mí y de una bolsa negra sacó una bolsita de plástico transparente llena de polvo blanco translúcido, de consistencia similar a la sal gruesa. Cuando le dio la vuelta al paquete y me lo entregó, leí la etiqueta roja brillante: «Condimento AJI-NO-MOTO» impreso en letras grandes y estilizadas.

Solté un sonoro chillido y empecé a reírme histéricamente. Es que si traduces *ajinomoto* al urdu, significa «fantasma gordo», y para una niña de ocho años, el condimento «fantasma gordo» era inconfundiblemente hilarante. «Es un tipo especial de sal china que se utiliza en lugar de la sal normal y que hace que el plato sepa muy, muy bien —explicó Sharif—. La esencia de lo delicioso».

¿La esencia de lo delicioso? Sus palabras me parecieron un secreto, un regalo de conocimiento por demostrar mi valía sentándome educadamente en su cocina. «De acuerdo, ¡te creo! —proclamé—. Los fantasmas chinos gordos deben de saber salados», bromeé, aún riéndome por el nombre, pero feliz de que me hubiera confiado su ingrediente secreto.

Cuando se me pasó la risa, me ofreció una nueva ración de espaguetis a la keema. ¡Fue tan satisfactorio! Cada bocado, convincente, armonioso y reconfortante, como estar envuelta en una manta acogedora. El tipo de plato delicioso que es mucho más que la suma de sus componentes, complejo sin llegar a ser abrumador.

De repente, a lo lejos, oí la voz de mi abuela retumbando desde el otro lado de la casa. «¿Dónde está Saliha?», gritó a pleno pulmón. Corrí al comedor contiguo a la cocina, con el plato de espaguetis medio lleno en una mano y las notas de la receta y el lápiz en la otra. De un salto me senté en el asiento más cercano y me metí los apuntes bajo el trasero. Intenté controlar mis acelerados latidos, actuar con la mayor naturalidad posible para una niña a punto de ser regañada por su abuela, y comerme inocentemente los espaguetis.

«Ahí estás, Saliha —dijo mi abuela, con rostro severo, pero una voz que delataba cariño y amor—. ¿Qué haces aquí sentada en el comedor, sin el ventilador puesto? Mira qué coloradas tienes las mejillas».

Había conseguido robar la receta de los espaguetis a la keema. Me había salido con la mía.

Cuando tenía poco más de veinte años, mi madre me dio la noticia de que Sharif había fallecido. Me entristecí mucho, pero no lloré. Me guardé las lágrimas para la próxima vez que cocinara espaguetis a la keema para mi familia. Sharif formaba parte de nuestra familia y nunca olvidaré el lugar que ocupó en mi infancia y en mi cocina. Y para que conste, *aji-no-moto* no significa fantasma gordo. Es el nombre comercial del glutamato monosódico (GMS), el polvo blanco cristalino responsable del sabor que hoy conocemos como umami, y en realidad significa «esencia del sabor» en japonés. En aquella cocina en Lahore, hace tantos años, Sharif, sin ser consciente de ello, me introdujo en la importancia del umami y en la indescriptible cualidad que puede añadir a nuestra comida.

En el capítulo anterior, abordamos cómo se percibe el umami a nivel de las papilas gustativas. Ahora trataremos de explorar cómo podemos aprovechar su poder, ya sea a partir de la «sal china» de Sharif o de los muchos alimentos ricos en umami que existen de forma natural en nuestras propias cocinas.

Los espaguetis a la keema de Sharif

Para 4 personas (generosamente)

Ingredientes

1 cucharada de aceite de oliva
1 cebolla blanca, picada fina
500 g de carne picada de cordero, no demasiado magra
1 cucharada de ajo picado
1 cucharadita de orégano seco
½ cucharadita de cúrcuma
1 cucharadita colmada de garam masala
1 cucharadita de semillas de comino trituradas
1 cucharadita de guindilla roja en polvo
1 cucharadita de pimentón picante
3 tomates maduros cortados en dados

1 pastilla de caldo de carne, disuelta en 500 ml de agua hirviendo
200 g de zanahorias cortadas en dados
200 g de guisantes congelados, descongelados
350 g de espaguetis secos
250 g de patatas (con piel), cortadas en dados
Aceite vegetal para freír las patatas
Sal al gusto
1 cucharada de parmesano rallado (opcional)
Botella de kétchup (obligatorio)

Preparación

1. Poner una sartén antiadherente grande a fuego medio. Añadir el aceite de oliva a la sartén, seguido de la cebolla, dejando que esta se ablande y adquiera un suave tono dorado. Añadir la carne picada de cordero y, con una cuchara de madera, desmenuzarla. Subir el fuego al máximo y dorar la carne picada. Se trata de que

suelte su propia grasa y se fría en lugar de cocerse en su propio jugo. Resistir la tentación de remover continuamente; la carne picada necesita tiempo para dorarse por cada lado y mantener el contenido de la cacerola en movimiento evitará que esto ocurra.

2. Cuando la carne picada esté suficientemente dorada, bajar el fuego a medio y añadir el ajo, el orégano, la cúrcuma, el garam masala, las semillas de comino, la guindilla en polvo y el pimentón. Hay que dejar que las especias suelten su aroma sin que se quemen, por lo que es necesario bajar un poco el fuego. Añadir los tomates y, a continuación, el caldo de carne. Dejar que la mezcla cueza a fuego medio-bajo durante unos 30-45 minutos, o hasta que la mayor parte del agua se haya evaporado y quede una carne picada rica, grasa, ligeramente húmeda y especiada. Probar la mezcla y añadir sal al gusto; la pastilla de caldo añadida anteriormente está llena de notas umami (o debería decir glutamato monosódico comercial) y sazonará la carne picada, así que se debe tener cuidado de no añadir demasiada sal en esta fase.

3. Añadir las zanahorias y los guisantes a la carne picada y dejar que se hagan durante 5 minutos más. La idea es que conserven su color pero pierdan su textura crujiente y se ablanden ligeramente. Hay que tener cuidado de que la mezcla no quede demasiado seca y pegajosa en esta fase. Añadir unos chorritos de agua del hervidor si la mezcla empieza a estar demasiado seca. Una vez preparada, retirar la carne picada del fuego y reservar.

4. Hervir los espaguetis en agua con mucha sal y según las instrucciones del fabricante, hasta conseguir una consistencia «al dente». Suelen tardar entre 6 y 8 minutos. Escurrir la pasta, reservando un poco del agua con que se hirvió.

5. Freír las patatas en aceite vegetal hasta que los trozos estén dorados. Se tardan unos 5-7 minutos. Escurrir sobre papel de cocina.

6. Montar el plato mezclando la pasta con el cordero picado y media taza de agua de la pasta para humedecerlo todo. Remover muy bien para mezclar. Es importante que todos los espaguetis queden bien cubiertos. Verter los espaguetis especiados en una fuente

grande y cubrir con los trozos de patata frita y, si lo deseas, con un poco de parmesano rallado. Servir con kétchup (este condimento es obligatorio).

Nota: no dudes en añadir a esta receta tus condimentos favoritos ricos en umami: una pizca de salsa inglesa, una cucharadita de pasta de miso o incluso una cucharadita de Marmite añadirán una nueva dimensión de sabor.

El despertar del umami

Hace unos diez años vi por primera vez a Nigella Lawson preparar en televisión espaguetis con Marmite y mantequilla. Es un plato que se ha convertido en uno de mis favoritos, sobre todo cuando se agotan las existencias en la nevera. En aquel momento sabía que era un plato controvertido, pero yo era, y sigo siendo, una adicta. Dado que el Marmite contiene 1750 miligramos de glutamato cada 100 gramos, es el condimento umami más rico en glutamato de mi despensa (o, probablemente, de la despensa de cualquiera).

Los usos del Marmite en la cocina son infinitos. Yo lo utilizo a menudo para sazonar la carne picada y realzar el sabor de los guisos y las lentejas cocinadas a fuego lento. Como es de esperar, adoro los Twiglets, el crujiente snack británico de trigo, untado en extracto de levadura. Incluso añado una buena cantidad de Marmite a mi receta de pan de maíz con queso cheddar, Marmite y guindilla (véase la página 83), para darle un toque salado y saludable. Las rebanadas de pan de maíz recién sacadas del horno son aún más deliciosas si se untan con mantequilla blanda y, como no podía ser de otra forma, ¡con más Marmite!

Mientras que el Marmite es bastante característico, el sabor umami en general es bastante misterioso en el sentido de que es difícil describir sus propiedades exactas. La mayoría de los intentos por articular el sabor umami —palabras como «delicioso», «carnoso» o «rico»— nunca dan realmente en el clavo. Los *chefs* hablan del umami como una forma de hacer más atractivo un plato, de aprovechar la exquisitez natural de los ingredientes o de añadir al sabor salado cierta profundidad y complejidad. Lo interesante, sin embargo, es que, incluso sin una definición adecuada, muchos de nosotros sabemos instintivamente a qué sabor se alude exactamente cuando hablamos de umami.

Conocí por primera vez el término «umami» como concursante de *MasterChef* 2017, trabajando en la cocina con estrella Michelin del *chef* Sat Bains. Tuvimos que cocinar sus platos en la semifinal para seis talentosísimos e intimidantes *chefs* británicos, como parte de la ronda «Mesa del chef». El entrante era complejo: vieiras selladas a la sartén sobre terrina de cerdo con manzanas Granny Smith, nabos encurtidos, una capa de ponzu y gelatina dashi, mayonesa de bonito, arroz salvaje inflado, hoja de shiso y nori fresco.

Por aquel entonces, no tenía ni idea de lo que era el bonito o el dashi, ni tampoco había cocinado nunca con nori fresco. Y, como puedes imaginar, cuando estás en una competición tan grande como *Master-Chef* no hay nada más aterrador que trabajar con ingredientes de los que nunca has oído hablar. El alivio llegó cuando me llamaron para preparar el postre, y a uno de mis compañeros le tocó el reto de construir este delicado entrante. Sin embargo, ávida de un poco más de conocimientos culinarios, presté atención a su preparación.

Entre bastidores, cuando la cámara dejó de apuntarme, insistí a Sat y a su equipo para que me explicasen los ingredientes y las técnicas que hasta entonces desconocía. Como son unas personas maravillosas, me explicaron todo el plato: el dashi es un caldo de pescado japonés que se utiliza para hacer miso, el bonito es un atún listado japonés seco y fermentado, y el nori es un alga comestible de la especie *Pyropia*.

Rápidamente me di cuenta de que todos estos ingredientes tenían una cosa en común: su fuerte sabor umami. Sat me explicó que si era capaz de aprovechar las cualidades umami de mis platos en la cocina podría obtener una ventaja culinaria sobre mis competidores. Fue el consejo perfecto en el momento preciso del concurso, y funcionó. Incorporar el sabor umami a mis platos mediante una selección más meditada de los ingredientes fue, creo, parte de lo que me ayudó a ganar el concurso.

Desde entonces, miro los menús con estrellas Michelin desde una perspectiva completamente distinta. Ahora me resulta más fácil reconocer dónde los *chefs* han cultivado el perfil de sabor umami para subir el perfil de sus platos. Cuando un *chef* añade pasta de miso a su pudin de chocolate y caramelo, está infundiendo umami a su plato, llevándolo a otro nivel completamente nuevo. Debo admitir que me he sumado a esta moda de los postres con miso y lo añado a casi todas mis creaciones dulces; no por darles un toque salado, sino más bien por intensificar y redondear los sabores dulces. Si pruebas mis galletas de miso, dátiles y chocolate negro (véase la página 89), le darás un nuevo significado al término «adictivo». Nunca me duran mucho cuando las hago. Tampoco me asusta utilizar diferentes pastas de miso en mis platos salados, y hay literalmente cientos de variedades entre las que elegir. Mi sabor umami favorito es una pasta coreana de soja fermentada llamada «doenjang», que no tiene nada que envidiarle al miso: su perfil de sabor umami es gloriosamente enérgico y se combina espléndidamente bien con las setas, como verás en la página 86, donde la utilizo en un irresistible plato de fideos.

A través de mis recetas, descubrirás que el umami no está reservado solamente para los menús de alta cocina; al contrario, es una herramienta sumamente poderosa que podemos utilizar para mejorar la comida que preparamos a diario. No estoy hablando de cubrir la comida con glutamato en polvo de supermercado, sino de aprovechar el poder natural del umami que existe en los condimentos que nos rodean. Muchos cocineros caseros instintivos llevan años haciéndolo sin darse cuenta. Añadir un chorrito de kétchup a la carne picada de un pastel de carne, o un chorrito de salsa barbacoa o salsa HP al queso sobre una tostada, o quizá un chorrito de salsa inglesa al aliño de la ensalada César: todas estas son formas de añadir umami a nuestra cocina. Y saber que se pueden utilizar estos condimentos para aumentar las notas umami y producir alimentos más deliciosos es realmente estimulante.

También estoy segura de que la mayoría de vosotros tiene una despensa donde los alimentos ricos en umami se habrán agrupado inconscientemente en armonía gastronómica. En mi despensa, los siguientes condimentos se han encontrado unos junto a otros por naturaleza más que por diseño: kétchup, salsa de soja, salsa de pescado, mantequilla de cacahuete, tahini, pasta de miso, pastillas de caldo, granulados de salsa para carne, salsa inglesa, salsa barbacoa, anchoas en aceite de oliva, setas porcini secas y, por supuesto, el Marmite. De alguna manera, estos alimentos ricos en umami se encontraron, y siempre estarán juntos mientras vivan bajo mi techo. Estos condimentos se me acaban antes que a la mayoría, sobre todo la salsa de pescado, que utilizo en abundancia para preparar una salsa tailandesa especialmente adictiva y deliciosa llamada nam pla prik (véase la página 84).

El umami está profundamente arraigado en los perfiles de sabor que anhelan los seres humanos; incluso nuestro primer alimento, la leche materna, contiene aminoácidos libres llenos de propiedades umami. Un suministro adecuado de aminoácidos es fundamental para el crecimiento del bebé, la integridad estructural de las células de su cuerpo y la función estable de una amplia gama de enzimas y hormonas esenciales. Y el más abundante de los aminoácidos libres presentes en la leche materna, con una concentración aproximada del 0,02 %, es el glutamato. Un bebé de 5 kilogramos que consuma, por término medio, digamos, 800 mililitros de leche al día, ingerirá unos 0,16 gramos de glutamato (aproximadamente la misma cantidad que puede encontrarse en unos 65 gramos de tomates).

Los sabores dulces son vitales para la adquisición de energía, mientras que los salados son necesarios para proporcionarnos una serie de minerales importantes. Los sabores amargos y ácidos existen para detectar el veneno y el deterioro de los alimentos. Entonces, ¿qué papel beneficioso desempeña el umami, desde un punto de vista evolutivo? Si estamos expuestos a los compuestos químicos que conforman el sabor umami desde que nacemos, entonces podría suponerse razonablemente que cumplen algún propósito corporal esencial. Algunos científicos piensan que el umami permite detectar fuentes de aminoácidos, garantizando así que nunca suframos una carencia de proteínas; o al menos es una forma de que nuestro cuerpo pueda identificar qué alimentos son probablemente buenas fuentes de proteínas cuando nos estamos quedando sin ellas.

El umami a través de los tiempos

Si echamos la vista atrás en la historia, queda claro que los condimentos a base de umami no son un invento nuevo. El garum, nombre dado a una salsa de pescado fermentado utilizada en la antigua Grecia, Roma, Cartago y, más tarde, en Bizancio, fue habitual en esas cocinas durante cientos de años. Otra salsa de pescado similar, llamada «liquamen», era muy popular en el Mediterráneo occidental y en la época romana, y aparece en diversas recetas del libro de cocina romano *Apicio*. Una antigua receta de estofado de cordero de este libro de cocina histórico suena bastante bien. En ella se cocinan trozos de cordero con cebolla, cilantro, pimienta, levístico, comino, vino, aceite y liquamen, y se espesa con harina antes de servir. No me importaría que me lo sirvieran en un restaurante. Del mismo modo, el «murri» o «almori» era un condimento a base de cebada fermentada que se utilizaba en la cocina medieval bizantina y árabe. Se usaba en pequeñas cantidades, pero en prácticamente todos los platos que conocemos de aquella época. Se necesitaban casi noventa días para elaborar esta pasta, empezando por envolver la cebada en hojas de higuera y terminando con cuarenta días de fermentación.

Un poco más tarde, a finales del siglo XIX, el «rey de los cocineros y *chef* de reyes», Auguste Escoffier, desarrolló su entonces famoso caldo de hueso de ternera. Sugirió que, aparte de los cuatro sabores básicos, un quinto sabor era el responsable de sus deliciosas propiedades. Desgraciadamente, a la mayoría de los parisinos adinerados no les importaba por qué el caldo de Escoffier sabía tan bien, sino que simplemente hacían cola alrededor de la manzana en el Ritz de París para probar sus delicias.

Hoy en día, en el pequeño pueblo pesquero de Catara, en Italia, se puede comprar «colatura di alici», una salsa de anchoas fermentada de color ámbar que muchos consideran precursora del propio garum. Y más cerca de casa, tenemos la salsa inglesa, un condimento cuya lista original de ingredientes se redescubrió en 2009 e incluye joyas umami como «8 galones de soja» y «24 libras de pescado», y que sigue adornando los platos de los entendidos en carnes después de todos estos años. Fue creada por los químicos John Lea y William Perrins a principios del siglo XIX, nombres que quizá resuenen entre los conocedores y admiradores de la salsa inglesa.

La salsa inglesa se ha colado en todos los estratos de la gastronomía, desde las tostadas con queso de las residencias estudiantiles hasta las cocinas de los mejores *chefs* del mundo. Marco Pierre White, uno de los *chefs* más conocidos y honestos del Reino Unido, afirmaba que la salsa inglesa le permitía preparar «la salsa más deliciosa del mundo para servir con carne de vacuno». Hoy en día, la mayoría de la gente tiene una botella en algún lugar de la despensa, aunque lleve ahí desde que la compró en 1998 para acompañar una tostada con queso.

Ahora bien, el mayor avance en la investigación del umami se produjo en 1908, cuando el Dr. Kikunae Ikeda, profesor de química de la Universidad Imperial de Tokio, observó cómo su esposa preparaba el caldo dashi, una sopa japonesa elaborada con un alga seca llamada «kombu». Observó que la kombu hacía que los alimentos sin carne tuvieran cierto sabor a carne, y su curiosidad lo llevó a someter el alga a varios experimentos de evaporación.

La salsa inglesa: un feliz accidente

Cuenta la leyenda que, a su regreso a Worcestershire, Lord Sandys, un aristócrata que había sido gobernador de Bengala, visitó a los señores Lea y Perrins en su tienda de Worcester. ¿Su petición? Saciar su apetito con una salsa o chutney de fuerte sabor que había probado en la India. Desgraciadamente, o al menos eso cuenta la historia, el brebaje que prepararon los químicos tenía un sabor tan repugnante en ese momento que fue almacenada en las profundidades del sótano de la farmacia.

Allí fermentó lentamente y desarrolló sus propiedades umami hasta que fue redescubierta unos años más tarde. La razón exacta por la que decidieron probar una botella de salsa con años de antigüedad y de sabor repugnante sigue siendo un misterio, pero descubrieron que se había transformado completamente, suavizándose para dar al líquido ese característico sabor salino. Ahora, yo no sugeriría probar barriles de líquidos con décadas de antigüedad, pero supongo que estoy agradecida de que estas almas valientes lo hicieran en su momento.

Tras casi un año de investigación, consiguió aislar un cristal del dashi que luego probó. Era el mismo perfil de sabor salado y carnoso que había detectado en el caldo de su mujer. Se identificó la estructura molecular del cristal ($C_5H_9NO_4$, para quien esté interesado) y el Dr. Ikeda lo bautizó poética y cariñosamente como «umami», un *riff* de la palabra japonesa «umai», que significa «delicioso». También patentó el compuesto.

Al igual que muchos descubrimientos científicos, el de Kikunae Ikeda pasó desapercibido en su momento, y no consiguió atraer la atención de las masas ni en el mundo culinario ni en el científico. Evidentemente, llegó antes de que el mundo estuviera preparado para ello (un poco como los coches sin conductor, o Phil Collins), cuando la mayoría de la gente aún era incapaz de mirar otros condimentos más allá de la sal y la pimienta. Aunque parezca mentira, el artículo original de Ikeda, publicado en japonés, no se tradujo al inglés hasta 2002, sesenta y seis años después de su muerte, y solo en las dos últimas décadas los avances en biología molecular han permitido a los científicos aislar las papilas gustativas responsables de la detección del $C_5H_9NO_4$.

Sin embargo, el profesor Ikeda rio último. Emprendedor por naturaleza, no tardó en ver el potencial de su compuesto y aprovechó su descubrimiento para producir glutamato monosódico (GMS) en masa a partir de proteínas vegetales fermentadas. Se comercializó como «Aji-no-moto », el polvo «gourmet» (y arma secreta de Sharif) que la industria alimentaria utiliza desde entonces para dar sabor a todo tipo de alimentos comerciales. Ikeda falleció como un hombre rico en 1936 y sigue siendo uno de los mayores inventores a ojos de la mayoría de los japoneses.

GMS comercial: ¿héroe o villano?

El glutamato monosódico ha sido famoso e infame a partes iguales a lo largo de los años. Ganó notoriedad en 1968, cuando el Dr. Robert Ho Man Kwok, investigador principal del Centro Nacional de Investigación Biomédica de Estados Unidos, escribió una breve carta al *New England Journal of Medicine* en la que reflexionaba sobre las posibles causas de algunos síntomas (entumecimiento en la nuca, debilidad y palpitaciones del corazón) que padecía después, según afirmaba, de comer comida chino-estadounidense en restaurantes. En sus propias palabras, el Dr. Kwok señaló que había «experimentado un extraño síndrome cada vez que he comido en un restaurante chino, especialmente en uno que servía comida del norte de China. El síndrome, que suele empezar entre quince y veinte minutos después de haber comido el primer plato, dura unas dos horas, sin efecto de resaca».

En aquella época, el uso del glutamato monosódico comercial como aditivo en los restaurantes chinos estaba bastante extendido, y la teoría de que podía causar estos síntomas se difundió rápidamente. Se creó lo que se denominó «síndrome del restaurante chino» (un término que hoy en día puede considerarse peyorativo) y que describía una constelación de síntomas como dolor de cabeza, náuseas, entumecimiento inusual y hormigueo después de comer en restaurantes chinos a los que se había añadido glutamato monosódico comercial.

A lo largo de los años, se han realizado experimentos, en su mayoría solo en animales, para confirmar los efectos nocivos del glutamato monosódico en humanos. Los resultados no han sido concluyentes. Uno de esos estudios descubrió que la inyección de enormes cantidades de glutamato monosódico directamente en el torrente sanguíneo de ratones de laboratorio provocaba en algunos ratones un rápido deterioro cerebral, obesidad y, en algunos casos, infertilidad. Causó revuelo en muchos países, pero ninguno de estos efectos se ha observado nunca en sujetos humanos de experimentación.

Así que, para que quede claro, los estudios que analizan la existencia de efectos nocivos del glutamato monosódico en la salud humana aún no han encontrado ningún efecto negativo reproducible de forma consistente en el cuerpo humano. Un estadounidense medio consume unos 500 miligramos diarios de glutamato. Esta cifra es mayor en las culturas asiáticas, pero no se acerca ni de lejos a la megadosis de 2400 miligramos por kilogramo que se utilizó en el famoso estudio con ratones mencionado anteriormente. Para alcanzar ese nivel, un ser humano medio (que pese 70 kilogramos) tendría que consumir casi 168 gramos de glutamato monosódico al día, lo que equivale a 336 veces la ingesta media diaria estadounidense de 500 miligramos.

Como ocurre con la mayoría de las cosas en la vida, el contexto es primordial. Es muy probable que una comida china para llevar no tenga efectos negativos en la salud, pero sí un almuerzo espolvoreado con 168 gramos de glutamato monosódico puro en polvo, o una inyección de la sustancia directamente en el torrente sanguíneo (por favor, no lo hagas).

Con los años, la histeria en torno al glutamato monosódico se ha disparado. Algunas mujeres embarazadas lo evitan alegando que puede tener efectos neurales negativos en sus recién nacidos, mientras que otras personas lo han culpado, sin apenas pruebas, de una serie de dolencias como el aumento de peso, problemas de fertilidad o incluso la aparición de la enfermedad de Alzheimer.

El problema, según mi experiencia, es que el glutamato se encuentra a menudo en alimentos que, de otro modo, serían pobres en nutrientes, para hacerlos más apetecibles. Una de las razones por las que el glutamato es tan valioso para los cocineros es que modula nuestra percepción de lo que, de otro modo, podrían ser ingredientes bastante sosos. Ejemplos clásicos son las patatas fritas, los fideos instantáneos y los frutos secos condimentados. Y, aunque el glutamato como compuesto es artificial y no existe en la naturaleza en su forma cristalina, el glutamato natural (y otros aminoácidos que confieren el sabor umami) abunda en una serie de alimentos nutritivos y muy apetecibles, como los espárragos, los tomates maduros, las carnes curadas, los guisantes, las nueces, el brócoli, el queso parmesano y roquefort, las ostras y los brotes de soja, por citar algunos (véase la página 80 para una tabla de alimentos con sabor umami y su contenido en glutamato). Incluso el proceso de cocción lenta de una paletilla de cordero ayuda a liberar los compuestos naturales de la carne, ricos en glutamato y con sabor umami. Me encanta utilizar estos alimentos en mi cocina y he diseñado algunas recetas con las que podrás deleitarte con los regalos ricos en umami de la naturaleza. Mi César de espárragos, guisantes y tahini (véase la página 87), con sus cascadas nevadas de queso parmesano rico en umami que caen sobre crujientes hojas de lechuga, es una refrescante versión de un clásico. Los tomates cargados de umami, rebosantes de jugos dulces madurados al sol, se encuentran en una fabulosa receta turca de ensalada de tomate picante que, de forma bastante inusual, utiliza tanto tomates frescos como puré de tomate para añadir profundidad (véase la página 88).

A través de las recetas que siguen queda claro que creo firmemente en el uso de las propiedades umami naturales de los alimentos para crear delicias en la cocina. También creo firmemente que hay pruebas más que suficientes para considerar el umami uno de nuestros cinco sabores básicos. No utilizo el glutamato en polvo comercial en mi cocina, pero esto se debe a que prefiero incluir ingredientes que contengan glutamato de forma natural, y no necesariamente porque piense que el glutamato en polvo es perjudicial para el ser humano cuando se utiliza en cantidades razonables. Desde luego, no evito activamente todos los alimentos producidos comercialmente que contienen glutamato monosódico y, en ocasiones, me meto directamente en la cara un plato chino para llevar.

A medida que pase el tiempo, espero que el panorama que rodea al polvo gourmet del Dr. Kikunae Ikeda se vaya aclarando, lenta pero inexorablemente. Mientras tanto, todo es cuestión de moderación, armonía y, por supuesto, de cultivar esa sensación de equilibrio con el glutamato monosódico. Sin duda, algunas de las experiencias culinarias más memorables de tu vida habrán sido gracias al uso inteligente de ingredientes y condimentos ricos en umami. Con este capítulo, espero haberte capacitado no solo para reconocer la presencia del umami en los alimentos, sino también para cocinar pensando en el sabor umami. Al tener en cuenta el sabor umami además de los sabores salado, dulce, ácido y amargo, podrás aprovechar al máximo la exquisitez de tus alimentos y llevar tu gastronomía al siguiente nivel. Para ello, te animo a que dediques tiempo a familiarizarte y experimentar con ingredientes y condimentos ricos en umami natural; utilízalos, como he hecho yo, en tu cocina. Recuerda que la felicidad en la cocina está a solo un toque de Marmite, una pizca de queso parmesano, un chorrito de salsa de pescado y una lata de anchoas de distancia.

Antes de que te adentres en las recetas ricas en umami que siguen, me gustaría terminar este capítulo hablando de la que quizá sería la creación culinaria más importante de la historia: la hamburguesa clásica. Contiene la santísima trinidad de combinaciones de sabores, es decir, carne de vacuno perfectamente cocinada, queso fundido y rodajas de tomate maduro, y es algo que preparo a menudo para mí y para mi familia. Es un plato que me da mucha alegría crear y comer. Y no soy la única, ni mucho menos. La respuesta a por qué este plato goza de tanta popularidad en todo el mundo radica, creo yo, en el hecho de que cada uno de los tres ingredientes principales es rico en umami, y se combinan en cada bocado para potenciar los sabores de los demás. Si necesitas empezar tu búsqueda de la felicidad por algún sitio, no hay muchos lugares mejores para empezar que con una humilde hamburguesa.

Es más, los científicos han estudiado la cantidad de dopamina (la sustancia química que nos hace sentir bien) que se libera en el cerebro cuando realizamos diversas actividades que nos producen placer. La dopamina crea una sensación de euforia y satisfacción, y me complace informarte que esta investigación sugiere que aproximadamente dos hamburguesas con queso pueden desencadenar la misma cantidad de liberación de dopamina que un solo orgasmo. Entonces, ¿un orgasmo equivale a dos hamburguesas con queso? Hum…

Alimento	Contenido de glutamato libre (mg/100 g)
Marmite	1960
Salsa de soja	400-1700
Queso parmesano	1680
Vegemite	1430
Queso roquefort	1280
Setas shiitake secas	1060
Salsa de ostras	900
Miso	200-700
Té verde	220-670
Anchoas	630
Jamón curado	340
Tomates	140-250
Almejas	210
Guisantes	200
Queso cheddar	180
Ostras	40-150
Vieiras	160
Gambas	40
Maíz	110
Patatas	30-100

© Centro de Información del Umami

Resumen

> El umami es el sabor que se reproduce cuando las papilas gustativas detectan el glutamato. Se ha utilizado durante siglos para potenciar el sabor de muchos de nuestros platos más adorados.

> Los alimentos cargados de umami pueden ser muy apetitosos, así que dedica algún tiempo a comprobar el contenido de glutamato de tus aperitivos favoritos. Te sorprenderás.

> La mayoría de la gente cocina con umami sin darse cuenta. Piensa en el contenido de tu despensa; es probable que en tus estantes haya condimentos y sazonadores ricos en umami. Puedes utilizarlos de forma creativa para realzar el sabor de tus alimentos. Si aprovechas el poder del umami en tu cocina, mejorará tu comida.

> Considera agregar sabores umami tanto a alimentos dulces como salados: un toque de miso va muy bien con caramelo, por ejemplo.

> Existe una diferencia entre el glutamato producido comercialmente y el natural. Aunque no hay pruebas reales que demuestren que el glutamato monosódico comercial sea perjudicial para el ser humano, intenta, en la medida de lo posible, recurrir a fuentes naturales de umami en lugar de utilizar glutamato monosódico en polvo.

El clásico cuarto de libra con umami

Para 4 personas

Uno de los iconos más perdurables de la cocina y la cultura estadounidenses. Pero cocinar una humilde hamburguesa de ternera requiere de cierta práctica. La adición de parmesano, pasta de anchoas y salsa inglesa realza las notas umami existentes en la carne de vacuno, convirtiéndola en el alimento reconfortante irresistible por excelencia. Si lo deseas, también puedes experimentar con pasta de miso, polvo de setas porcini o salsa de marisco en tu hamburguesa.

Ingredientes

500 g de filete de ternera picado
(75 % de magro, 25 % de grasa
como mínimo)
4 cucharadas de queso parmesano
rallado
1 cucharada de salsa inglesa
1 cucharadita colmada de pasta de
anchoas
4 panecillos de hamburguesa blandos
4 cucharaditas de mayonesa
4 cucharaditas de kétchup
4 lonchas de queso cheddar fuerte

Sal y pimienta
Aceite vegetal, para freír

Extras opcionales:
Pepinillos
4 hojas de lechuga iceberg,
cortadas en rodajas finas
Tomates maduros cortados en
rodajas
Aros de cebolla en rodajas finas,
macerados en zumo de limón
durante 15 minutos

Preparación

1. Asegúrate de que la carne esté a temperatura ambiente. Mezcla bien en un bol la carne picada con el parmesano, la salsa inglesa y la pasta de anchoas. Divide la carne picada en 4 hamburguesas redondas de unos 2,5 centímetros de grosor y sazona abundantemente con sal y pimienta negra molida gruesa.

2. Tuesta los panecillos en una sartén antiadherente o bajo el grill del horno hasta que estén ligeramente dorados. Unta mayonesa en la base del pan y kétchup en el interior de la tapa.

3. Ahora cocina tus hamburguesas. Calienta una sartén antiadherente a fuego medio-alto, coloca una hamburguesa en la sartén precalentada con un chorrito de aceite vegetal. Cuando la hamburguesa

esté dorada por el primer lado (aproximadamente 2,5 minutos), dale la vuelta y cocínala por el otro lado durante otros 2,5 minutos, hasta que se forme una costra. Suelo cocinar solo una o dos hamburguesas a la vez para poder prestarles toda mi atención.

4. Dale la vuelta a la hamburguesa una vez más y cúbrela con una loncha de queso. Coloca una tapa sobre la sartén para derretir el queso, esto tomará alrededor de 30 segundos a 1 minuto solamente.

5. Retira la tapa de la sartén y coloca con cuidado la hamburguesa en el pan previamente salseado. En este momento puedes añadir los extras opcionales (pepinillos, lechuga, rodajas de tomate, cebolla, etc.) a tu gusto. Coloca la tapa del pan sobre la hamburguesa y sirve inmediatamente, idealmente con patatas fritas crujientes como acompañamiento. Dicen que el cielo es un lugar en la Tierra, ¿no?

Pan de maíz con queso cheddar, Marmite y guindilla

Para 4 personas

Una confesión: he dado de comer este pan de maíz a amigos que aborrecen el Marmite sin que lo supieran. Les encantó este plato americano sureño por excelencia y me pidieron la receta, momento en el que tuve la particular alegría de revelarles que el ingrediente secreto es una cucharadita del divino extracto de levadura.

Ingredientes

2 huevos
1 cucharadita de Marmite
50 ml de aceite vegetal y un extra para engrasar
450 ml de suero de leche o yogur natural
70 g de harina de repostería

1 cucharadita de bicarbonato sódico
½ cucharadita de sal
275 g de harina de maíz fina
125 g de queso cheddar curado, rallado
2 guindillas verdes, finamente picadas

Preparación

1. Precalentar el horno a 180 °C con ventilador. Engrasa un molde antiadherente circular de 23 centímetros de ancho con una cucharadita de aceite vegetal.

2. En un bol grande, bate los huevos y el Marmite hasta que estén espumosos y, a continuación, añade el aceite vegetal y el suero de leche.

3. Tamiza la harina, el bicarbonato y la sal en un cuenco aparte y añade la harina de maíz. Remueve con una cuchara de madera para mezclar.

4. Vierte ahora los ingredientes secos en los húmedos y remueve bien la mezcla para formar una masa. Incorpora todo el queso menos 1 puñado y toda la guindilla con una cuchara de madera. Vierte la masa en el molde y cubre con el queso reservado.

5. Mételo en el horno durante 30-35 minutos. El exterior del pan de maíz tendrá un color dorado oscuro. Comprueba que el pan se ha cocido hasta el centro introduciendo un palillo o una brocheta: si sale limpio, el pan de maíz está listo.

6. A mí me gusta servirlo cortado en trozos con, lo has adivinado, más Marmite y mantequilla al lado. ¡Delicioso!

Nota: si lo deseas, puedes añadir a la masa un puñado de pimientos picados y granos de maíz dulce antes de hornear. Si no tienes un molde antiadherente, asegúrate de forrar tu molde con papel de horno.

Ensalada de pomelo y caballa con nam pla prik

Para 4 personas
El nam pla prik es un condimento tradicional tailandés que utiliza la salsa de pescado como ingrediente umami estrella. Una buena salsa de pescado suele ser de color marrón claro. Si es oscura o se ha vuelto negra, es vieja y debe evitarse. Aunque se puede comprar salsa de pescado en la mayoría de los supermercados, las mejores tienen un precio considerable.
Lo mejor es dirigirse a la tienda asiática más cercana, donde se pueden comprar botellas de 720 mililitros, como las de la marca Squid, por un precio muy razonable. Y aunque pueda parecer que 720 mililitros es mucho, créeme, una vez que prepares nam pla prik no podrás parar.

Te encontrarás mojando en la salsa rollitos de primavera y hojas de
ensalada. Ni siquiera tus curris favoritos, huevos fritos, guacamole y
caldos se librarán del nam pla prik.

Ingredientes

100 g de fideos de arroz secos
300 g de gajos de pomelo
250 g de caballa ahumada
3 cebolletas cortadas en rodajas
finas

Para el aliño:
4 dientes de ajo
2 cucharadas de azúcar de palma
4 cucharadas de salsa de pescado
6 cucharadas de zumo de lima
3 guindillas verdes, picadas finas
15 g de cilantro, finamente picado
Sal al gusto

Preparación

1. Empieza por preparar los fideos de arroz siguiendo las instrucciones del fabricante. Para ello, vierte agua hirviendo sobre
los fideos y déjalos reposar durante unos minutos hasta que se
ablanden, teniendo cuidado de no dejarlos en remojo demasiado
tiempo, ya que se volverán pegajosos. Cuela los fideos y desecha
el agua.

2. Esparce los fideos en una fuente y cúbrelos con gajos de pomelo,
lascas de caballa ahumada del tamaño de un bocado y las cebolletas.

3. Para preparar el nam pla prik, coloca el ajo en un mortero y machaca hasta obtener una pasta. Añade el azúcar de palma y machaca los cristales de azúcar en el ajo con el mortero. Añade la
salsa de pescado, el zumo de lima, las guindillas y el cilantro, y
remueve todo para mezclarlo.

4. Prueba el aliño, ya que en esta fase puedes ajustar el dulzor, la
acidez y el picante a tu gusto. La salsa de pescado es salada,
pero puedes añadir una pequeña cantidad de sal si lo deseas.
Para completar el plato, vierte el aliño sobre la mezcla de fideos,
caballa y pomelo y mézclalo todo suavemente. Sírvelo inmediatamente.

Udón coreano-chino de alubias negras, champiñones y espinacas

Para 2-4 personas

La pasta coreana de doenjang (soja) fue toda una revelación culinaria para mí. Se parece un poco a la pasta de miso, pero su perfil de sabor es más enérgico, agudo, profundo y complejo. La combinación con la salsa de ostras es una extraña mezcla coreano-china que mi mente ha creado para este plato de fideos total y absolutamente adictivo.

Si lo deseas, puedes utilizar fideos soba o incluso fideos de huevo. Yo utilizo los udon precocidos, que vienen envasados al vacío, para ahorrar tiempo y esfuerzo, ya que a veces puedo ser tremendamente perezosa.

Ingredientes

1 cucharadita de pasta de soja doenjang

1 cucharada colmada de salsa de ostras

2 cucharaditas de aceite de sésamo

1 guindilla roja, finamente picada o 1 cucharadita de copos de guindilla roja

1 cucharadita de miel

3 cucharadas de aceite vegetal

200 g de setas (por ejemplo, shiitake o champiñones en láminas)

1 cucharadita de jengibre rallado

½ cucharadita de ajo rallado

1 lata de 240 g de alubias negras escurridas

400 g de fideos udon precocinados

100 g de hojas frescas de espinacas tiernas

Preparación

1. Empezar combinando la pasta de soja, la salsa de ostras, el aceite de sésamo, la guindilla roja y la miel en un bol pequeño para hacer una salsa salteada. Reservar.

2. Calentar un wok a fuego fuerte y añadir el aceite vegetal. Cuando el aceite esté caliente, pero sin llegar a humear, añadir las setas y dejar que se frían y doren durante 3-4 minutos (la idea es que la sartén esté lo suficientemente caliente como para que las setas queden selladas y no se cuezan y suelten sus jugos).

3. Añadir el jengibre y el ajo a las setas, seguidos de las alubias negras. Cocinar el jengibre y el ajo en el wok con las alubias y las setas durante 2-3 minutos más. Este paso es vital para suavizar el sabor del ajo y el jengibre crudos. Hay que remover el contenido

del wok para evitar que se queme. Si el wok está demasiado seco, se puede añadir un poco más de aceite.

4. Por último, echar los fideos udon en el wok, seguidos de la salsa salteada que has mezclado antes, y cocer todo durante 2-3 minutos más. Es posible que en esta fase se necesiten unos chorritos de agua para rehidratar y ablandar los fideos. Para completar el plato, apagar el fuego y añadir las hojas de espinacas tiernas. Se cocerán con el calor residual de la sartén y no necesitarán más cocción. Servir inmediatamente para deleitarse con la profunda y oscura riqueza umami de este plato.

Nota: no es necesario añadir más sal, ya que tanto la pasta doenjang como la salsa de ostras son muy saladas.

César de espárragos, guisantes y tahini con picatostes de masa madre y aceite de oliva

Para 2 personas

Los más tradicionalistas de vosotros pensaréis que la ensalada César original no debe alterarse bajo ningún concepto. No estoy de acuerdo. Aunque soy una ferviente admiradora de la variedad clásica, la adición de tahini le confiere una agradable profundidad umami enriquecida con sésamo. Los guisantes, los espárragos, las anchoas y el parmesano son todos naturalmente ricos en glutamato, lo que convierte a esta sustanciosa ensalada en una especie de bomba umami, si se me permite la expresión.

Ingredientes

2 dientes de ajo
25 g de anchoas
2 cucharadas de tahini
1 cucharadita colmada de mostaza de Dijon
2 cucharadas de aceite de oliva
Zumo de 1 limón grande
Sal y ½ cucharadita de pimienta negra o escamas de guindilla
Para servir:

2 rebanadas grandes de pan de masa madre ligeramente duro
Aceite de oliva
125 g de lechuga
200 g de guisantes congelados, descongelados
200 g de espárragos
2 cucharadas, o más, de queso parmesano rallado
1 cucharada de semillas de sésamo tostadas

Preparación

1. Machaca el ajo en un mortero hasta formar una pasta. Añade las anchoas, machacándolas con el mortero hasta formar una pasta con el ajo. Añade el tahini, la mostaza de Dijon, el aceite de oliva y el zumo de limón y remueve bien toda la mezcla. El aliño César estará bastante espeso en esta fase, así que añade poco a poco agua tibia (una cucharada cada vez) de tu hervidor de agua para aflojar todo hasta conseguir la consistencia deseada. Rectifica la sazón a tu gusto: yo suelo añadir más sal y un toque de guindilla o pimienta negra en esta fase, pero puede que consideres que el aliño ya es suficientemente sabroso.

2. Calienta la plancha a fuego fuerte. Rocía las rebanadas de masa madre generosamente con aceite de oliva por ambos lados y colócalas en la plancha durante aproximadamente 3 minutos por cada lado, hasta que estén crujientes y carbonizadas. Corta la masa madre tostada en trozos del tamaño de un bocado y reservar. Pasa los espárragos por la plancha durante 3-4 minutos (la idea es carbonizar la superficie sin que queden blandos y marchitos).

3. Corta las hojas de lechuga en trozos del tamaño de un bocado y repártelas en una fuente grande. Cubre las hojas de lechuga con los guisantes y los espárragos asados, seguidos del aliño. Mezcla todo ligeramente para que el aliño cubra bien las hojas y las verduras. Espolvorea por encima el queso parmesano, las semillas de sésamo y los picatostes de masa madre tostada. Servir inmediatamente con aderezo extra al lado.

Antep Ezmesi (ensalada de tomate especiada al estilo turco)

Para 6-8 personas

Los tomates son un regalo de la naturaleza rico en glutamato, lo que los hace altos en umami. El glutamato se encuentra principalmente en la parte central de los tomates, es decir, en el jugo y las semillas, más que en la pulpa. Piensa en el sabor a tomate que irrumpe cuando muerdes un tomate cherry madurado al sol y todo su jugo dulce inunda tu boca.

Por eso me parece una vergüenza que muchas recetas pidan que se desechen las semillas y el zumo del tomate. El famoso *chef* Heston Blumenthal, galardonado con una estrella Michelin, fue uno de los primeros en cuestionar la práctica de desechar las semillas de tomate, y con razón. El puré de tomate adicional no es esencial en esta receta, pero sin duda añade cierta magia carmesí, realzando los tonos naturales del tomate. Para obtener el mejor resultado, elije uno que no sea demasiado acre y concentrado.

Ingredientes

750 g de tomates cortados en dados (piel y jugo incluidos)

350 g de pepino, sin pepitas y cortado en dados

100 g de cebolleta, cortada en rodajas finas

3 guindillas verdes turcas, cortadas en rodajas finas

25 g de perejil, picado fino

1 cucharadita de copos de guindilla Pul Biber o ½ cucharadita de copos de guindilla roja

1 cucharadita de menta seca

2 cucharadas generosas de aceite de oliva virgen extra

2 cucharadas de melaza de granada

1 cucharada de puré de tomate

1 cucharada de vinagre blanco

1 cucharadita de azúcar blanco

Sal al gusto

Preparación

1. Coloca todos los ingredientes en un bol grande. Mezcla bien la ensalada, preferiblemente con las manos, y sazona generosamente con sal. Deja reposar la ensalada unos 10 minutos antes de servirla con panes para absorber todos los jugos dulces.

Galletas de miso, dátiles y chocolate negro

Para 4 personas (aproximadamente 10-12 galletas)

Sé que algunos de vosotros consideraréis que añadir miso a las galletas roza lo transgresor. Os aseguro que no. La verdad es que no se nota el miso como tal, sino que se acentúan los otros sabores más dulces de los dátiles y el chocolate negro.

El «miso shiro», a menudo llamado «miso blanco», y el «miso saikyo», aún más suave y dulce, son probablemente las pastas preferidas a la hora de experimentar con postres. Añade un poco a tu salsa de chocolate o a tu receta favorita de brownie. Las posibilidades son infinitas si se concibe el miso como un «sustituto de la sal» y un potenciador del sabor. Una advertencia: aunque los tipos más oscuros de miso utilizados para hacer sopa pueden conservarse refrigerado durante meses, el miso blanco dulce puede deteriorarse con bastante rapidez una vez abierto.

Ingredientes

120 g de azúcar moreno suave
1 cucharadita colmada de miso blanco
60 g de mantequilla blanda
½ huevo batido
100 g de harina de repostería

6 dátiles medjoul deshuesados, picados lo más fino posible
60 g de chocolate negro, cortado en trozos pequeños (o simplemente comprar trocitos de chocolate negro)

Preparación

1. Precalentar el horno a 180 °C con ventilador.

2. Mezclar el azúcar moreno, el miso y la mantequilla con una cuchara de madera hasta que la mantequilla esté un poco más pálida que cuando se empezó a mezclar. Incorporar el huevo: no preocuparse si parece cuajado en esta fase, se unirá.

3. Tamizar la harina y añadirla a la mezcla de huevo junto con los dátiles y las pepitas de chocolate. Introducir las manos en la mezcla y combinar todo hasta formar una masa suave. Transferir a la nevera para enfriar.

4. Transcurridos 20 minutos, romper trozos de masa del tamaño de una nuez y formar bolas. Colocarlas en una bandeja para hornear dejando espacio entre ellas, ya que se extenderán durante la cocción. Aplanar las bolas suavemente con la punta de los dedos. Esto ayudará a que las galletas se aplanen algo más uniformemente mientras se cocinan.

5. Meter en el horno y hornear durante 8-12 minutos, o hasta que las galletas estén doradas por los bordes y todavía parezcan un poco blandas en el centro. A medida que se enfríen, las galletas adquirirán una textura más firme. Después de unos minutos de enfriarse en la bandeja del horno, pasarlas a una rejilla para que se enfríen completamente, utilizando una espátula.

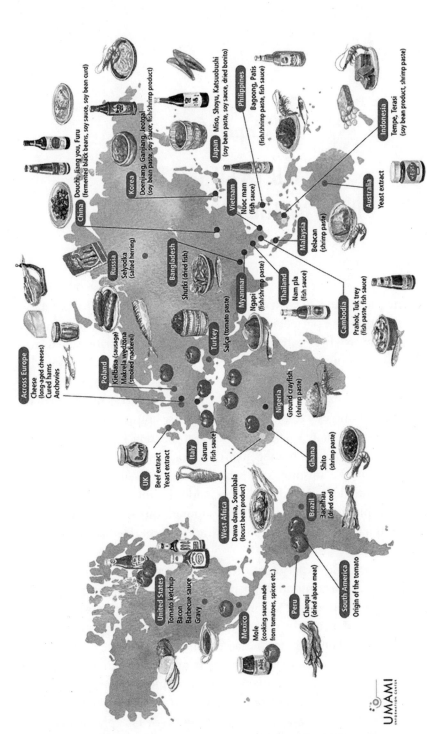

Mapa mundial del umami © Centro de Información del Umami

Capítulo 4

CRUNCH: LA CIENCIA DETRÁS DE LA MASTICACIÓN Y LA TEXTURA

Imagínate una cena a base de bistec, artísticamente cocinado para que esté perfectamente dorado por fuera y rosado y jugoso por dentro. Está cubierto con crujientes cebollas fritas y a su lado hay un montón de patatas fritas triples hábilmente preparadas con un montón de judías verdes carbonizadas al dente y un rico y suave jugo de carne que lo une todo. Cada bocado es una mezcla de sabores celestiales y texturas variadas que se complementan entre sí.

Ahora imagínate que metes todo esto en una batidora y lo conviertes en una pasta homogénea de color marrón. Los sabores son exactamente los mismos, no se ha quitado ni añadido nada y cada componente de la comida se ha cocinado durante el mismo tiempo y de la misma forma que antes. Pero supongo que querrás que el filete y las patatas fritas se sirvan por separado, no mezclados en un batido de carne...

Este pequeño experimento mental demuestra lo importante que es la textura para nuestra experiencia gastronómica en general. No importa lo sabrosa que sea una comida (bueno, sí importa, pero ya me entiendes) o cuántos sabores se combinen para crear el sabor más asombroso, si falta esa otra pieza del rompecabezas que es la textura.

La falta de textura es la razón por la que platos con ingredientes y sabores increíbles pueden quedarse cortos, mientras que ingredientes bastante sencillos pueden transformarse en una gran comida por un *chef* que entienda el papel de la textura dentro de la experiencia culinaria. Si nos fijamos en lo que hemos cocinado en la última semana, hay innumerables ejemplos en los que la variación de texturas en los platos ha convertido una comida en algo grandioso: unos picatostes sobre una sopa suave y sedosa o un puñado de cacahuetes tostados sobre los fideos son solo un par de ejemplos de variaciones que se pueden encontrar literalmente en todas partes.

Cuando alguien te pregunta cuál es tu plato favorito, si eres como yo, tu cerebro irá de un plato increíble a otro, corriendo en círculos, incapaz de elegir entre los cientos que podrías elegir. Como cocinera, me han hecho esta pregunta muchas veces, y la respuesta nunca es sencilla, pero si tuviera que elegir mi favorito absoluto, el que más alegría me da, sería la gol guppa.

Para quienes no hayan oído hablar de este manjar, la gol guppa es una experiencia que todo el mundo debería tener al menos una vez en la vida. Forma parte del «chaat», la sabrosa comida callejera que se sirve en la India y en Pakistán. Los carritos de chaat, siempre coloridos y desvencijados, son el crisol que reúne a todos los grupos demográficos, ya que en ellos se codean barrenderos con presidentes de empresas y niños en edad escolar comiendo su tentempié después del colegio junto a repartidores y mensajeros. Y aunque no haya un puesto de chaat en la esquina de tu calle, es posible que tu restaurante indio local tenga gol guppas escondidas en la carta con otro nombre, e incluso, si no las tienen, es posible que se te las preparen para que las pruebes (si las pides amablemente).

Cuando tenía ocho años, mi familia y yo viajamos a la India de vacaciones. Serpenteando por los bazares del centro de Delhi, seguí obedientemente a mi madre mientras buscaba las telas y artesanías que formaban parte de su lista de la compra. Era mediodía y el sol, ya de por sí abrasador, se abatía sobre nuestras cabezas con mayor ferocidad. Lo bueno de los bazares de Delhi es que nunca se está a más de diez pasos de la comida. Los puestos ambulantes se alinean en las calles de tal forma que hay que atravesar la comida para llegar a los comercios.

Tiendas, quioscos y carritos con ruedas se alinean unos junto a otros, algunos vendiendo aperitivos salados fritos como las samosas, otros llenos de dulces de colores brillantes o de botellas de bebidas heladas cubiertas de agua condensada; todos los olores se mezclan entre sí en el aire caliente antes de aspirarse por la nariz.

Una buena regla general es que cuanto más concurrido es el puesto, mejor es la comida que venden y, el día en cuestión, un puesto en particular llamó la atención de mi madre, con su larga cola de clientes, esperando para hacerse con lo que se ofrecía. Digo «cola», pero era más bien una nube de clientes, una neblina de cuerpos en movimiento sin un orden discernible, en la que cada individuo era completamente consciente de su lugar en la «fila».

Observé al vendedor mientras atendía a un cliente delante de nosotros. Un gran montón de conchas cilíndricas, crujientes y abombadas como cúpulas se alineaban en un recipiente de cristal que había colocado en una esquina de su carrito. Sin mirar, cogió cinco conchas con una mano y las colocó en un plato poco profundo hecho con papel de periódico reciclado. Las perforó hábilmente con el pulgar izquierdo, mientras con la mano derecha las rellenaba con una mezcla de garbanzos especiados y patatas.

A su izquierda había una gran olla de barro cubierta con un trozo de red (al parecer, para ahuyentar las moscas y proteger del polvo, aunque su eficacia es discutible). Con una destreza y una habilidad que solo se consiguen realizando la misma acción miles de veces, sumergió cada concha rellena en la olla de barro, una tras otra. No usaba guantes, solo dos manos que trabajaban expertamente juntas para satisfacer las demandas de la ansiosa cola de clientes. A continuación, cada concha crujiente se sumergía en una solución de color marrón verdoso pálido, antes de cubrirla con un chutney verde brillante y un misterioso polvo de especias. Una vez completado el conjunto, el vendedor entregaba el plato a su nuevo propietario y dirigía su atención a la siguiente persona de la fila.

Todos los que hacían cola delante de nosotros se metían en la boca una concha tras otra, y sus ojos mostraban el placer que sentían. No es habitual estar en una calle de Delhi y no oír hablar a nadie, pero aquí los sonidos de la conversación habían sido sustituidos por los de la comida. Estas bolitas parecían bastar para hacer olvidar a la multitud el sol del verano indio, el tráfico, el esmog. Por un momento, lo único que importaba eran los bocados que la gente tenía en el plato y en la boca.

—¿Qué es esto, mamá? —pregunté. Ya casi era nuestro turno y me moría de ganas de ver por qué tanto alboroto.

— Son gol guppas —proclamó mi madre con los ojos fijos en el premio que tenía delante.

Las gol guppas, como me explicó, son unos panes rellenos muy populares en esta parte del mundo, que ella y sus amigas solían comer después de la universidad mientras esperaban el autobús para volver a casa.

—La comida más adictiva que existe sobre la faz de este planeta —me dijo. Si mi madre, que solía criticar duramente cualquier comida que le servían, era tan elogiosa, yo me moría de ganas de probarlos —. Pero no creo que ni tú ni tu hermana podáis comerlas hoy, probablemente os pondríais enfermas. El agua utilizada no es lo suficientemente limpia, y no quiero que enferméis en nuestras vacaciones.

Perdona, ¿qué?

Miré a mi padre con toda la angustia suplicante y carita de cachorro que pude reunir. Él miró a mi madre y decidió que darle la razón era menos problemático que ponerse de mi parte. Los dos eran médicos y alimentar a sus hijos con comida sospechosa de un vendedor ambulante de Delhi no estaba en sus planes. Pero, aun así, la traición me escocía. Pasé a la ofensiva:

—Entonces, ¿por qué os los vais a comer?

Dentro de mí, sentía que aumentaba la rabia y la incredulidad. Me parecía injusta la situación. Mi madre mencionó algo de que habían comido estos bocadillos durante toda su infancia y de que sus estómagos, a diferencia de los nuestros, estaban acostumbrados al riesgo de la comida callejera india, pero yo había dejado de escuchar.

— No es justo —protesté. Lo único que habíamos hecho era comprar, y nos arrastraban con ellos en medio de un calor abrasador. Nos merecíamos una compensación. Merecíamos gol guppas.

El vendedor, un avispado empresario al que no se le escapaba nada, me había estado observando atentamente mientras armaba jaleo en medio de la carretera.

—No se preocupe, señora —dijo antes de que mi madre pudiera decir nada—. Este es el puesto de gol guppa más limpio de Delhi. No, en realidad, de todo el mundo. —La miró y continuó—. Mis clientes son políticos, gente rica, hombres de negocios de la ciudad e incluso bebés. Nadie se pone nunca enfermo. Solo uso agua mineral para mis platos, mire aquí. —Señaló los bidones de agua mineral alineados en la parte inferior de su carrito.

Miré a mi madre, luego al vendedor y de nuevo a mi madre. Algo estaba a punto de cambiar; estábamos en la cúspide de un vuelco. Creo que en esos momentos lo mejor es guardar silencio, en lugar de decir algo que ponga en peligro tus escasas posibilidades de éxito.

—De acuerdo, puedes probar uno y ver si te gusta —dijo poniendo los ojos en blanco mientras le daba unas rupias al vendedor—. Los niños de hoy en día.

Con una sonrisa de oreja a oreja, cogí de las manos del vendedor un plato con cinco gol guppas. Lentamente, con delicadeza, cogí uno. Lo sentí extraño en la mano, como si no supiera hacia dónde debía orientarse. Vi a mi madre coger uno y, protegiéndose la blusa con el plato de papel, se lo metió entero en la boca y lo aplastó. Yo la imité y abrí la boca todo lo que pude.

Mordí. La crujiente cáscara se hundió entre mis dientes y el líquido infusionado de menta inundó mi boca. Estaba frío, profundamente especiado y lleno de notas ácidas de tamarindo. Mi pequeña boca no era rival para el enorme volumen de sabor de cada bocado, y el jugo residual se escapó por las comisuras de mis labios, goteando hasta mi barbilla. Al tragar el líquido sobrante, sentí un nuevo crujido cuando la cáscara crujiente y la suavidad melosa de los garbanzos y las patatas se deslizaron por mi garganta. La yuxtaposición de texturas crujientes, acuosas y blandas era extraordinaria.

Comer gol guppa no es un asunto refinado, y no hay aires de grandeza en ningún momento del proceso. Hombres y mujeres de negocios, niñeras, tenderos… no importa si eres la reina de Inglaterra: a todos les cae salsa por la barbilla y por el brazo, y es infinitamente más agradable cuando no se piensa demasiado en ello y se disfruta de la sucia experiencia.

Es importante señalar, en aras de una completa honestidad, que durante los dos días siguientes desarrollé una terrible diarrea, lo cual supongo que es un pequeño precio que pagar por tales delicias. Pero que conste también que mis padres, con sus sistemas inmunitarios aparentemente resistentes a las infecciones gracias a una infancia en la que comían comida callejera, también corrieron la misma suerte. Ja, ja, ja.

Si crees que unos días en el retrete me alejarían de las gol guppas, es que no me conoces muy bien. Ahora, cada vez que las veo, hago todo lo que está a mi alcance para coger tantas como pueda. Para mí, no se trata solo de que tengan un sabor fabuloso, con una compleja interacción de sabores salados, ácidos, especiados y ligeramente dulces que trabajan juntos en armonía. Es que, cuando los como, soy consciente del gozoso proceso de masticación y del placer que supone sentir dos, tres o más texturas orales a la vez.

En este capítulo exploraremos esta sencilla alegría y la forma en que podemos aprovechar el poder de la textura en nuestra vida culinaria cotidiana para obtener el máximo placer de la comida.

Gol guppas

Para 4 personas

La experiencia definitiva de sabor y de textura. Las crujientes conchas fritas se rellenan con un suave puré de patatas y garbanzos antes de sumergirse en agua de tamarindo fría y especiada.

Atención: hay que tragar la gol guppa entera para evitar que el zumo explote por todas partes. Para mayor facilidad, utilizo gol guppas ya preparadas, que se pueden adquirir en tiendas de alimentación del sur de Asia o, por supuesto, a través de Internet.

Nota: las gol guppas también pueden denominarse «pani-puri».

Ingredientes

50 conchas de gol guppa ya preparadas

1 cucharadita colmada de azúcar
800 ml de agua helada

Para el agua de gol guppa:
4 cucharadas colmadas de chutney de tamarindo ya preparado
25 g de cilantro
15 g de hojas de menta (sin los tallos)
2 guindillas verdes
1 cucharadita de chaat masala
1 cucharadita de sal negra
Zumo de 1 limón grande

Para el relleno de gol guppa:
2 patatas cocidas medianas (aproximadamente 450 g)
240 g de garbanzos cocidos (es la cantidad aproximada de una lata normal)
1 cucharadita de chaat masala en polvo
1 cucharada de cilantro finamente picado

Preparación

1. Empieza preparando el relleno de gol guppa: corta las patatas en dados pequeños de 1 centímetro y mézclalas con los garbanzos, el chaat masala en polvo y el cilantro picado. Machaca todo ligeramente con un tenedor para combinar y romper los garbanzos ligeramente. Reservar.

2. Para preparar el agua de gol guppa, coloca todos los ingredientes en una batidora y bátelos bien hasta que todo esté bien mezclado. Pasa el líquido por un colador a una jarra vertedora y refrigéralo hasta el momento de utilizarlo.

3. Para servir, perfora las conchas de gol guppa con el pulgar y rellénalas con una cucharadita de la mezcla de patata y garbanzos. A continuación, rellena las conchas hasta tres cuartos de su capacidad con el agua de gol guppa y consume inmediatamente.

El arte de la masticación

Mientras escribo este capítulo y nos embarcamos en una exploración del arte de masticar (o «masticación», como se conoce más técnicamente), me encuentro sentada en una cafetería frente a un caballero que se está comiendo una rebanada de pan tostado con mantequilla. Lo observo de un modo que no tiene nada de espeluznante y que tiene claramente fines de investigación. Sin pensarlo mucho, sus mandíbulas se mueven rítmicamente mientras mastica su tostada de mantequilla y, cuando por fin traga, observo el suave movimiento ascendente de su manzana de Adán mientras la tostada pasa por su garganta y desciende por su gaznate, lista para embarcarse en su emocionante viaje por el intestino.

El proceso de masticar los alimentos es mucho más complejo de lo que podría parecer a primera vista. Es tan normal, tan corriente, tan inconsciente que nadie se molestaría en prestarle real atención. Todos lo hacemos cientos de veces al día y, como es tan común, olvidamos que masticar es en realidad una exquisita danza neuromuscular de una complejidad casi alucinante.

Cuando te metes una tostada en la boca, la masticación tiene tres objetivos fundamentales. En primer lugar, tiene que romper el gran trozo de tostada en pedazos más pequeños. Después, tiene que triturar el bocado de comida para aumentar su superficie total. Los dientes y los músculos de la mandíbula trabajan juntos para conseguir estos dos objetivos.

A continuación, el proceso de masticación debe combinar la tostada con una buena cantidad de saliva. Esto no solo inicia el proceso de digestión de los hidratos de carbono y las grasas, sino que también humedece la tostada y la une en un resbaladizo bolo alimenticio (que es la palabra elegante para designar una masa de comida que puede tragarse fácilmente). La lengua, los músculos faciales y las mejillas ayudan a formar el bolo alimenticio, que luego se traga. La acción de tragar recibe el nombre científico de «deglución». Así pues, primero se mastica la tostada hasta formar un bolo y luego se deglute. Sencillo, ¿verdad?

En realidad, no. Masticar es, de hecho, uno de los procesos mecánicos más eficientes e impresionantes de nuestro cuerpo. Todo el sistema de trituración de la comida entre los dientes, moviendo la mandíbula arriba y abajo, podría haber salido bastante mal en términos evolutivos. ¿Has pensado alguna vez por qué no nos mordemos constantemente la lengua con cada bocado de comida? ¿O por qué no rechinamos los dientes unos contra otros cada vez que masticamos algo firme? Si lo hiciéramos, nos quedaríamos rápidamente sin dientes.

La clave reside en que la mandíbula tiene la capacidad de acelerar y variar su aceleración en función de la firmeza de los alimentos que percibe en la boca. Para evitar un doloroso rechinamiento dental, esta aceleración siempre va seguida de una desaceleración controlada en el instante exacto, antes de que los dientes choquen entre sí.

El proceso de descomposición de los bocados de comida mediante la masticación es lo que nos permite establecer su textura y, junto con la capacidad de la mucosa oral (la piel del interior de la boca) para captar estímulos táctiles mediante un proceso perceptivo denominado «somestesia», nuestra boca puede crear una imagen muy clara de las características físicas del alimento que estamos masticando.

Dependiendo de esas características físicas, los alimentos necesitarán menos o más masticación. Como ejemplo rápido, piensa en la diferencia entre comer puré de zanahoria y un palito de zanahoria fresca. Uno no dice conscientemente: «Aquí hay puré de zanahoria. Será mejor que cambie mi forma de masticar». Pero la boca sabe qué hacer, basándose en la información que recibe de la textura del alimento. De hecho, la textura de los alimentos que nuestros antepasados estaban a punto de comer probablemente les proporcionaba una pista muy precisa sobre su frescura, lo que, a falta de frigorífico o fecha de consumo preferente, habría sido muy útil. Un ejemplo concreto sería la textura firme de la carne fresca comparada con la textura blanda y viscosa de un corte que ha estado demasiado tiempo a la intemperie.

Conoce tu saliva

La mayoría de las culturas occidentales actuales miran la saliva al menos con un poco de incomodidad y, en algunos casos, con total repugnancia. Pero en otros momentos de la historia la saliva ha sido, de hecho, muy popular. A los antiguos griegos, por ejemplo, les encantaba y creían que curaba una serie de dolencias; incluso hoy en día algunas comunidades griegas siguen escupiendo tres veces para atraer la buena suerte a los recién nacidos. Y los practicantes de la antigua medicina tradicional china creían que la saliva procedía del mismo componente que la sangre, por lo que podía proporcionar información diagnóstica similar sobre la salud general de una persona.

La producción de cantidades suficientes de saliva es indispensable para masticar bien. Producimos entre 0,5 y 1,5 litros al día a través de las glándulas salivales, y algunos calculan que producimos unos 20 000 litros a lo largo de nuestra vida, lo que equivale aproximadamente a sesenta y seis bañeras llenas de saliva. Pero ¿cómo producimos toda esta saliva?

Ocultos entre bastidores, unos racimos de células especializadas (llamados «acinos salivales») que parecen racimos de uvas se ocupan de realizar todo el trabajo necesario para hacer llegar la saliva a nuestra boca cuando comemos. Estas células acinares segregan un fluido compuesto de agua, electrolitos, mucosidad y enzimas, que desemboca en los conductos colectores. En estos conductos se altera la composición de nuestra saliva y, al cabo de un tiempo, se unen y desembocan en conductos más grandes que, finalmente, desembocan en la boca a través de los conductos mayores. Es un sistema muy parecido al de los pequeños afluentes que convergen para formar un río y desembocan finalmente en el mar. Salvo que el mar es tu boca y el agua es tu saliva.

La saliva desempeña muchas funciones, pero una de las menos conocidas es la de proteger los dientes al comer. Contiene una serie de componentes antimicrobianos, como la «lisozima», una enzima que elimina muchos tipos de bacterias y evita el peligroso crecimiento excesivo de las poblaciones microbianas orales. Aunque contiene millones de bacterias, la investigación está arrojando nueva luz sobre las propiedades antimicrobianas de la saliva y sus posibles propiedades desinfectantes. También es un analgésico natural, y contiene un compuesto llamado «opiorfina», que se cree que es más potente que la morfina. Desde los primeros estudios realizados a finales del siglo XIX, sabemos también que la saliva es capaz de descomponer los hidratos de carbono y las proteínas. Las enzimas que contiene (amilasa y proteasa, entre otras) también funcionan de forma similar a las que se encuentran en algunos líquidos lavavajillas bioactivos; pero, por favor, no escupas en la vajilla si te quedas sin detergente Fairy.

Pero ¿qué ocurre si no tenemos suficiente saliva? Piensa en lo que puede suponer tener la boca constantemente seca. La xerostomía es una afección muy difícil de sobrellevar. He conocido a pacientes que la padecen y señalan la «disgeusia», o alteración del gusto, como uno de sus muchos síntomas. No tener suficiente saliva puede cambiar literalmente el gusto e incluso eliminarlo por completo. Está claro que damos por sentada la saliva. El hecho de que se nos llene la boca de saliva extra cuando olfateamos un pastel cociéndose en el horno (véase el recuadro de al lado), o cuando vemos cómo se derrite el queso bajo el grill, es una prueba de su importancia: es lo primero que encuentran nuestros alimentos en su viaje por nuestro cuerpo. Por lo tanto, no pienses en el salivazo como un tabú social, sino como un fluido infravalorado que nos proporciona gran parte de la alegría gastronómica de nuestra vida. ¡Amígate con tu saliva!

Cric, crac y los crujidos

Ahora que hemos explorado cómo percibimos las diferentes texturas y el papel vital de la saliva, creo que ha llegado el momento de hablar de los sándwiches o, para ser más precisa, de mi gran sándwich de huevo y patatas fritas de bolsa.

Este debe construirse a partir de un conjunto muy específico de instrucciones. Las patatas fritas deben estar dentro, no al lado del sándwich. La proporción entre el relleno de huevo y las patatas fritas debe ser más o menos igual. El berro debe mezclarse con el relleno de huevo, nunca espolvorearse por encima. El pan debe ser de rebanada gruesa y blanco en lugar de integral o con semillas. Si todo esto se hace correctamente, al morder tu creación sentirás primero el pan blando entre los dientes, que dará paso a la firmeza de las patatas fritas saladas y, finalmente, al relleno cremoso de huevo, con pequeñas ráfagas de sabor bucólico procedentes del berro. Es una sinfonía delicada, a la que merece la pena dedicar tiempo, como verás en la receta de la página 110.

Salivación: por qué se te hace la boca agua

Los nervios que controlan la producción de saliva forman parte de un sistema reflejo. Se activan sin que tengamos que pensar conscientemente en ello cuando comemos, y el olor, el sabor e incluso el movimiento de los músculos de la mandíbula pueden activar este reflejo. La parte del cerebro responsable del «reflejo salival» se llama «médula oblonga» y también controla otras funciones como los estornudos y los vómitos. Cuando la médula recibe estímulos alimenticios, envía señales a través de sustancias químicas (denominadas «neurotransmisores») que hacen que las glándulas salivales entren en acción y produzcan saliva.

Algunos científicos creen que la razón por la que se nos hace la boca agua al ver y oler comida puede tener que ver con el «condicionamiento clásico» de nuestra infancia. Por ejemplo, imagina que de niño comiste el más delicioso gofre cubierto de chocolate fundido y nata. Subconscientemente se estableció una asociación entre esa experiencia y la salivación. Por lo tanto, en la edad adulta, oler o ver gofres puede producir una respuesta salival, aunque no se esté consumiendo el gofre en ese preciso momento.

Pero la salivación es complicada. Cuanto más nos gusta la comida, más salivamos. Las personas que se consideran «comedores incontrolados» tienden a salivar más que los «comedores comedidos» (personas que, por ejemplo, siguen dietas prolongadas). Existen evidencias de que cuanto más hambrientos estamos más probable es que salivemos, incluso el acto de imaginar vívidamente nuestra comida favorita puede hacer que se nos haga la boca agua de manera profusa. Así pues, la relación entre la comida y la salivación es ciertamente compleja.

No me imagino comiendo un sándwich de huevo de otra manera, y esto se debe a mi amor por la textura de las patatas fritas. He tenido muchas discusiones acaloradas sobre los pros y los contras de rellenar los bocadillos con patatas fritas. Hay personas en mi vida que no están de acuerdo con mi amor por este manjar, y lamentablemente debemos acordar estar en desacuerdo (¡aunque sé que en esto tengo razón!). La textura «crujiente» es la que más valoro. Siempre intento pensar en formas de añadir notas crujientes a mis recetas, de aportar una variación de textura que haga que la comida sea más interesante. Recuerdo haber visto al difunto explorador culinario Anthony Bourdain comer una crujiente tarántula camboyana frita. Sorprendentemente, mi reacción no fue de repulsión inmediata. En cambio, recuerdo que pensé que los insectos serían mucho más comestibles y atractivos para el mundo culinario en general si siempre se sirvieran crujientes y fritos, con una guarnición de salsa de guindilla dulce.

Cuando pienso en algunos de los alimentos clásicamente «crujientes» que adoro, una de las primeras cosas que me viene a la mente es la repostería. Adoro el hojaldre más de lo que la mayoría de la gente consideraría normal. Simplemente no me siento a gusto a menos que mi congelador albergue una o dos láminas de masa de hojaldre, para casos de emergencia. Y es que el hojaldre es muy versátil. Desde simples palitos hasta tartas, pasteles, empanadillas y rollos de salchicha, las posibilidades parecen infinitas. Las finas y delicadas capas de hojaldre también se utilizan para hacer el postre de mis sueños: el milhojas.

Mille-feuille se traduce del francés literalmente como «mil hojas», y se elabora clásicamente con tres capas de hojaldre unidas con crema pastelera y cubiertas con glaseado fondant o azúcar glas. Recuerdo muy bien la primera vez que probé un milhojas, cuando tenía diez años, en una pintoresca pastelería de Calais durante las vacaciones de verano. El contraste entre la cremosa natilla y los trozos dorados de hojaldre es difícil de olvidar. Mis padres empacaron en el coche una caja llena para llevar a París, pero mis hermanos y yo acabamos con la caja en los asientos traseros del coche antes de siquiera pisar el suelo parisino. Así que no podía dejar de compartir con vosotros mi receta de milhojas de fresas con aroma de rosas (véase la página 111). Hago trampas utilizando nata montada azucarada en lugar de *crème patissière*, pero el resultado es un postre que en lo sabroso cumple al cien por cien, además de ser visualmente impresionante y tremendamente fácil de hacer. Lo mejor es el instante en que lo cortas por primera vez con un cuchillo afilado y la nata y la fruta se derraman al tiempo que el hojaldre se rompe. ¡De eso están hechos los sueños culinarios!

Reconozco, en todo caso, que el hojaldre no es la única masa que me entusiasma. La masa filo ocupa un sólido segundo lugar. Me encanta cortar bandejas de baklawa crujiente en forma de rombos y empapar las capas de masa filo con un sirope de cardamomo espeso y dulce. La masa filo o *phyllo* queda muy bien con un relleno de espinacas y queso feta, como hacen los griegos en un plato clásico llamado «spanakopita». Comparto mi receta de confianza de un pastel de espinacas y filo (con añadido de puerros tiernos, garbanzos y limón) en la página 113. El truco es asegurarse de escurrir bien las espinacas y untar generosamente cada lámina de masa filo con mantequilla derretida, para que quede lo más crujiente posible.

Las técnicas que utilizan los *chefs* para que los alimentos queden crujientes son potencialmente infinitas: desde variados tipos de masas para pakoras y buñuelos hasta tempuras ligeras como plumas, incluso recubrimientos para el pollo frito (una receta que no pude resistirme a compartir en la página 123). Conseguir que la comida quede crujiente es todo un arte. Pero si no deseas experimentar mucho con las diferentes técnicas de creación de texturas crujientes, al menos familiarízate con el «apanado». Según el *Larousse Gastronomique*, esto consiste en «recubrir alimentos en migas de pan antes de saltearlos». Una vez que domines esta técnica, es probable que termines apanando la mitad de la comida de tu nevera. He incluido una receta retrofabulosa de queso de cabra apanado en la página 124, que puedes utilizar como modelo para aprender a rebozar cualquier alimento con una capa crujiente de pan rallado.

Textura y sonido

El término «crujiente» procede del latín *crispus*, que significa «rizado». En el siglo XIV, el adjetivo se utilizaba para referirse a cosas arrugadas u onduladas, y en el siglo XVI había cambiado para referirse a objetos quebradizos, duros o firmes. No fue hasta el siglo XIX que el verbo «crujir» empezó a utilizarse en inglés, probablemente como una palabra onomatopéyica que reflejaba el sonido que se produce cuando un objeto crujiente se rompe.

La industria alimentaria es, por supuesto, plenamente consciente de nuestro amor por lo crujiente. No hay más que ver la cantidad de opciones disponibles en la sección de patatas fritas para darse cuenta de lo mucho que nos gusta esta textura, no solo en el Reino Unido, sino en todo el mundo. Lo curioso, sin embargo, es que las encuestas sistemáticamente arrojen que la mayoría de nosotros damos más importancia al sabor, al olor e incluso a la temperatura de los alimentos que a la textura de lo que comemos. Ahora bien, intenta darle a alguien una bolsa de patatas fritas húmedas y observa cuál es su reacción.

La disponibilidad de términos para describir la textura varía enormemente entre lenguas y culturas. Por ejemplo, mientras que los chinos y los japoneses tienen docenas de palabras para referirse a los atributos crujientes de los alimentos, los españoles no: a veces incluso recurren al término «crocante», derivado del francés «*croquant*». En inglés, hay dos términos principales para describir esta textura: *crispy* y *crunchy*. Aunque la mayoría de nosotros los utilizamos indistintamente, algunos investigadores afirman que en muchos aspectos son bastante diferentes. Mientras que un alimento *crispy* es seco, rígido y, al morderlo con los incisivos (nuestros afilados dientes delanteros), se fractura rápida y fácilmente con un sonido agudo y familiar, un alimento *crunchy* es denso, texturizado y, al masticarlo con los molares (nuestros dientes posteriores, más anchos y planos), sufre una serie de fracturas que emiten sonidos graves relativamente fuertes. Así, una tarrina de Pringles es *crispy*, pero un bastón de zanahoria cruda es *crunchy*. No puedo decir que esté convencida de esta diferencia. Me aseguraré de realizar más investigaciones de primera mano y lo haré saber.

Patatas fritas sónicas

Hay pocos experimentos científicos que me hagan tan feliz como el experimento de las «patatas fritas sónicas» o, como también se le conoce, «el papel de las señales auditivas en la modulación de la percepción de lo crujiente y de lo rancio de las patatas fritas». Esta revolucionaria investigación, llevada a cabo en 2005 por los profesores Charles Spence y Max Zampini con un tubo de Pringles, revolucionó nuestra percepción del crujido de las patatas fritas. También ganó el Premio Ig Nobel 2008 a la investigación académica más humorística y sugerente del año en el campo de la nutrición.

Las Pringles, por ser tan uniformes, paraboloides y apilables en su construcción, son sujetos excelentes para el estudio de la textura. Spence reclutó a veinte voluntarios dispuestos a morder casi doscientas Pringles con distintos grados de frescura (en nombre de la ciencia) y les reprodujo sonidos crujientes modificados a través de auriculares, unos más fuertes y otros más apagados, mientras comían. Comprobó que podía cambiar la percepción del crujido y la frescura de las patatas fritas aumentando los sonidos de alta frecuencia.

Lo más probable es que esta investigación no cambie nuestra forma de ver la comida. Pero lo importante es que habla del sonido como socio olvidado en nuestra percepción del sabor y la textura. Manipular el sonido puede transformar nuestra experiencia culinaria a través de un concepto conocido como «interacción sensorial intermodal». Esto significa que si cambiamos la entrada en un ámbito sensorial (por ejemplo, reproducimos el sonido de alguien mordiendo una Pringle fresca y crujiente) podemos influir y a menudo anular la percepción en otro ámbito sensorial (la Pringle empapada que nos estamos comiendo).

Sabemos (por estar vivos) que el cerebro integra la información de los cinco sentidos humanos para producir una imagen completa de lo que estamos experimentando, y nuestra experiencia con la comida no es una excepción. Hay mucho más en juego que las papilas gustativas.

Incluso hay bandas sonoras que puedes escuchar en línea para dar a tu bolsa de patatas fritas rancias el empujón que necesitan. Lo probé con un paquete de patatas fritas a medio comer que mi hijo se había dejado la noche anterior, y me sorprendió no solo que funcionara, sino cuánto funcionaba. Ahora que lo pienso, no es de extrañar que incluso los paquetes de patatas fritas se diseñen con materiales que suenan crujientes. Cuando coges un paquete entre las manos, inmediatamente empieza a crear ese sonido, que actúa como cebador para que la experiencia de comer lo que hay dentro sea aún más crocante.

Cómo comer un Magnum

Otro ejemplo clásico de la importancia de lo «crujiente», esta vez en el ámbito de la comida dulce, es el helado Magnum. Al parecer, los investigadores alimentarios que trabajaban con Unilever, fabricante de Magnum, recibieron la solicitud de responder a las quejas de sus clientes, quienes reclamaban que el chocolate que recubre el helado se rompía con demasiada facilidad y caía al suelo o manchaba la ropa. Yo diría que no hay una sola persona que haya comido un Magnum que no haya visto, con consternación, cómo la mitad de su cobertura de chocolate se desprende y cae al suelo.

Supuestamente, el equipo de desarrollo de productos de Magnum se propuso resolver el problema e ideó una cobertura de chocolate que se adhería mejor al núcleo central de helado de vainilla. Sin embargo, esta había perdido la distintiva ruptura del chocolate que los clientes experimentaban al morder y un número de clientes cada vez mayor empezó a quejarse de que la textura era diferente. El crujiente chasquido del chocolate al morder era más importante para ellos que la pérdida colateral de parte de la cobertura.

Palabras con textura

Sabemos que cierta terminología de nuestro propio lenguaje puede fomentar asociaciones alimentarias muy específicas. Palabras como «tierno», «crocante», «suculento», «jugoso» evocan imágenes de alimentos concretos y sus experiencias asociadas. Pero ¿qué pasaría si se describiera un alimento concreto como «pegajoso»? ¿Lo haría más o menos apetitoso?

El idioma japonés está repleto de sonidos onomatopéyicos que reflejan las texturas de los alimentos que describen. Estos sonidos me producen una gran alegría, y estoy segura de que mejoran las experiencias de sabor y textura de quienes los disfrutan. En Japón, la comida puede ser *tsurutsuru* (suave y resbaladiza), *paripari* (crujiente), *sakusaku* (otro tipo de crujiente), *neba-neba* (pegajosa) o *nicha-nicha, gunnyari, torori, doro-doro* y *beta-beta* (diferentes tipos de pegajosidad, viscosidad y elasticidad). Me llenaría de satisfacción que, en el futuro, algunas de estas palabras japonesas, con su increíble calidad sensorial, se introdujeran en las descripciones occidentales de los alimentos.

Como ahora sabemos, una gran parte de nuestra percepción de la textura se deriva de las sensaciones que se originan en la cavidad bucal, y los labios —la puerta de entrada al cuerpo— son la parte más externa de esa cavidad; para mí es una agradable coincidencia que, además de mantener la comida en la boca, también se utilicen para pronunciar todas estas palabras fabulosamente descriptivas. ¡Solo intenta no hablar con la boca llena!

¿Qué papel desempeña, entonces, la textura en nuestra capacidad para entender los alimentos? ¿Cómo ayuda a los amantes de la comida en su búsqueda del bienestar digestivo y la felicidad?

Bueno, la textura de la comida es importante. No la notas tanto cuando está ahí, a no ser que haya sido utilizada de manera excepcional; puede que ahí se registre en tu radar. Pero cuando la textura no es del todo adecuada, por muy bueno que sea el sabor de la comida, es poco probable que la puedas disfrutar bien.

Por mi parte, no soporto una masa húmeda o una galleta rancia que ha perdido su textura crujiente. ¡Y ni hablar de la piel del pollo asado!

La mayoría de nosotros somos capaces de obsesionarnos con el sabor y el olor de los ingredientes: las más finas especias aromáticas, el chocolate fundente y suave de gran sabor, el queso picante, el vino tánico, y así sucesivamente, pero ¿cuánto tiempo dedicamos realmente a pensar en la textura óptima de los alimentos? En cierto modo, la falta de apreciación de la textura de los alimentos y el mayor énfasis en el sabor y el gusto no es del todo culpa nuestra. Esto se debe a que la conciencia de la textura es en gran medida subconsciente; nuestro sentido del tacto y del oído, así como nuestra saliva, entre otros factores, desempeñan un papel esencial a la hora de permitirnos establecer y disfrutar de la textura de los alimentos. Pero sacar la consciencia de la textura del subconsciente e introducirla en el pensamiento consciente cuando cocines te ayudará a preparar mejores platos y a entender que el sabor por sí solo no basta. Puedes empezar a experimentar añadiendo un toque crujiente a platos que antes hacías sin pensar demasiado, o introduciendo diferentes capas de textura, para que tu boca pueda apreciar plenamente la alegría de la comida que está percibiendo. Por ejemplo, una pizca de semillas tostadas sobre las lentejas o unas crujientes cebollas fritas y picatostes sobre una sopa elevarán estos platos a nuevas cotas.

Un ejercicio útil es reflexionar sobre las diferentes comidas que has cocinado esta semana y considerar los puntos en los que se podría haber mejorado la textura. ¿Los macarrones con queso podrían haber tenido una corteza más crujiente? ¿Quizá el puré de patatas podría haber quedado más cremoso y suave? ¿O la tarta que horneaste más jugosa? ¿A la ensalada de anoche le habrían venido bien algunos elementos crujientes?

Adquirir una mayor sensibilidad a la textura de los alimentos ayudará a todos los amantes de la cocina a crear platos más sabrosos y les reportará innumerables recompensas culinarias.

Resumen

> La textura de los alimentos influye mucho en el placer que sentimos al comerlos. La mezcla de texturas, por ejemplo, la combinación de una textura suave con otra crujiente, resulta especialmente atractiva. Aprovecha esta ventaja a la hora de diseñar tus platos.

> La saliva tiene varias funciones, pero es especialmente útil para ayudar al cerebro a determinar la textura de los alimentos que ingerimos.

> Nuestro sentido del oído desempeña un papel fundamental a la hora de determinar la textura de los alimentos. Manipular lo que oímos mientras comemos un determinado alimento puede, a su vez, afectar nuestra experiencia de su textura.

> El lenguaje que utilizamos para describir la comida puede influir en cómo percibimos su textura final. Cuando describas tu comida a otras personas, piensa detenidamente en los adjetivos que utilizas. Unas cuantas palabras onomatopéyicas esparcidas en la descripción pueden hacer que la comida suene mucho más deliciosa.

El gran sándwich de huevo y chips de patatas

Para 4 personas

Esto es para ensuciarse: un relleno de patatas fritas y huevo con mayonesa cayendo de gruesas rebanadas de pan blando. Debo decir que soy una purista cuando se trata de esta receta específica. He probado versiones con miso en la mayonesa o trufa en las patatas fritas, pero nada es tan satisfactorio como la sencilla versión original.

Ingredientes

5 huevos grandes

4 cucharadas de mayonesa

1 cucharadita de mostaza de Dijon (deseable, pero no esencial)

1 puñado de berros

8 rebanadas de pan blanco grueso de buena calidad

50 g de mantequilla

2 paquetes de patatas fritas saladas Lays o similares (o 1 bolsa para compartir)

Sal y pimienta negra o blanca, al gusto

Preparación

1. Empieza poniendo agua a hervir en una olla. Introduce los huevos en el agua cociéndolos durante exactamente 6 minutos. Retira los huevos del agua hirviendo y resérvalos para que se enfríen.

2. Mientras se enfrían los huevos, mezcla en un bol la mayonesa, la mostaza de Dijon (si la utilizas), la sal (sé generoso), la pimienta y los berros. Una vez fríos, pela los huevos y córtalos en cuartos. Con la ayuda de un tenedor, mezcla los huevos con la mayonesa; de este modo se descompondrán un poco más, pero la idea es que queden algunos trozos más gruesos. Los huevos estarán muy blandos después de 6 minutos de ebullición, por lo que las ricas yemas amarillas se mezclarán con la mayonesa grasa. Lo que se busca es un relleno de huevo líquido.

3. Coloca 4 rebanadas de pan en la tabla de cortar y cúbrelas con cantidades iguales del relleno de huevo con mayonesa, seguidas de un buen montón de patatas fritas. Coge las 4 últimas rebanadas de pan y úntalas con mantequilla. Cierra el sándwich colocando las rebanadas sobre las patatas, con la mantequilla hacia abajo. Disfruta del sándwich entero, o si quieres oír ese crujido satisfactorio de las

patatas fritas rompiéndose contra el relleno de mayonesa de huevo húmedo que rezuma, corta el sándwich por la mitad; los sándwiches triangulares son mejores que los rectangulares, por alguna razón. También es deseable que el relleno de huevo gotee un poco.

Milhojas de fresas y rosas

Para 4-6 personas
Las capas de hojaldre crujiente y mantecoso son el elemento estrella de este postre aparentemente fácil y muy impresionante. La magia de la textura radica en el encuentro del crujido del hojaldre con la crema suave y la fruta. La adición de las rosas te llevará en un viaje culinario: de una elegante pastelería francesa a una exótica noche árabe.

Ingredientes

Para la masa:
1 lámina de hojaldre
1 cucharada de azúcar glas

Para la crema:
600 ml de nata espesa
1 cucharada colmada de azúcar glas
¼ cucharadita de cardamomo molido
4 cucharadas de mermelada de rosas

Para la fruta:

400 g de fresas dulces maduras, cortadas en rodajas de 5 mm de grosor
2 cucharadas de mermelada de rosas
¼ cucharadita de pimienta blanca molida

Para decorar (opcional):
1 cucharada de pétalos de rosa secos o algunos pétalos de rosa frescos
1 cucharada de pistachos finamente picados u otros frutos secos de tu elección

Preparación

1. Precalentar el horno a 180 °C con ventilador.

2. Forrar una bandeja de horno con papel de hornear. Cortar la lámina de hojaldre en 3 rectángulos del mismo tamaño. Tomar 1 cucharada de azúcar glas y espolvorear los rectángulos de hojaldre por un lado con un colador pequeño, utilizando la mitad del azúcar glas del colador. Colocar la superficie espolvoreada de

los rectángulos de hojaldre boca abajo sobre la bandeja de horno forrada. Espolvorear la superficie superior del hojaldre con el azúcar glas restante.

3. Cubrir los rectángulos de hojaldre con otra hoja de papel de hornear y colocar encima otra bandeja de horno pesada para que la masa pese mientras se hornea. Meter en el horno durante 20 minutos. Sacar del horno y retirar la bandeja superior y el papel de hornear. Si la masa no está bien dorada, volver a meterla en el horno otros 5 minutos o hasta que adquiera el color deseado. Dejar que la masa se enfríe completamente sobre una rejilla. Asegúrate de manipular los rectángulos con cuidado para que no se rompan.

4. Verter la nata líquida en un cuenco hondo y batirla junto con el azúcar glas y el cardamomo molido hasta que esté firme. Añadir la mermelada de rosas y meter el bol en la nevera.

5. Macerar las fresas en mermelada de rosas y pimienta blanca. La pimienta realzará el sabor de las fresas sin que parezcan picantes (un pequeño truco que aprendí de Nigella Lawson). Dejar reposar 10 minutos antes de usar.

6. Para montar el milhojas, colocar una capa de hojaldre en un plato. Cubrir con un tercio de la nata (extendiéndola con una espátula), seguida de un tercio de las fresas. Colocar con cuidado la capa intermedia de hojaldre y repetir el proceso con un tercio de la nata, seguida de otra capa de hojaldre. Colocar la última capa de hojaldre en la parte superior de la pila, seguida de la crema y la fruta restantes. Si lo deseas, puedes untar la crema con una manga pastelera, pero también puedes hacerlo con una espátula y conseguirás un resultado natural y encantador. Para terminar, esparce sobre el milhojas montado algunos pétalos de rosa secos o frescos y los pistachos. Sírvelo inmediatamente.

Nota: si no puedes conseguir mermelada de rosas en tu supermercado local, busca en una tienda de comida turca u oriental. También puedes utilizar agua de rosas en lugar de mermelada de rosas, pero tendrás que aumentar la cantidad de azúcar que añades a la nata y las fresas.

Pastel de queso feta, espinacas, garbanzos y pasas sultanas doradas

Para 4-6 personas

Hay algo espectacular en los fragmentos de masa filo que se rompen contra el cuchillo al cortar este pastel. Se puede jugar con los rellenos; yo le he añadido puerros y garbanzos. Es un buen almuerzo de fin de semana y un plato fantástico para llevar a un picnic de verano.

Ingredientes

2 puerros cortados en rodajas finas
1 cucharada de aceite de oliva
1 lata de garbanzos escurrida
1 lata de 380 g de hojas de espinacas (no en puré)
200 g de queso feta
30 g de pasas sultanas doradas
Zumo de ½ limón
Ralladura de 1 limón
1 diente de ajo gordo, machacado hasta formar una pasta

1 cucharadita de orégano o tomillo
1 cucharadita de copos de guindilla
75 g de piñones tostados
75 g de mantequilla derretida
7-10 hojas de masa filo
1 cucharada de semillas de sésamo blanco o negro
Un chorrito de miel (opcional)
Necesitarás un molde redondo antiadherente de 23 cm.

Preparación

1. Precalentar el horno a 180 °C con ventilador. Freír los puerros en el aceite de oliva hasta que se ablanden, unos 5 minutos a fuego medio. Poner los puerros en un bol y dejar que se enfríen. Escurrir la lata de espinacas en un colador y desechar el agua.

2. Coger las hojas de espinaca y apretarlas bien para que suelten el agua. Te sorprenderá la cantidad de agua que sueltan. Poner las espinacas en el bol con los puerros, junto con los garbanzos, el queso feta, las pasas, el zumo y la ralladura de limón, el ajo, el orégano, los copos de guindilla y los piñones. Mezclar todo bien con un tenedor para que quede uniforme.

3. Untar el molde con un poco de mantequilla, colocar una lámina de masa filo, dejando un poco de margen en los bordes, untar con más mantequilla y colocar otra lámina sobre la primera en un án-

gulo de 45 grados. Repetir la operación con el resto de las hojas, superponiéndolas, hasta que se acaben.

4. Extender el relleno sobre la base de la tarta y luego juntar los bordes de filo para formar una corteza. Si hay una porción central de relleno que no queda cubierta, simplemente coge un trozo extra de masa, úntalo generosamente con mantequilla y arruga la masa para tapar el agujero. Esparcir por encima las semillas de sésamo.

5. Hornear durante unos 30 minutos o hasta que la masa adquiera un color dorado intenso. Dejar enfriar un poco antes de sacar la tarta del molde con cuidado utilizando una espátula ranurada o un cuchillo de paleta. Si lo deseas, puedes rociar la tarta con miel antes de servirla.

Nota: Utilizo espinacas en lata porque son baratas y siempre tengo alguna por ahí en la despensa. También puedes utilizar espinacas frescas, pero necesitarás ablandarlas por separado en una sartén, luego enfriarlas y escurrir la humedad hasta tener unos 240 g de hojas de espinacas cocidas y escurridas con las cuales trabajar.

Pollo frito con sésamo y mayonesa gochujang

Para 4 personas

Hay algo profundamente satisfactorio en ver pollo crujiente y dorado saliendo de cubas burbujeantes de aceite. Si eres londiense de nacimiento, sabrás de lo que estoy hablando. No recomiendo comer esto todos los días (es grasiento y salado), pero hay momentos en los que nada más que este crujiente pollo frito es suficiente para reponer el alma.

Ingredientes

300 ml de suero de leche
6 dientes de ajo gordos, machacados hasta formar una pasta o rallados con un rallador Microplane
1 trozo de jengibre del tamaño de un pulgar machacado hasta formar

una pasta o rallado con un rallador Microplane
2 cucharaditas de pimentón picante
2 cucharaditas de pimienta de Cayena
1 kg de muslos de pollo deshuesados y sin piel

150 g de harina común

75 g de harina de maíz (o harina de arroz)

125 g de semillas de sésamo (negras y/o blancas)

1 cucharadita colmada de sal

Aceite vegetal, para freír

Preparación

1. Mezclar el suero de leche, el ajo, el jengibre, el pimentón y la pimienta de Cayena en un cuenco para formar la marinada del pollo. Introducir el pollo en la marinada, cubrirlo con film transparente y dejarlo marinar 24 horas en la nevera.

2. Mezclar la harina normal, la harina de maíz, las semillas de sésamo y la sal en un cuenco poco profundo. Sacar el pollo del adobo y pasarlo por la harina sazonada.

3. Calentar el aceite vegetal en una freidora a 175 °C. Introducir 2 o 3 trozos de pollo en el aceite. Utiliza unas pinzas para girar el pollo cada 2-3 minutos aproximadamente. Los muslos de pollo tardarán entre 5 y 7 minutos en cocinarse completamente. En caso de duda, puedes comprobar que el pollo está cocido introduciendo una sonda de temperatura en la parte más gruesa del pollo; debe indicar al menos 73 °C. Escurrir el pollo en una rejilla de alambre colocada sobre una bandeja de horno que sirva para recoger la grasa caliente que gotee del pollo y evitar que se engrase.

4. Sírvelo caliente y crujiente, espolvoreado con un poco más de sal marina en escamas si lo deseas y una mayonesa gochujang (hecha con 6 cucharadas de mayonesa, 3 cucharadas de pasta coreana de guindilla gochujang, un chorrito de miel, el zumo de una lima y una pizca de sal).

Queso de cabra crujiente con miel y guindillas turcas Pul Biber

Para 4-6 personas

Sé que muchos de los llamados «amantes de la cocina» alzan la nariz ante los platos con queso de cabra, citando su astronómica popularidad a finales de los noventa. Pero estos bocados rezumantes y crujientes son una belleza atemporal. Solo espera hasta que el queso salado se funda dentro de la crujiente cáscara de pan rallado. Te garantizo que te dejarán sin palabras.

Ingredientes

480 g de queso de cabra (idealmente 4 troncos de 8 cm de largo, de 120 g cada uno)
4 cucharadas soperas colmadas de harina blanca común
2 huevos grandes, batidos

120 g de pan rallado panko
1 cucharadita colmada de copos de guindilla Pul Biber, y más para decorar
Aceite vegetal, para freír
1 cucharada de miel líquida

Preparación

1. Cortar el queso de cabra en rodajas de unos 2 centímetros de grosor. Yo suelo elegir un queso de cabra que no sea demasiado blando y que haya estado refrigerado para que sea más fácil trabajarlo.

2. Necesitarás 3 bandejas poco profundas: una con la harina, otra con los huevos batidos y la última con las migas de panko. Añade los copos de guindilla a los huevos y remueve suavemente con un tenedor para mezclar.

3. En primer lugar, reboza las rodajas de queso de cabra en la harina y quita el exceso. A continuación, pásalas por el huevo, asegurándote de que queden bien cubiertas. Sacude el exceso de huevo y vuelve a pasar el queso por la harina. Esto creará un sello pegajoso sobre el queso de cabra. Por último, pasa el queso por el pan rallado, golpeando suavemente para asegurarte de que quede bien adherido. Colócalo en un plato limpio y llévalo a la nevera hasta que esté listo para freír. Es un proceso sucio, así que es de esperar que queden los dedos pegajosos, ¡pero el esfuerzo merece la pena!

4. Cuando estés listo para ponerte a freír, vierte aceite vegetal en una sartén hasta que tenga aproximadamente 1 centímetro de profundidad. Deja que se caliente a fuego medio. El aceite estará listo cuando al echar en él unas migas de panko estas comiencen a chisporrotear. Fríe en tandas de 3 o 4, durante aproximadamente 2-3 minutos por cada lado, o hasta que las migas estén doradas y crujientes. Utiliza una espátula metálica para maniobrar el queso

de cabra en la sartén, ya que un tenedor puede perforar el reves-timiento y hacer que el queso se escape. Una vez que el queso de cabra esté listo, sácalo con una espátula a un plato forrado con papel de cocina para que escurra el exceso de aceite.

5. Para servir, coloca los bocaditos crujientes de queso de cabra en un plato, rocíalos con la miel y espolvoréalos generosamente con los copos de guindilla. Sirve inmediatamente y observa cómo los bocaditos de queso de cabra desaparecen más rápido de lo que puedes freír la siguiente tanda.

Capítulo 5

CONDIMENTA TU VIDA

L legados a este punto, puede que ya te hayas dado cuenta de que una gran parte de mi definición de bienestar digestivo y felicidad proviene de las experiencias que tienen lugar en mi boca cuando pruebo un bocado de comida. Me encanta saber cómo se complementan y amplifican mis sentidos para crear una experiencia sensorial.

Siendo del subcontinente indio, si escribiera un libro sobre cómo experimentamos la comida y no incluyera un capítulo sobre las especias, estoy segura de me revocarían mis credenciales sudasiáticas. Pero la realidad es que han pasado décadas, siglos incluso, desde que los alimentos especiados solo se encontraban en Asia o América Central y del Sur. De hecho, muchos de mis amigos estadounidenses y europeos toleran mejor (y disfrutan más) los alimentos especiados que yo. Creo que esto demuestra hasta qué punto las especias se han integrado en la cultura occidental.

Sin duda, el mundo no se habría explorado tan pronto y tan a fondo si no fuera por las especias y su valor. Cuando era niña, tenía un libro bellamente ilustrado sobre los viajes de Cristóbal Colón. Con la intención de navegar hacia el este, a la India, accidentalmente navegó hacia el oeste y terminó en las costas del Caribe y América del Sur. Se decía que viajaba *ad loca aromatum*: hacia los lugares de las especias, y, a pesar de su incapacidad para leer la brújula, tuvo éxito, regresando a Europa cargado de joyas como la guindilla, la pimienta de Jamaica y el lentisco. Sus viajes, y los de otros antes y después que él, han influido, a través de la acumulación de un mundo de conocimientos relacionados con las especias, en los perfiles gustativos de platos que aún comemos hoy. Por ejemplo, ¿qué sería de la paella sin azafrán? ¿Te imaginas una tarta de manzana sin canela? ¿Seguiría siendo biryani sin cardamomo? No es exagerado decir que donde iban las especias iba el dinero.

El valor relativo de casi todas las especias en la Alta y la Baja Edad Media hizo que el comercio de especias redibujara literalmente el mapa del mundo y fuera el motor que impulsó la economía mundial de la época. El mundo ha cambiado mucho desde entonces, pero nuestro insaciable apetito por las especias fue el motivo de creación de rutas comerciales que hoy en día se extienden por todo el globo. Y el mundo se está encogiendo ahora; hoy en día, puedes entrar en Internet mientras te tomas el café de la mañana, encargar algunas de las especias más raras del mundo y a la mañana siguiente tener a alguien llamando a tu puerta para entregártelas con una sonrisa y un saludo. Hace doscientos o trescientos años, esas especias habrían estado reservadas solo a reyes y reinas, con su precio correspondiente. Si lo piensas en estos términos, nunca volverás a dar por sentada la pimienta que hay en tu mesa.

Para que quede claro, en este capítulo hablaré primero de las especias en general (las semillas secas, la corteza o resina de la corteza, el estigma y las raíces de plantas recogidas en distintos estados de madurez que se encuentran en abundancia en la naturaleza), cómo se clasifican y cómo confieren beneficios medicinales. A continuación, me centraré en una especia concreta que goza de popularidad mundial: la guindilla. No trataré las diferentes hierbas que, a diferencia de las especias, son partes verdes y frondosas de las plantas. Así pues, espero que este capítulo sobre los efectos de las especias en el organismo resulte instructivo y ayude a aquellos de vosotros que las consideráis una parte esencial de vuestra vida (y también a aquellos de vosotros que no os gustan, pero sentís curiosidad) a comprender mejor cómo pueden aprovecharse sus beneficios para la salud. Así, las recetas que he incluido en este apartado están diseñadas para profundizar en el amor por los condimentos, ayudándote a aprovechar en tu propia cocina su inmenso poder curativo.

Especias: de la estantería a la sartén

De todos los platos que elijo cocinar, los que más me gustan son los especiados. Cocinar con especias es un arte que requiere no solo conocer a qué saben por sí mismas, sino también a qué saben cuando se combinan y cómo interactúan con los alimentos. Yo diría que cocinar confiado con especias es lo más cerca que están los cocineros de esa sensación de «fluidez» de la que hablan los músicos y los prodigios de las matemáticas: cuando el cuerpo se encarga de crear obras maestras sin necesidad de pensar en ello conscientemente.

Conseguir esa sensación de fluidez al cocinar con especias requiere mucha práctica y una buena dosis de ensayo y error. A medida que se practica, se aprende que algunas especias hay que tostarlas para que desprendan mejor su sabor, mientras que a otras conviene freírlas, a algunas, rehidratarlas, otras amargan y se decoloran a altas temperaturas, etcétera. Crecer en un hogar pakistaní en el que las especias eran omnipresentes en nuestras cenas no ha sido una mala experiencia, pero, en realidad, para cocinar con éxito platos bien condimentados, todo lo que se necesita es el deseo de experimentar con el contenido de un especiero y aprender de los errores y los aciertos. Es inútil pretender haber creado recetas que representen todo el espectro de especias, pero en este capítulo he incluido algunas muy apreciadas que celebran diferentes notas condimentadas.

Me encanta la forma en que las especias me ayudan a trasladar el mundo a mi mesa cada noche. Una noche estoy en Cachemira olisqueando un pilaf perfumado con azafrán, y la siguiente en Hungría, disfrutando de un paprikash de pollo. O puedo viajar a la India y encontrarme en un puesto del mercado de Mumbai, bajo un calor sofocante, donde me espera un clásico de la comida callejera llamado Aloo Bun Chaat, aderezado con especias picantes (véase la página 144).

Y aunque las especias pueden parecer desalentadoras al principio, garantizo que, tras unos cuantos intentos cocinando con ellas, habrás descubierto al menos dos o tres combinaciones y técnicas que puedes utilizar para, bueno, condimentar casi cualquier plato. Si aún te da pánico acceder a tu especiero, no te avergüences de utilizar mezclas de especias ya preparadas. «Ras el hanout», por ejemplo, es una maravillosa mezcla de especias marroquí que puede utilizarse en tajines, sopas, arroces y verduras. La mezcla de especias baharat se utiliza en la región del golfo Arábigo como aliño seco para asar carne o condimento para ternera, cordero, pollo, marisco y verduras. He escrito una receta de pollo baharat con albaricoques y almendras en la página 149 para presentarte esta versátil mezcla.

La pasta de harissa es otro de mis ingredientes favoritos. Las recetas que se han desarrollado en la última década celebrando su uso parecen interminables; basta con teclear «receta de harissa» en Google y explorar. Creo que la harissa se combina excepcionalmente bien con las berenjenas, y he incluido una receta para que la disfrutes en la página 147. El zaatar es otra hermosa mezcla levantina de especias (y hierbas) secas, popularizada por gente como Ottolenghi. Espolvoréalo sobre tomates asados o sobre tus sándwiches de pepino y queso fresco. Prueba la mezcla mexicana de guindilla y lima Tajín, espolvoreada sobre piña y mango frescos, o el chaat masala indio sobre manzanas, plátanos y garbanzos. Las opciones, más allá de la geografía y la cultura, son prácticamente infinitas.

Clasificación de las especias

Con la variedad de especias que existen en el mundo, clasificarlas en algo parecido a un sistema es una tarea hercúlea. Por suerte, alguien ha decidido hacerlo: el Dr. Stuart Farrimond, científico especializado en alimentación y escritor. Inspirándose en el mundo científico, ideó una tabla periódica de las especias, asignándolas a uno de los doce grupos de sabores clave, en función del compuesto aromático (las moléculas químicas que dan a las especias su sabor característico) más importante de cada uno. Como científica y cocinera a partes iguales, esto me produce una alegría inconmensurable.

Para los principiantes que deseen adentrarse en el mundo de las especias, el sistema de clasificación (arriba) puede resultar útil. Al comprender cómo se pueden agrupar las especias según su perfil de sabor, dispondrás de las herramientas necesarias para empezar a experimentar con ellas en la cocina de manera exitosa, lo cual te dará una sensación de empoderamiento invaluable.

Y para los que ya experimentan con las especias, el sistema puede ayudarlos a pensar de forma innovadora. ¿Se puede sustituir un ácido agridulce por un compuesto aldehídico afrutado para animar un plato clásico? ¿Existen combinaciones que se complementan entre sí y que antes no se nos ocurrían? Cuando elaboro recetas, me gusta hojear la tabla periódica de las especias y pensar en todas las que pueden combinarse en una alquimia mágica.

Cuando ingerimos especias, sus compuestos aromáticos liberan aromas que suben desde la garganta hasta la parte posterior de la nariz, donde, según el Dr. Farrimond, los experimentamos como si estuvieran en nuestra lengua.

PERIODIC TABLE OF SPICES

Taking inspiration from the scientific world, I have devised this Periodic Table of Spices as a starting point for a new way of thinking about spices.

Each of the main spices featured in this book has been assigned to one of 12 flavour groups, according to the flavour compound that is most important to its flavour profile.

Use the key below to identify the flavour group and turn back to pp12–13 for a full description of the characteristics defining each group.

Once you have familiarized yourself with the spice groupings, turn the page for step-by-step instructions on how to start using the Periodic Table of Spices to create your own pairings and unique blends.

KEY TO FLAVOUR GROUPS

Each group has been assigned a colour and the Spice Profiles on pp60–267 are outlined in their colours, with coloured borders matching the colours of the Periodic table to help with navigation.

Sweet Warming Phenols	Sweet-Sour Acids
Warming Terpenes	Fruity Aldehydes
Fragrant Terpenes	Toasty Pyrazines
Earthy Terpenes	Sulphurous Compounds
Penetrating Terpenes	Pungent Compounds
Citrus Terpenes	Unique Compounds

CINNAMON Ci · SICHUAN PEPPER Si · SESAME Se · PAPRIKA Pa · LEMONGRASS Le · DRIED LIME Li · VANILLA Va · LIQUORICE Lq · ANISE An

CASSIA Ca · GINGER Gi · GRAINS OF PARADISE Pr · WATTLE Wa · TAMARIND Ta · LEMON MYRTLE Lm · CUMIN Cu · MAHLEB Mb · STAR ANISE St

CLOVE Cl · CHILLI Ch · BLACK PEPPER Pe · GARLIC Ga · SUMAC Su · AMCHOOR Am · NIGELLA Ni · MASTIC Mc · FENNEL Fe

ALLSPICE Al · POPPY Po · SAFFRON Sa · ASAFOETIDA As · CAROB Cb · ANARDANA Ar · GRAINS OF SELIM Sl · JUNIPER Ju · CARAWAY Cw

NUTMEG Nu · AJWAIN Aj · FENUGREEK Fg · CURRY LEAF Cy · BARBERRY By · BAY Ba · BLACK CARDAMOM Bl · ROSE Ro · DILL Di

MACE Ma · CELERY SEED Ce · TURMERIC Tu · MUSTARD Mu · CACAO Cc · GALANGAL Gg · CARDAMOM Cm · CORIANDER Co · ANNATTO Ao

Extraído de *The Science of Spice* del Dr. Stuart Farrimond © Dorling Kindersley Limited. Publicado por Dorling Kindersley Limited y reproducido con su autorización.

Terpenos

Los terpenos son los compuestos aromatizantes más amplios y comunes. Pueden dividirse en cinco grupos:

1. **Los terpenos cálidos** dan a los alimentos sabores amaderados, amargos y picantes, como la nuez moscada y la macis. Estos compuestos aromáticos se evaporan fácilmente y, como resultado, pueden perderse con una cocción prolongada. Sin embargo, cuando se usan adecuadamente, pueden transformar las comidas. Piensa en la diferencia que hace un toque de nuez moscada al queso de coliflor o al strudel de manzana.

2. **Los terpenos terrosos** tienen un sabor suave, polvoriento y tostado, y aportan a los platos una esencia amaderada. Piensa en el comino y la nigella (o comino negro). Los sabores son solubles en aceite y perduran en el paladar. Prueba preparar terrosos kebabs de carne espolvoreados de comino sobre pan plano casero salpicado de semillas de comino negro.

3. **Los terpenos penetrantes** llegan a la parte posterior de la nariz y permanecen durante algún tiempo, y a menudo pueden tener sabores parecidos al eucalipto. Algunos ejemplos son el cardamomo y la galanga. Deben utilizarse con moderación debido a su sabor potencialmente abrumador. El helado de cardamomo y crema es perfecto con algunos pistachos tostados picados en un día de verano, pero es importante encontrar el equilibrio adecuado. Demasiado cardamomo se apoderará de un plato; muy poco, no sabrá a nada.

4. **Los terpenos fragantes** tienen un agradable sabor fresco, similar al pino o floral con matices amaderados. Son de acción rápida pero de vida corta, y no toleran bien los tiempos de cocción largos, dispersándose rápidamente en el aceite. Las semillas de cilantro, el enebro, el lentisco y la rosa se agrupan en esta categoría, y estos sabores suelen predominar en los platos de algunas zonas de Medio Oriente.

5. **Los terpenos cítricos** confieren a los alimentos un aroma ácido, refrescante y herbáceo. La hierba limón es un ejemplo clásico, al igual que las limas secas que se utilizan en los guisos persas para impartir una acidez terrosa al fondo del plato.

Fenoles dulces y cálidos

Se trata de un grupo de especias muy aromáticas y potentes, con sabor a anís y eucalipto y un ligero toque amargo, como el clavo, el hinojo y la canela. Los sabores se reducen muy paulatinamente durante la cocción. Junto con las cebollas caramelizadas, estas especias forman la base de una de mis comidas reconfortantes favoritas: el pilaf de cordero.

Ácidos agridulces

Son especias solubles en agua, a base de frutas, y suelen ir acompañadas de azúcares que amplifican los tonos afrutados y atenúan los sabores fuertes y ácidos. Entre las especias que entran en esta categoría están el amchur (mango en polvo), el anardana (granos de granada secos) o el chutney de tamarindo, especias muy utilizadas en platos callejeros como el chaat en toda la región del sur de Asia. En la receta clásica del chaat, las patatas y los garbanzos cortados en dados se aderezan con amchur y anardana, yogur azucarado, salsa de tamarindo y chutney de cilantro, y se cubren con crujientes trozos fritos de harina de garbanzo.

Aldehídos afrutados

Abundan en plantas frutales como el zumaque y el agracejo. Tienen un sabor afrutado, malteado, fresco y con matices sudorosos. Este grupo está experimentando un renacimiento y ahora está muy de moda en los círculos culinarios. El zumaque espolvoreado sobre hojas de ensalada ahora es un plato muy común en todos lados, y el arroz basmati con agracejo ha empezado a figurar en muchas mesas inspiradas en Medio Oriente.

Pirazinas tostadas

Calentadas a temperaturas superiores a 130 °C durante su elaboración, liberan la mayor parte de su sabor al freírlas o tostarlas en una sartén seca. Tienen tonos de nuez y caramelo que suelen ir acompañados de sabores ahumados, carnosos y panosos, como los del sésamo y el pimentón.

Compuestos sulfurosos

Altamente picantes y dominados por sabores como la cebolla y la carne con tonos de col o rábano picante, en altas concentraciones pueden resultar ligeramente desagradables. Algunos ejemplos son la mostaza y el ajo. Sin embargo, cuando se utilizan con moderación, son simplemente deliciosos: nada mejor que una cucharada de Dijon mezclada con patatas nuevas en mantequilla y sazonadas con sal y pimienta.

Compuestos picantes

Entre ellos se encuentran todas las variedades de guindillas. En realidad, no son sabores, sino sustancias químicas que secuestran ciertos nervios del dolor que normalmente enviarían señales de alerta al cerebro. Estos compuestos, como la piperina de la pimienta negra y la capsaicina de las guindillas, nos dan ese subidón que experimentamos al comer alimentos picantes.

También hay algunos **compuestos únicos** que no encajan en ninguno de los otros grupos, como el azafrán o la cúrcuma. Suelen combinarse bien con otras especias y aportan aromas distintivos a los platos. Me parece que con muy poco se puede llegar muy lejos cuando se cocina con estas especias, y a menudo me desconcierta que una receta pida una cucharadita entera de cúrcuma en un plato para cuatro personas. Media cucharadita es más que suficiente para dar color y sabor a cualquier plato para menos de cuatro personas, sin que resulte excesivo.

Cuando el armario de las especias se encuentra con el cajón de los medicamentos

Conocemos el efecto transformador que las especias pueden tener en nuestra cocina, pero ¿qué efecto (si lo hay) tienen en nuestra salud? Las especias también se han utilizado durante siglos por sus propiedades medicinales. Los antiguos egipcios las empleaban para embalsamar a sus muertos: el comino y el anís se utilizaban para enjuagar las entrañas de los difuntos, e incluso se encontró la tumba de Tutankamón adornada con semillas de comino negro y ajo. Dicen que Alejandro Magno se bañaba en teñidos de azafrán para curar las heridas de batalla, y que el médico griego Hipócrates tomaba nota de cientos de medicamentos diferentes, a los que atribuyó sus efectos curativos a las especias.

Aunque el uso histórico de las especias con fines medicinales es ampliamente reconocido, desgraciadamente la eficacia de estos compuestos en nuestra dieta actual no se ha estudiado de manera tan exhaustiva. Como médica y cocinera, creo que estoy en condiciones de afirmar que, dadas sus potenciales capacidades antioxidantes, antinflamatorias, anticancerígenas y reductoras de la glucosa y el colesterol, es una lástima que no utilicemos las especias y la dieta como complemento de la alopatía (es decir, de la medicina convencional).

Muchos estudios recientes de consumidores indican que ha aumentado el interés del público por aprender sobre las especias y sus beneficios para la salud, y que, dado el caso, la gente optaría más por ellas que por medicamentos convencionales. Esto debido a la percepción generalizada de que los ingredientes naturales podrían tener menos efectos secundarios. En mi trabajo, he comprobado que esto es cierto en muchos pacientes con diversas dolencias. Por ello, aquí nos centraremos en las tres especias más prometedoras en cuanto a sus beneficios relacionados con salud: la canela, la cúrcuma y el jengibre.

La canela

He pensado en iniciar el debate sobre la canela con algunos datos curiosos. Hay pruebas de que hace casi tres mil años los comerciantes árabes contaban historias sobre un temible *Cinnamologus* o «pájaro de la canela» para disuadir a posibles competidores de buscar la fuente de la especia. Afirmaban que el ave bestial hacía su nido con ramitas de canela y, para conseguir la especia, los comerciantes tenían que tentar al pájaro con trozos de carne. Cuando el ave *Cinnamologus* salía de su nido, las ramitas de canela caían al suelo; entonces los comerciantes, muy listos, recogían peligrosamente las preciosas ramitas y las llevaban a los mercados para comerciar con ellas.

Ahora bien, esta historia puede parecer una tontería, pero se rumorea que durante cientos de años los antiguos griegos y romanos se asustaron de la ruta de las especias por la historia del temible *Cinnamologus*. Afortunadamente, hoy en día la canela está disponible prácticamente en cualquier esquina y ha pasado a formar parte del repertorio culinario a nivel mundial.

Yo adoro un buen rollo de canela. Los remolinos de suave pan blanco cubiertos de dulce y aromática canela y glaseado blanco y pegajoso. La canela es una especia muy emotiva, que marca la festividad y la calidez. El aroma de la canela flota en el aire en Navidad mientras el vino caliente, los pasteles de carne y el pudin de Navidad adornan la mesa. Pero, fuera de su delicioso sabor, ¿nos ofrece algún beneficio para la salud? ¿Podría un humilde rollo de canela ser bueno para nuestro organismo?

Existen pruebas de que los extractos de canela contienen propiedades antibacterianas, y son capaces de atacar a los principales patógenos respiratorios y gastrointestinales. Esto se ha comprobado solo en exámenes de laboratorio con animales, no en ensayos con humanos, pero los resultados son alentadores. También se cree que la canela tiene propiedades antinflamatorias y antioxidantes (una sustancia química que previene o ralentiza el daño que el oxígeno produce en las células), y pequeños estudios demuestran que puede ayudar a eliminar los dañinos radicales libres (moléculas inestables que pueden dañar las células del organismo). Las células dañadas por los radicales libres pueden provocar enfermedades como la diabetes, el endurecimiento de los vasos sanguíneos y la hipertensión, por lo que los beneficios de la canela para la salud, si se comprueban, no son insignificantes.

Los suplementos de canela añadidos a la medicación estándar para la diabetes, junto con otras terapias de estilo de vida, también han mostrado cierto éxito en el control de los niveles de azúcar en sangre de los diabéticos (pero debido al alto contenido de grasa y azúcar, probablemente aún me abstendría de consumir canela en forma de pastel de carne, pudin de Navidad y tarta de manzana, ¡siempre que se pueda!). Los extractos líquidos de canela pueden inhibir la actividad de las «proteínas tau», responsables del desarrollo de la enfermedad de Alzheimer, pero esto no se ha demostrado en humanos, solo en estudios de laboratorio.

No pretendo que la canela (o cualquiera de las otras especias de este capítulo) se utilice exclusivamente para tratar dolencias. Se trata más bien de explicar que existe un enorme potencial en ella y que deberíamos investigar sus beneficios más a fondo. Por el momento es difícil sacar conclusiones definitivas sobre las propiedades medicinales de la canela, pero, basándonos en las escasas investigaciones disponibles, los primeros resultados parecen favorables.

Así pues, mi opinión es que un poco más de canela en forma de té o suplemento (o, me atrevería a decir, un rollo de canela de vez en cuando) probablemente no te haga ningún daño, sino que te aporte algunos beneficios (más que bienvenidos) para la salud. ¿Probarías añadirla a tu dieta?

La cúrcuma

Hay algo muy seductor en el atrevido tono amarillo de la cúrcuma (cuando no te deja manchadas las yemas de los dedos durante quince días, claro). No creo equivocarme al afirmar que los grandes medios de comunicación la han elegido, entre todas las especias, como la favorita para explotar sus posibles beneficios para la salud en la prensa.

Existen pruebas fehacientes de que la cúrcuma posee una potente actividad antinflamatoria y antioxidante y que absorbe los radicales libres. Los suplementos de cúrcuma pueden reducir la actividad inflamatoria al inhibir las sustancias que la provocan. Por ejemplo, han demostrado cierto éxito limitado en pacientes con enfermedad inflamatoria intestinal, reduciendo la gravedad o la frecuencia de los episodios de inflamación. Los estudios, tanto en laboratorio como en animales y seres humanos, han demostrado que la cúrcuma puede ser beneficiosa para las personas con problemas relacionados con la función cardiaca, la salud vascular y el colesterol. Los ensayos piloto de suplementos de cúrcuma para tratar los síntomas del síndrome del intestino irritable (SII) mostraron que dos tercios de las personas que tomaron los suplementos sintieron cierta mejoría de los síntomas después de ocho semanas de tomarlos. Otro estudio analizó los suplementos de cúrcuma en el tratamiento de pacientes con osteoartritis. Los pacientes que tomaron 2 gramos de curcumina (una sustancia química de la cúrcuma) al día durante seis semanas informaron de efectos analgésicos similares a los de los que habían recibido con 800 miligramos al día de ibuprofeno; lo cual, si alguna vez has visto lo rápido que 800 miligramos de ibuprofeno pueden aliviar un fuerte dolor de cabeza, reconocerás como un resultado enormemente positivo.

Aunque cada vez hay más pruebas de que la cúrcuma posee una serie de propiedades beneficiosas, su uso aún no ha llegado a la práctica clínica. En cualquier caso, no te hará ningún daño utilizarla. Y no hace falta que te tomes uno de esos infames cafés con cúrcuma para obtener tu dosis diaria. Prueba agregar cúrcuma fresca rallada a los huevos. O mezclar cúrcuma en el yogur con un poco de aceite de oliva, sal y miel para hacer un aderezo para ensaladas amarillo como el sol, o simplemente añádelo al agua caliente con un poco de jengibre y limón para preparar un té de cúrcuma. Me encanta añadir cúrcuma a mi propia versión de la sopa de pollo. Me hace sentir infinitamente mejor cuando tengo un resfriado desagradable. He incluido la receta aquí para ti (ver la página siguiente). Una nota de precaución: por favor, no sustituyas los medicamentos que te ha recetado tu médico por cúrcuma. El mensaje general es que añadirla a tu dieta un poco más probablemente que te haga ningún daño; de hecho, lo más probable es que te haga algún bien.

La sopa de pollo antinflamatoria

Para 4 personas

Seguramente muchos de vosotros ya tenéis una codiciada receta de sopa de pollo que ha pasado de generación en generación en vuestra familia. De hecho, es una de las comidas más reconfortantes y fáciles de cocinar desde cero. Lamentablemente, las versiones industriales no serán suficientes. ¡Lo siento, Sr. Campbell!

La adición de cúrcuma, famosa por sus propiedades antinflamatorias, junto con los trocitos de cebada perlada, ricos en fibra, hace que esta receta sea particularmente especial. Me alegra mucho poder decir que siempre que he hecho esta sopa para amigos y familiares que están enfermos se han sentido mucho mejor después de comerla; ¡incluso mi marido, con su gripe masculina! Lo cual ya es mucho decir.

Ingredientes

1 cebolla mediana, cortada en rodajas finas

2 cucharadas de aceite de oliva virgen extra

1 kg de pollo, troceado y sin piel

1 cucharadita de cúrcuma en polvo (o 1 cucharadita de cúrcuma fresca rallada)

150 g de cebada perlada seca

½ cucharadita de semillas de comino

1 cucharadita de semillas de hinojo

1 hoja de laurel

6 dientes de ajo

1 trozo de jengibre del tamaño de un dedo pulgar, cortado en trozos grandes

1,2 l de caldo de pollo ligero

1 cucharada colmada de harina de maíz (opcional)

Zumo de 1 limón

½ cucharadita de hojuelas de guindilla picante

1 puñado de perejil de hoja plana finamente picado

Sal al gusto

Preparación

1. Sofríe la cebolla en aceite de oliva en una olla grande hasta que adquiera un color dorado claro; esto tarda unos 6-8 minutos. Ahora añade los trozos de pollo y deja que se sellen y se doren por todos lados (unos 5 minutos). Añade la cúrcuma, la cebada perlada, las semillas de comino e hinojo, la hoja de laurel, los dientes de ajo y el jengibre al pollo y las cebollas. Añade el caldo de pollo y lleva a ebullición. Deja que cueza a fuego medio durante 1 hora aproximadamente. Si la sartén empieza a estar un poco seca, rellénala

con pequeñas cantidades de agua del hervidor. Al cabo de 1 hora, apaga el fuego y deja que el contenido de la olla se enfríe.

2. La siguiente fase consiste en utilizar las manos. Saca los trozos de pollo enfriados y desmenuza la carne de los huesos. Ten cuidado de no desmenuzar demasiado fino en esta fase, ya que las fibras del pollo se desintegrarán más al cocinarse. Desecha los huesos y devuelve la carne de pollo a la olla. Desecha la hoja de laurel y los trozos de jengibre. Llena la olla con unos 500 mililitros de agua caliente para que vuelva a tener consistencia de sopa/caldo y llévalo todo a ebullición.

3. En este punto tienes dos opciones: puedes dejar la sopa tal cual o, si prefieres una consistencia más espesa, disolver la harina de maíz en un poco de agua, para formar una solución parecida a la nata, e incorporar la mezcla a la sopa. Tras unos minutos de ebullición, notarás que la sopa ha espesado considerablemente.

4. Sazona con sal al gusto (ten en cuenta que algunos caldos de pollo ya contienen sal, por lo que es posible que no desees añadir más). Antes de servir, echa un chorro de zumo de limón, añade el puñado de perejil y espolvorea con las hojuelas de guindilla.

Nota: el caldo no es imprescindible, puedes utilizar agua. El uso de caldo, por supuesto, intensificará los sabores de la sopa. Puedes sustituir las hojuelas de guindilla por hojuelas de pimentón dulce (que a mí me encantan) o por guindillas frescas, rojas o verdes, según el nivel de picante que deseas conseguir.

Jengibre

El jengibre es una de esas cosas que todas las abuelas, en algún momento u otro, han sugerido para aliviar el malestar estomacal. Y la verdad es que puede que tu abuela no se equivocara. Estudios recientes han mostrado que el jengibre es una forma segura y eficaz de reducir las náuseas y los vómitos en el embarazo, así como las náuseas experimentadas durante la quimioterapia. Y dado que estas son dos de las cosas que más náuseas pueden provocar en un cuerpo (aparte de que alguien pronuncie espresso como *expresso*), es una prueba bastante contundente a favor de esta raíz.

Conocí las propiedades beneficiosas antieméticas (para evitar las náuseas) del jengibre durante mi primer embarazo. Tenía unas náuseas matutinas terribles, y el pútrido olor a… bueno, a caca, en la sala de gastroenterología donde trabajaba, me hacía vomitar todos los días sin falta. Una enfermera, con la que siempre estaré en deuda, me sugirió que probara ponerme un trocito de jengibre entre los dientes posteriores y las encías para controlar los síntomas. Al principio era escéptica, pero por supuesto que funcionó. Se acabó lo de ir corriendo al baño por estar enferma a mitad de las rondas.

Se necesitan más ensayos clínicos para extraer conclusiones definitivas sobre los beneficios cardiovasculares del jengibre, pero los primeros estudios sugieren que puede impedir que se aglutinen las plaquetas, una de las causas de los infartos de miocardio.

Me encanta el sabor picante del jengibre, ardiente cuando está crudo, pero suave como un cálido abrazo cuando se cocina. Además, el jengibre es muy versátil y se combina genial tanto con sabores dulces como salados. Cuando era pequeña, me encantaban las galletas crujientes de jengibre (ahora las desmenuzo en el helado, junto con trocitos de jengibre confitado y zumo de jengibre), pero se encuentra igualmente bien en un curri verde tailandés o en un plato salado indio.

La historia de la capsaicina

De niña, la noche del viernes era mi favorita de la semana. Nos acostábamos tan tarde como queríamos y, por fin, después de una dura semana de trabajo, toda la familia podía sentarse y compartir un rato juntos. Mis padres, ambos médicos del NHS, estaban siempre agotados, y cocinar para dos adultos y tres niños era una de las cosas que menos les apetecía hacer. La comida para llevar nunca fue una opción porque mi madre, tradicionalista, pensaba que cualquier cosa que nos trajeran perdería su textura en el tiempo que tardaría en llegar de la cocina hasta nuestro hogar.

Sin embargo, creía firmemente en la experiencia de comer en restaurantes. Para ella, una deliciosa comida fuera de casa era la mejor forma de aliviar el estrés de la semana laboral. Así que, con el tiempo, los tres hermanos nos acostumbramos a que la noche del viernes fuera noche de restaurante. Recorrimos los mejores restaurantes que rodeaban nuestra casa en un radio de 8 kilómetros, y muchos de los peores.

No dejamos piedra sobre piedra. Los probamos todos, desde los restaurantes de lujo con manteles blancos y raciones minúsculas (los que menos me gustaban) hasta los de tres mesitas, paredes agujereadas y una cola de cuarenta y cinco minutos (mis preferidos).

Nuestra familia entabló amistad con los dueños de los restaurantes y con el personal, lo que profundizó la experiencia culinaria de mis padres; también, para nosotros, significó que el camarero colara de vez en cuando una bola extra de helado en cada uno de nuestros cuencos de postre. Estos *chefs*, restauradores y camareros se convirtieron en nuestra familia de los viernes durante casi dos décadas, saludándonos por nuestro nombre y recibiéndonos con grandes sonrisas y uno que otro gracioso chiste infantil.

Las noticias sobre buenos restaurantes corren rápido. Nos enteramos, por un amigo de un amigo que conocía a un tipo, de que a cinco minutos de casa habían abierto un nuevo restaurante llamado Spice Dragon. Servían una cocina de fusión de la que nunca había oído hablar, la indochina, y me pareció intrigante, dado que me encantaba la comida india y china a partes iguales. A mi padre, por su parte, le atraía el corto trayecto en coche y la perspectiva de un amplio aparcamiento; al resto de nosotros, la posibilidad de comer dos de nuestras cocinas favoritas en un mismo plato. Las estrellas se habían alineado a favor del restaurante y teníamos hambre, así que fuimos.

Spice Dragon era un local diminuto, con capacidad para unos veinte comensales a la vez. La fachada era de color naranja brillante y estaba decorada con la imagen de un dragón chino de ojos feroces, con fuego saliendo de su boca y una guirnalda de guindillas adornando su cuello. Las mesas estaban bien dispuestas, con una serie de chutneys y papadams en el centro. En la pared del fondo había un televisor en el que se repetían viejas canciones indias. Las cuatro paredes estaban pintadas de un color granate intenso y del techo colgaban grandes farolillos de papel blanco. La combinación daba al lugar una sensación claustrofóbica, sofocante y pesada, pero la actitud del dueño era ligera y acogedora. Al entrar, el olor a vinagre y salsa de soja flotaba en el aire, haciendo que se nos humedecieran los ojos mientras nos aclimatábamos al ambiente. Y, como ya he dicho, teníamos hambre.

El menú era tan intrigante como la decoración. Platos de los que nunca había oído hablar saltaban a la vista: fideos haka, pollo manchuriano, champiñones crujientes al estilo de Sichuan, piruletas de verduras, paneer con guindilla y ajo y pimientos verdes. Me quedé fascinada. Mientras mi madre pedía, el camarero, con su camiseta de color escarlata, le preguntó qué tan picantes queríamos los platos. Cada uno de sus tres hijos había sido entrenado para comer comida con todos los niveles de picante, así que la pregunta fue fácil para mi madre. «Medio, por favor», respondió. Nosotros entendíamos «medio» como lo suficientemente picante para dar sabor, pero no tanto como para derretirte la cara.

Veinte minutos más tarde llegó la comida, con un aspecto y un olor fabulosos. La discusión sobre el mejor plato de la noche era una parte obligatoria del viaje de vuelta a casa, así que llenamos nuestros platos con una muestra de cada uno, listos para emitir un juicio. Nuestras opiniones serían diseccionadas por el resto de la familia en el coche, así que tuvimos que considerar cuidadosamente qué era lo que realmente destacaba de la comida para nosotros.

Para mí, el plato más atractivo de la noche fue el paneer al ajillo con pimientos verdes. Cubos de crujiente paneer, fritos en harina de arroz, mezclados con salsa de soja y ajo y salteados con finas rodajas de pimientos verdes. Una toque de cebolleta finamente picada y semillas de sésamo tostadas adornaban el montón de cubos de paneer, completando el plato antes de ser servido. El vapor empañaba las gafas de mi padre, pero era una forma de recordarnos a todos los comensales que el plato había salido del wok hacía solo unos segundos.

Me metí unos trozos de paneer y pimiento verde en la boca, que se llenó inmediatamente de más sabores y texturas de los que podía reconocer, cada uno dando paso a algo mejor. El ajo y la soja salada fueron los primeros, seguidos del sésamo terroso y las cebolletas frescas. Pero cuando mordí el crujiente paneer, las cosas cambiaron rápidamente. El fuego se extendió por toda mi boca, cubriendo mi lengua y mis mejillas con lo que sentí como el calor de mil soles. Las lágrimas empezaron a correr por mi cara y mis mejillas se sonrojaron. Durante los segundos siguientes, mientras mi cuerpo asimilaba la agresión, el tiempo se detuvo. Miré hacia mi madre, su imagen borrosa a través de mis ojos llenos de lágrimas. «Mamá —susurré, no porque intentara ser discreta, sino porque físicamente no podía hacer ningún ruido más fuerte—. Creo que el plato de paneer lleva guindillas verdes».

Tenía trece años y, como la mayoría de los treceañeros, no podía ser más vergonzosa. Lo último que quería era llamar la atención sobre mi situación o montar una escena, pero aquello era demasiado para mí. La nariz me empezaba a gotear y tenía los labios completamente entumecidos. Empecé a pensar en quién debería pronunciar el primer elogio en mi funeral.

Al darse cuenta de mi malestar, mi madre acudió al rescate. «Toma, bebe agua fría», me dijo, dándome una botella del líquido frío que creía que me salvaría. La cogí y me la bebí de un trago, pero ya todos los comensales habían dejado de comer y observaban mi cara rosada con interés. Pude ver a mi hermana sonriendo, intentando controlar la risa. Mi hermano soltó una risita, pero luego, al recordar que yo era mucho más grande que él y que mis padres no siempre estarían ahí para protegerlo, apartó rápidamente la mirada, evitando la mía.

El agua ayudó, pero solo mientras estuvo en mi boca. En cuanto bajó por mi gaznate, otra oleada de guindilla se apoderó de mí. Las cosas iban de mal en peor. La lengua, aunque dolorosa, no era el principal problema. Sentía la garganta como si alguien la estuviera inflando con una bomba de bicicleta, y el estómago empezaba a llenarse del mismo calor que ya se había instalado en mi boca. Por primera vez en mi vida, sentí ardor de estómago. Dondequiera que viajaba la guindilla verde, le seguía una ráfaga de fuego y agonía. Inesperadamente, también sentí una oleada de adrenalina. Todos mis sentidos se agudizaron de repente. Era mucho más que una experiencia gustativa: era auténtico dolor.

«¡Necesita yogur, no agua!», oí que decían en la mesa de al lado. La familia que estaba allí se había enterado de mi sufrimiento y estaba claro que ya habían pasado por esa situación. El camarero llegó con un plato lleno de yogur rociado con miel. Mi madre, que buscaba a alguien a quien culpar de mi lamentable situación, vio la oportunidad de intervenir. «Lo he pedido medio picante, ¿por qué me lo has traído extra picante? —preguntó, no con maldad, sino en un tono que solo existe cuando una madre está regañando a alguien—. Has puesto guindilla verde en vez de pimientos verdes».

El camarero pareció confundido por un momento. «No, señora —dijo—. Le aseguro que es solo medio picante». Nos explicó que el suave tenía dos guindillas verdes, el medio cuatro y el picante seis.

Disculpe, ¿cuatro qué? «Guindillas verdes, señora». Así que la causa de mi agonía fue un error de traducción al utilizar la palabra «pimiento» como sinónimo de la palabra «guindilla» en el menú. Siguió una larga discusión entre mi madre y el camarero sobre la diferencia entre pimientos verdes y guindillas verdes, la cual escuché tomando sorbos de mi yogur endulzado con miel, apreciando sus mágicos efectos calmantes sobre mi cuerpo empapado de sudor. También me sentía muy viva, caliente de pies a cabeza, con todos los sentidos y terminaciones nerviosas de mi cuerpo completamente despiertos. Si entornaba los ojos, casi podía parecer un poco eufórica.

Cuando salimos del restaurante, recuerdo que mi madre, haciendo gala de su particular sentido del humor, exclamó: «Por algo lo llaman Spice Dragon, ¿no?». Dejando atrás las experiencias cercanas a la muerte, volvimos en varias ocasiones, normalmente en invierno, cuando nuestro antojo de comida caliente y picante se volvía abrumador. Cada vez que abríamos el menú, veíamos cómo habían tachado con rotulador permanente la palabra «pimientos» y la habían sustituido por «guindillas», escrita en letras grandes. Sin embargo, siempre nos asegurábamos de pedir suave en lugar de medio. No puedo ni imaginar cómo sería el picante «fuerte», pero estoy segura de que no lo sobreviviría.

Desde aquella noche en el Spice Dragon, probar pequeñas cantidades de guindilla y usarlas con precaución para condimentar mi comida se ha vuelto un pasatiempo, pero hay quien se toma las cosas mucho más en serio. Hoy en día, la búsqueda del picante más intenso es un deporte de competición. En 2016, un hombre fue hospitalizado tras intentar comerse diez alitas de pollo bañadas en salsa de chile Carolina Reaper (consiguió comerse tres) y en todo el mundo se llevan a cabo cientos de competiciones de consumo de guindilla donde se enfrentan locos e intrépidos para comer los alimentos más picantes del mundo. Incluso existe un nombre para este subgrupo del mundo culinario: a las personas amantes de los alimentos muy picantes se les conoce como «pirogourmaníacos».

No soy pirogourmaníaca ni mucho menos. Prefiero que mis comidas tengan un toque sutil, que la guindilla sea un añadido pensado para complementar otros sabores. En este momento veo en mi frigorífico un poco de pasta de guindilla roja tailandesa, un bote de pasta de especias gochujang, un poco de pasta de pimiento rojo turco, unas cuantas guindillas verdes y algunos pimientos Scotch Bonnet. En el armario de la despensa hay una selección de guindillas en polvo de diferentes concentraciones, un bote de salsa sriracha, un poco de tabasco y (porque los macarrones con queso no son lo mismo sin ella) un bote de salsa picante jamaicana.

Pensándolo bien, quizá debería replantearme mis tendencias pirogourmaníacas…

Chilli paneer

Para 2 personas

Este plato es realmente picante. Añade tantas o tan pocas guindillas verdes como puedas tolerar. Prueba a usar una salsa de guindillas como la sriracha o la salsa de guindilla con ajo Maggi (la que más me gusta), en lugar de Tabasco o salsa picante, que probablemente sea demasiado acre.

Ingredientes

1 cucharadita de pasta de jengibre
1 cucharadita de pasta de ajo
1 cucharadita de salsa de soja
1 cucharadita de salsa de ostras
1 cucharadita de aceite de sésamo
4 cucharadas de salsa de guindilla
500 g de dados de paneer

1 cucharada de harina común
3 cucharadas de aceite vegetal
1 pimiento verde, cortado en rodajas finas
2-6 guindillas verdes (al gusto)
1 cucharadita de sésamo blanco tostado, para decorar

Preparación

1. Empezar mezclando las pastas de jengibre y ajo, las salsas de soja y de ostras, el aceite de sésamo y la salsa de guindilla con 3 cucharadas de agua. Reservar.

2. Pasar suavemente los dados de paneer por la harina para rebozarlos. Calentar el aceite vegetal en una sartén antiadherente a fuego medio. Añadir los dados de paneer al aceite caliente y desechar el exceso de harina. Freír los dados de paneer hasta que estén dorados por todos lados. Remover regularmente mientras se fríen para que todos los lados de los dados se doren por igual. Sacar el paneer de la sartén con una espumadera y escurrirlo en papel de cocina.

3. Mientras el aceite residual de la sartén sigue caliente, freír en él las rodajas de pimiento verde. Para que pierdan su crudeza pero queden crujientes, tarda unos 2 minutos.

4. Para completar el plato, volver a añadir los dados de paneer a la sartén con los pimientos verdes y verter la salsa de guindilla. Mezclar todo bien para que cada cubito de paneer quede to-

talmente cubierto por la salsa. Tras 2-3 minutos en la sartén, la salsa habrá glaseado todos los dados de paneer. Por último, antes de servir, añadir las guindillas verdes y espolvorear con semillas de sésamo.

Guindilla: domar a una bestia indómita

Nada puede alejarte más de una sensación de bienestar digestivo y felicidad que sudar la gota gorda porque accidentalmente has puesto demasiada guindilla en tu cocina. Pero dominar este ingrediente, tan controvertido que hasta los cocineros más experimentados lo rehúyen, puede añadir un elemento de maestría en tu cocina: es la diferencia entre saber tres acordes de piano y ser capaz de tocar de memoria la *Quinta* de Beethoven.

¿Qué es la guindilla? ¿Y cómo se domestica esta bestia indómita?

Si bien hay cientos de especias, hay solo cinco especies picantes domesticadas. Estas cinco especies dan lugar a miles de variantes completamente distintas, desde el pimiento dulce hasta el mortal Carolina Reaper (el chile más picante del mundo, que ha llevado a muchísimas personas al hospital). La guindilla pertenece al género *Capsicum*, y en términos hortícolas es primo del tomate, la berenjena y las bayas de goji por su tallo en forma de sombrero (o pedúnculo). La palabra «chile» proviene de un antiguo dialecto azteca, y «pimiento» se añadió cuando el explorador Cristóbal Colón y sus compatriotas confundieron el chile con un pariente de la pimienta negra.

Se cree que los chiles o guindillas se comieron por primera vez en México en el año 7000 a. C. Los aztecas, muy industriales, preparaban una bebida caliente de chocolate y guindilla, inventando la bebida caliente especiada mucho antes de que el café con leche y especias de calabaza fuera siquiera un destello en los ojos del sr. Starbucks. Pero la guindilla no llegó a las costas europeas hasta la década de 1490, gracias a las hazañas de Cristóbal Colón. A partir de ahí, se extendió por todo el mundo, llegando a la India, África y, finalmente, el Sudeste Asiático, donde se cultivaron muchas más variedades. Al ver el potencial de la guindilla, las comunidades locales no tardaron en acogerlo y asimilarlo en sus cocinas. Hoy, está tan presente en la cocina oriental que resulta extraño imaginar un curri indio o un rendang malayo sin ese toque picante.

¿Qué es exactamente el picante?

Hablamos del picante como si fuera un sabor, pero a diferencia del dulce, el salado, el amargo, el umami y el ácido, el picante no lo detectan nuestras papilas gustativas. ¡Shock, horror, *sacré bleu*!

La familia de compuestos responsables del picante de las guindillas son los capsaicinoides, siendo el más conocido la capsaicina. La capsaicina es un compuesto alcaloide que se encuentra en la pulpa de las guindillas, más concentrado en las partes blancas que sujetan las semillas. Cuando se toma el primer sorbo de curri laksa picante, son las moléculas de capsaicina las que se unen a un receptor de la boca llamado, de forma bastante pegadiza, «canal de cationes de potencial receptor transitorio de la subfamilia vanilloide, miembro 1».

Por suerte, la mayoría de la gente que tiene que decir esto muchas veces lo llama por sus siglas en inglés TRPV1 (pronunciado *trip vee one*) para abreviar. El TRPV1 se encuentra en muchas partes del cuerpo, no solo en la boca, y cualquiera que se haya frotado alguna vez los ojos o se haya limpiado el trasero después de manipular guindilla dará fe de ello. Pero, sobre todo, el receptor está repartido por las membranas de la boca, la garganta, la lengua y el paladar. Y la razón por la que el picante nos afecta tanto es porque la capsaicina se ajusta al TRPV1 como el proverbial dedo en el anillo más perfecto y personalizado.

El receptor TRPV1 está diseñado para activarse en respuesta al calor extremo. Así que cuando sentimos que la boca nos arde después de comer una guindilla es porque nuestro cerebro piensa que la boca se nos está quemando literalmente. El número y la distribución de los receptores TRPV1 en la boca varía de una persona a otra, lo que explica por qué, si nos comparamos con otros, sentimos la sensación de «calor» en zonas diferentes. Por mi experiencia en el restaurante Spice Dragon, puedo decir que mis receptores parecen estar situados sobre todo en la parte posterior de la garganta y en lo que parece el fondo de las orejas. Curiosamente, mi lengua no siente tanto el calor.

El TRPV1 se comunica con el cerebro a través del sistema nervioso. Cuando la capsaicina activa el receptor TRPV1, se activan los nervios, que envían un mensaje al cerebro para su interpretación. Pero los nervios que transmiten los mensajes entre los receptores TRPV1 y el cerebro no son los que comunican la información sobre el sabor, sino que comunican el tacto. Así que, aunque las guindillas tienen cierto olor y muchos juran que pueden «saborearlas», la realidad es que siguen siendo, en su mayor parte, instrumentos del tacto. Y, como tales, también son instrumentos de dolor. Pero, si las guindillas pueden causarnos dolor, ¿por qué nos acercamos a ellas? Nadie sabe realmente por qué los humanos empezaron a comer guindillas de forma tan masoquista. A diferencia de los mamíferos, los pájaros carecen de receptores TRPV1 y son capaces de masticar guindillas alegremente, dispersando sus semillas en el proceso y ayudando a la siguiente generación a echar raíces.

Y lo cierto es que el ardor de las guindillas nos produce cierto placer. El dolor que producen provoca la liberación de endorfinas, el equivalente de la morfina en el cuerpo humano. Las endorfinas crean una sensación de euforia, parecida a la que experimentan los corredores que se esfuerzan al máximo. Básicamente, cuando el cuerpo cree que está a punto de quebrarse, libera endorfinas para que nuestro fallecimiento sea un poco menos terrible, y esto ocurre con experiencias traumáticas como la ingestión de guindillas y el ejercicio. El cuerpo también libera dopamina, nuestra sustancia química de recompensa, para decirnos que repitamos estas acciones, que es quizá la razón por la que algunos locos deciden comer chiles Carolina Reaper (o aún más loco, salir a correr) más de una vez en su vida.

Tuve el placer de conocer a Shahina Waseem, una auténtica celebridad de la guindilla, durante el rodaje de un programa de televisión para la BBC. Hace unos años saltó a la fama internacional en el mundo de las guindillas por comerse la friolera de cincuenta y un chiles Carolina Reaper consecutivamente en menos de catorce minutos.

Lo primero que pensé cuando conocí a Shahina fue que podría ser portadora de una mutación genética por la que sus receptores TRPV1 no funcionaban, o al menos funcionaban menos que los de los demás. Pero, según me explicó, cuando come guindillas experimenta muchos de los síntomas que tú y yo tenemos: las mejillas enrojecidas, el dolor, los ojos llorosos, el ardor de estómago (una sensación de quemazón en el pecho, detrás del esternón), así como la inevitable acción defecatoria posterior «menos que ideal». Así que, quizá, para Shahina comerse un Carolina Reaper sea como subirse a una montaña rusa: disfruta de la emoción, aunque la sensación inmediata sea de intenso dolor. De hecho, los estudios sugieren que los amantes de la comida muy picantes son más propensos a disfrutar de otras actividades que disparan la adrenalina, como el *puenting*, el parapente o los juegos de azar.

Podría ser que el amor por la comida picante fuera una preferencia genética, transmitida de padres a hijos. Sin embargo, que yo sepa, en la familia de Shahina no hay ninguna otra reina del picante a nivel de campeonato. Pero ¿qué hay del desarrollo de una tolerancia a las especias a través de la exposición repetida a la capsaicina? ¿Podemos aumentar nuestra tolerancia comiendo más Carolina Reapers? Hasta ahora, los estudios indican que el dolor por la exposición a la guindilla probablemente no mejora, pero lo que sí puede aumentar es tu umbral de dolor. De hecho, los investigadores han descubierto que a las personas amantes del picante no les resulta menos dolorosa la sensación de ardor de la guindilla en comparación con aquellas que no lo disfrutan; simplemente les gusta experimentar esa sensación de dolor. Así que, aunque comer muchas guindillas no hará que el dolor sea menos doloroso, lo que puede hacer es aumentar tu tolerancia general. Lo cual, seamos sinceros, te será muy útil al día siguiente en el baño.

Pero si las guindillas activan los receptores del calor, ¿por qué a la gente de los países cálidos le encanta cocinarlos y comerlos? Porque, paradójicamente, cuanto más caliente cree el cuerpo que está, más se enfría. Cuando los receptores TRPV1 sensibles al calor de nuestra boca se activan, nuestro cuerpo empieza a creer que está en contacto con una fuente de calor peligrosa. Esto da a nuestro cerebro la falsa impresión de sobrecalentamiento, y el hipotálamo (una zona del cerebro responsable de regular la temperatura) responde activando nuestros millones de glándulas sudoríparas. El sudor se evapora y enfría el cuerpo. Basta con observar a alguien que esté luchando con la comida picante: podemos estar seguros de que estará sudando.

¿Qué puedes hacer para combatir el ardor? En la mayoría de los casos, la gente que te rodea y se compadece del terrible estado en que te encuentras te ofrecerá un vaso de agua. Pero por muy fría que esté, en cuanto la tragas, el ardor vuelve invariablemente, y a menudo se siente más fuerte que antes por el efecto refrescante temporal del agua. Lamentablemente, la larga cola de hidrocarburo de la molécula de capsaicina no es soluble en agua. Así que, por mucha que bebas, no calmará ese receptor.

La leche o el yogur, sin embargo, contienen proteínas capaces de envolver las moléculas de capsaicina y, como un portero que saca a un alborotador de una discoteca, lo echa por la puerta. Una estrategia alternativa consiste en introducirse algo áspero en la boca, como una combinación de hielo y azúcar, y moverlo con la lengua. Los receptores TRPV1 pueden percibir la abrasión física, así que la mezcla de hielo y azúcar competirá con la capsaicina por la atención de los receptores, y como no pueden hacer dos cosas a la vez sentirás menos quemazón.

Preguntas frecuentes sobre la guindilla

Siendo médica y cocinera, a menudo me preguntan por los beneficios para la salud de ciertos ingredientes, y ninguno atrae más preguntas que la guindilla. Así que he decidido enumerar aquí algunos de ellos por si también te da curiosidad.

> **¿Puede la capsaicina ayudarme a adelgazar?** En pocas palabras, aún no lo sabemos, pero... ¿tal vez? Las pruebas del efecto de la capsaicina sobre el peso corporal aún están surgiendo, pero hay indicios de que, a través de una serie de mecanismos (algunos de los cuales no entendemos), la guindilla puede ser capaz de mejorar el flujo sanguíneo a diversos tejidos, aumentar el gasto energético y disminuir el apetito. Todos estos factores contribuyen a la pérdida de peso, pero por desgracia los estudios se han realizado principalmente en animales.

Actualmente se están realizando estudios clínicos sobre los complementos alimenticios de capsaicina, y en el futuro sabremos si la capsaicina tiene efectos beneficiosos en el tratamiento o la prevención de la diabetes, la obesidad y las cardiopatías, enfermedades cuyo tratamiento implica una pérdida de peso intensiva. También hay indicios (de nuevo a partir de estudios con animales y no con humanos) de que la capsaicina puede alterar la composición de la microbiota intestinal de forma beneficiosa, reduciendo la inflamación de bajo grado y previniendo la obesidad. Los primeros estudios parecen prometedores, pero quizá sea mejor no seguir la dieta Carolina Reaper por ahora.

> **¿La capsaicina provoca úlceras de estómago?** En pocas palabras, probablemente no. De hecho, las úlceras de estómago son más frecuentes en las culturas alimentarias en las que el picante se utiliza con menos frecuencia. Si ya tienes una úlcera desagradable o erosiones profundas en el estómago, lo más probable es que la guindilla te haga sentir peor debido a la activación de los receptores TRPV1 alrededor del sitio de la úlcera, pero hay muy pocas pruebas de que la guindilla provoque que nuestro estómago se autodigiera. De hecho, la mayor parte del consenso científico ahora es que la capsaicina en realidad ralentiza la velocidad a la que el estómago produce ácido y estimula las secreciones alcalinas que el estómago produce de forma natural para protegerse.

Los principales culpables de las úlceras son el alcohol, el tabaco, el estrés, una bacteria llamada *Helicobacter pylori* y algunos analgésicos

Caliente, más caliente, muy caliente

Medimos el picante de una guindilla utilizando un sistema de clasificación llamado «escala Scoville». Esta escala, que debe su nombre al farmacéutico estadounidense Wilbur Scoville, se desarrolló en 1912 y mide cuánto contenido de capsaicina puede diluirse en una solución azucarada antes de que el picante deje de ser detectable. Un pimiento dulce tiene 0 unidades Scoville, el Tabasco alcanza entre 2500 y 5000 unidades y el curri más picante disponible en el Reino Unido se sitúa entre las 150 000 y 300 000 unidades. Pero por encima de todos ellos, el chile más picante del mundo, el Carolina Reaper, alcanza entre 1 500 000 y 2 000 000 de unidades Scoville.

TIPOS DE PIMIENTOS	UNIDADES DE ESCALA SCOVILLE
Carolina reaper	1 400 000 – 2 200 000
Trinidad scorpion	1 200 000 – 2 000 000
Naga Jolokia	855 000 – 1 041 427
Habanero chocolate	425 000 – 577 000
Habanero savina rojo	350 000 – 577 000
Fatalii	125 000 – 325 000
Habanero	100 000 – 350 000
Chile thai	50 000 – 100 000
Cayena	30 000 – 50 000
Chile tabasco	30 000 – 50 000
Chile serrano	10 000 – 23 000
Chile húngaro	5 000 – 10 000
Chile jalapeño	2 500 – 8 000
Chile poblano	1 000 – 1 500
Chile Ánaheim	500 – 2 500
Pepperoncini	100 - 500
Pimiento morrón	0

ASC

antinflamatorios. Si ya se ha desarrollado una úlcera debido a alguno de estos factores, las guindillas pueden agravar el dolor debido a
la estimulación de los receptores TRPV1 en la zona. Sin embargo,
las pruebas de que las guindillas causan directamente úlceras siguen
siendo circunstanciales y, por un horrendo error de la justicia culinaria, han sido inculpadas de un delito que no cometieron.

> **¿La capsaicina empeora el reflujo?** Una vez más, no. La idea
de que el picante hace que el ácido suba por el esófago se basa en
una sensación. Aunque las especias pueden provocar una sensación
de ardor y acidez en el esófago, esto no se debe a que el ácido suba
por el esófago, sino al efecto directo de la guindilla sobre los receptores TRPV1 en la unión entre el esófago y el estómago. Otro punto
para la inocente guindilla.

> **¿Deben evitar las guindillas las personas con SII?** Pues es
complicado. La Asociación Británica de Dietética, una autoridad
en el tema de lo que se debe comer y cuándo, analizó todas las
pruebas disponibles en relación con la guindilla y los síntomas del
SII. Aunque recomiendan una prueba de exclusión de la guindilla
en personas con SII a las que se considera que la guindilla desencadena los síntomas, esto se basa no tanto en pruebas clínicas, sino en
el conocimiento de que cada caso es diferente, y lo que no funciona
para una persona puede ser eficaz en otra. En resumen, no existen
pruebas de que el consumo de guindilla empeore el SII. Pero si crees
que dejar de consumirlo mejora tu SII, no dudes en dejar el curri
durante un tiempo. (Para más información sobre los problemas intestinales, incluido el SII, véanse las páginas 249-252).

Al principio, a algunos de vosotros os habrá parecido un poco raro
incluir un capítulo dedicado casi por completo a las especias —el menos pacífico y más anárquico de los ingredientes— en un libro sobre
la búsqueda del bienestar digestivo, la felicidad y la armonización de
la relación con la comida. Pero espero que cuanto más leáis, más de
acuerdo estéis en que tienen cabida aquí.

Creo que es difícil exagerar la rapidez y facilidad con la que una
pizca de especias puede elevar tu comida, ya sea reinventando un plato
clásico o experimentando con la cocina de una nueva región geográ-
fica o cultura. En manos de alguien que se sienta cómodo utilizando
especias en su cocina, estos ingredientes pueden ser realmente trans-
formadores, no solo en platos individuales sino en todo su estilo de

cocina. No importa si eres un acérrimo seguidor de las recetas o un improvisador, las especias las puede utilizar todo el mundo.

Ningún ingrediente puede enriquecer la cocina como la guindilla, y aprovechar las especias te permitirá liberar el potencial de los alimentos al tiempo que creas nuevos platos «favoritos de la familia», siempre y cuando quien lleve el gorro de cocinero entienda el punto en el que su uso se vuelve excesivo. El arte de equilibrar las especias requiere tiempo y práctica. Pero estos experimentos con especias son, en cierto modo, los más satisfactorios: llenos de dramatismo, color, aroma y sabor; nunca hay un momento aburrido en la cocina cuando se utiliza el cajón de las especias. Con el tiempo, los experimentos darán sus frutos, y utilizarlas a tu favor te permitirá cocinar de forma más sencilla, inteligente y feliz, al tiempo que conferirá algunos beneficios (aunque poco definidos) para la salud.

Crear tu propia colección de especias es un proceso de aprendizaje que dura toda la vida. Un buen punto de partida puede ser seleccionar solo un puñado (como comino, semillas de cilantro, guindilla roja en polvo, cúrcuma y canela) y aprender a dominarlas antes de ampliar el repertorio. Espero que con la práctica desarrolles tu propia huella o método subconsciente de equilibrio, que es tan personal como las pinceladas de un artista.

A título personal, para mí cocinar con especias es una forma de expresión. Hay días estresantes en los que me siento atraída por la cúrcuma y el hinojo. En cambio, si alguna vez me falta la motivación, una guindilla con pimienta de Cayena y semillas de comino parece ser lo que necesito para despertarme de mi malestar. Me he dado cuenta de que las especias pueden utilizarse para imitar o influir en el estado de ánimo, calmar, apasionar, excitar y reconfortar en igual medida, por lo que utilizarlas en la cocina para encontrar la salud y la felicidad tiene un valor incalculable.

Resumen

> En la naturaleza se puede encontrar una gran variedad de especias, cada una con su propio perfil de sabor característico y potenciales propiedades medicinales. La cúrcuma, la canela y el jengibre se han estudiado hasta cierto punto y parecen tener algunos efectos beneficiosos para la salud humana.

> Las guindillas obtienen su característico picor del compuesto «capsaicina». La intensidad de una guindilla puede medirse con la escala Scoville.

> Las papilas gustativas no son responsables de la detección de la guindilla. Un receptor llamado TRPV1, que también detecta el calor extremo, la percibe.

> Si te has tragado una guindilla demasiado picante, comer yogur en lugar de beber agua o ponerte en la boca algo abrasivo, como una combinación de hielo y azúcar, te ayudará a aliviar la quemadura.

> No hay pruebas claras de que las guindillas provoquen directamente úlceras de estómago o reflujo; pero si ya padeces estas afecciones, pueden hacerte sentir peor.

> Se puede probar a excluir las guindillas de la dieta en pacientes con SII que sienten que empeoran sus síntomas, aunque no hay pruebas convincentes de que lo hagan.

Aloo Bun Chaat

Para 4 personas

El Aloo Bun Chaat es una hamburguesa de patata irresistiblemente condimentada dentro de un tierno panecillo de hamburguesa, servida con abundante guindilla verde picante y chutney de tamarindo ácido. Es el plato de comida callejera soñado, delicioso y tentador.

Tengo una afinidad especial con la comida callejera; los platos reflejan los gustos locales y parecen evocar un profundo sentimiento de pertenencia. En parte, esto se debe al uso de especias regionales y a las técnicas culinarias locales que las ensalzan, dando como resultado bocados divinamente deliciosos.

Ingredientes

500 g de puré de patata enfriado

2 cebolletas cortadas en rodajas finas

1 puñado de cilantro finamente picado

1 cucharadita de guindilla roja en polvo

½ cucharadita de cúrcuma

1 cucharadita de semillas gruesas de comino tostadas y molidas

½ cucharadita de garam masala

3 cucharadas de harina

1 huevo batido

Sal al gusto

Aceite vegetal, para freír a poca profundidad

Para servir:

4 hojas de lechuga iceberg, cortadas en rodajas finas

1 cucharada de mayonesa

4 panecillos blancos blandos o brioche

4 cucharadas de chutney de tamarindo ya preparado

4 cucharadas de chutney verde

Preparación

1. Mezclar el puré de patata, las cebolletas, el cilantro, la guindilla roja en polvo, la cúrcuma, las semillas de comino y el garam masala en un bol y sazonar con sal al gusto. Formar 4 hamburguesas gruesas del mismo tamaño y circunferencia que los panes. Meterlas en el frigorífico hasta el momento de usarlas para que queden lo bastante firmes para manipularlas.

2. Verter el aceite vegetal hasta una profundidad de 1,5 centímetros en una sartén antiadherente y calentar a fuego medio durante unos 5 minutos.

3. Poner la harina en un cuenco poco profundo y sazonar generosamente con sal. Sumergir las hamburguesas de patata en la harina y asegurarse de que cubre todas las superficies, luego sumergir las hamburguesas en el huevo, seguido de una nueva inmersión final en la harina. Ya están listas las hamburguesas de patata para freír, de una en una.

4. Colocar con cuidado las hamburguesas en el aceite caliente y freír durante 2 minutos por lado, o hasta que la superficie esté bien dorada. Procurar moverlas lo menos posible y manipularlas con cuidado con una espátula de paleta o una espátula ranurada de acero. Escurrir en un plato forrado con papel de cocina para que absorba la grasa sobrante.

5. Mezclar las hojas de lechuga con la mayonesa en un bol pequeño.

6. Para montarlos, tostar ligeramente los panecillos en una plancha o sartén antiadherente. Frotar una cucharada de chutney de tamarindo dentro de la tapa de cada uno y una cucharada de chutney verde en la base. Colocar una hamburguesa de patata en la base de cada panecillo y cubrirla con la lechuga cubierta de mayonesa. A continuación, cubrir con la tapa de los panecillos de hamburguesa y servir inmediatamente con chutney extra al lado.

Nota: puedes comprar chutney verde hecho en la tienda o utilizar la siguiente receta: mezclar 100 gramos de cilantro y 50 gramos de hojas de menta con 1 trozo de jengibre del tamaño de un pulgar, 1 cucharada de yogur griego, 2 guindillas verdes, 1 cucharada de zumo de limón y 1 chorrito de aceite de oliva hasta obtener una pasta homogénea. Sazonar con sal al gusto.

Berenjenas con harissa y yogur endulzado con miel

Para 4 personas
El nombre «harissa» procede del verbo árabe *harasa*, que literalmente significa «machacar» o «partir en trozos pequeños». Tradicionalmente se asocia a la región del Magreb, en concreto Túnez, Marruecos, Argelia y Libia. Casi se pueden imaginar los polvorientos y acalorados zocos de especias picantes de Túnez, donde los compradores observan y esperan con avidez a los vendedores mientras machacan las guindillas

y el aceite para formar vibrantes pastas ante sus propios ojos. Los historiadores creen que la guindilla llegó a África con la ocupación española de Túnez en el siglo XVI.

Algo bueno en cierto modo, dado que el uso de harissa en estas regiones es tan omnipresente como el kétchup en Inglaterra.

Ingredientes

Aceite de oliva ligero, para freír

2 berenjenas, cortadas uniformemente en rodajas de 1 cm de grosor

¾ cucharadita de cúrcuma

1½ cucharadas colmadas de harissa rosa (marca Belazu, si es posible)

2 cucharaditas de vinagre de vino blanco

300 ml de yogur griego espeso desnatado, a temperatura ambiente

1 cucharada de miel

1 puñado de pistachos tostados picados (opcional)

1 puñado de granos de granada (opcional)

1 puñado de perejil finamente picado (opcional)

Sal al gusto

Para servir:

Algunos panes planos de tu elección

Preparación

1. Rocía abundante aceite de oliva en una sartén antiadherente y caliéntalo a fuego medio durante un par de minutos. Mezcla las berenjenas con la cúrcuma y fríelas en el aceite caliente durante aproximadamente 2-3 minutos por cada lado, o hasta que se ablanden y se cocinen por completo y estén ligeramente doradas y crujientes en los bordes. Escúrrelas en un plato forrado con papel de cocina, que absorberá el aceite sobrante. Ten en cuenta que las berenjenas necesitan bastante aceite, por lo que tendrás que rellenar la sartén con regularidad a medida que las vayas preparando por tandas.

2. Una vez fritas las berenjenas, se echan en un bol y se sazonan con sal. Añade la harissa rosa y el vinagre y remueve bien para que las berenjenas queden bien cubiertas.

3. Mezcla el yogur con la miel y sazona con sal. Extiende la mezcla en la base de una fuente y cúbrela con las berenjenas. Decora con pistachos, granos de granada y perejil, si deseas. Sirve con panes planos o como guarnición de tu plato principal favorito de carne o verduras.

Pollo al baharat con cuscús de almendras y albaricoques y raita de eneldo

Para 2 comensales golosos

Cálida, aromática y dulce, la mezcla de especias baharat no es muy distinta del garam masala utilizado en el subcontinente indio, aunque sus raíces se encuentran en Medio Oriente. Suele contener comino, cilantro, canela, clavo, cardamomo, pimienta negra en grano, pimienta de Jamaica, nuez moscada y pimentón en cantidades variables. Puedes espolvorear con él carnes y pescados, añadirlo a la mermelada de cebollas y pimientos asados o incluso añadirlo a una sopa de lentejas. Aquí se utiliza con albaricoques secos para elaborar un plato de cena rápido y muy versátil, ideal tanto para una cena tranquila como para recibir invitados.

Ingredientes

350 g de muslos de pollo picados
1 cucharadita colmada de mezcla de especias baharat
5 albaricoques secos, finamente picados
½ cebolla roja, picada fina
1 puñado de cilantro finamente picado
1 cucharadita de sal
Aceite vegetal, para freír a poca profundidad}

Para el cuscús:
250 g de cuscús seco
300 ml de caldo de pollo salado

20 almendras tostadas, picadas en trozos gruesos
10 albaricoques secos, picados finamente
50 g de eneldo picado
Zumo de 1 limón
2 cucharadas de aceite de oliva

Para la raita de eneldo:
250 g de yogur (mejor griego)
20 g de eneldo picado
1 diente de ajo, rallado con un Microplane
¼ cucharadita de mezcla de especias baharat
Sal al gusto

Preparación

1. Mezclar el pollo picado con la mezcla de especias baharat, los albaricoques secos, la cebolla roja y el cilantro y sazonar con sal antes de mezclar bien para combinar. Untarse las manos con aceite vegetal y dividir el pollo picado en ocho porciones iguales. Tomar cada porción y darle forma de hamburguesa redonda y plana, de aproximadamente 1 centímetro de grosor.

2. Verter aceite vegetal en una sartén antiadherente hasta unos 5 milímetros de profundidad. Calentar a fuego medio antes de colocar suavemente las hamburguesas de pollo en el aceite caliente, de 2 en 2 o de 3 en 3. La grasa debe empezar a chisporrotear inmediatamente alrededor del pollo; si no lo hace, sube el fuego. Cuando el pollo esté dorado por un lado (aproximadamente 3 minutos), dar la vuelta a las hamburguesas y cocinarlas por el otro lado de la misma manera. Solo tienen 1 o 2 centímetros de grosor, por lo que se cocinarán rápidamente. Sacarlas de la sartén y escurrirlas en un plato forrado con papel de cocina.

3. Preparar el cuscús en un cuenco vertiendo caldo de pollo hirviendo por encima y cubriéndolo con una tapa. Dejar reposar durante 10 minutos antes de esponjarlo con un tenedor. Añadir el resto de los ingredientes y mezclar suavemente con un tenedor.

4. Para preparar la raita de eneldo, mezclar el yogur, el eneldo y el ajo y sazonar con sal. Espolvorear un poco de especias baharat en polvo por encima.

5. Servir el plato con una capa de cuscús en el fondo y las hamburguesas especiadas por encima con un poco de raita de eneldo.

Capítulo 6

HAMBRE Y SACIEDAD

Los *chefs* como yo intentarán convencerte de que comemos para disfrutar, o solo por el sabor, y aunque es verdad, en cierto modo también es periférico. De hecho, comemos porque lo necesitamos. En el nivel más básico, comemos porque necesitamos calorías para alimentar nuestro cuerpo, y sentimos hambre cuando no tenemos suficientes. La sensación de hambre siempre ha desempeñado un papel en la satisfacción de nuestra necesidad biológica de alimentarnos. También vivimos en una época desconcertante de producción inimaginable de alimentos, en la que la abundancia agrícola, la obesidad y la industrialización de los alimentos conviven con la desnutrición, el hambre y la hambruna.

Este capítulo es quizá uno de los más importantes en nuestro camino hacia el bienestar digestivo y la felicidad, porque lo cierto es que los seres humanos hemos aprendido, a veces en detrimento nuestro, a comer mucho más o mucho menos de lo que necesitamos. Algunas personas incluso sostienen que cuando hablamos de la relación de una persona con la comida, en realidad estamos hablando de su relación con el hambre, y cuanto más lo pienso, más de acuerdo estoy. La forma en que las personas respondemos al hambre y a la saciedad determina no solo nuestra salud física, sino también, en gran medida, nuestra salud mental y nuestro bienestar. Las sociedades en las que la gente enferma cada vez más por los efectos de la obesidad conviven ahora con otras en las que millones de personas se van a dormir desnutridas o hambrientas, con consecuencias devastadoras. Es una situación desesperada, se mire por donde se mire. Pero tanto si se trata de desnutrición como de obesidad, el hambre desempeña un papel vital. Y estos dos extremos opuestos del espectro del hambre no están definidos por la geografía, como cabría imaginar. Cada vez es más probable que en los hogares de renta baja de los países económicamente más desarrollados haya niños o adultos desnutridos, y en esas mismas localidades se registra un aumento de la obesidad. Se cree que casi la mitad de los niños de los barrios más pobres de Londres están clínicamente desnutridos; al mismo tiempo, más de la mitad de la población adulta de la ciudad tiene sobrepeso o es obesa. Y la aparición de cadenas de comida rápida en los países en desarrollo ha provocado obesidad en lugares que tienen poca experiencia en tratar este tipo de problemas.

Pero ¿qué significa tener hambre? ¿Y qué significa estar lleno? Creo que comprender el fenómeno del hambre y la saciedad (la sensación de estar lleno) es vital si queremos mejorar y entender nuestra relación con los alimentos que comemos.

Sin embargo, antes de empezar, una pequeña nota al margen: hay muchas formas de definir el hambre, algunas que tienen que ver con la disponibilidad de alimentos o tipos de alimentos (por ejemplo, los desiertos alimentarios urbanos) y otras que se centran en si las personas de una comunidad concreta pueden satisfacer sus necesidades alimentarias mínimas diarias previstas a lo largo de un año. Se trata de mediciones muy valiosas y válidas, especialmente cuando se aborda el hambre desde la perspectiva de la salud mundial, pero para los fines de este capítulo pensaremos en el hambre en términos de las sensaciones que sentimos en el cuerpo: ese dolor sordo y creciente en el abdomen, que roe y empeora en intensidad a menos que nos alimentemos.

Ahora, comencemos.

El hambre en el siglo XXI

Nuestros cuerpos son máquinas sofisticadas, capaces de regular tanto la cantidad de energía que gastamos como la que almacenamos. Pero los humanos evolucionamos en condiciones en las que solíamos tener que cazar para no morir de hambre. En términos evolutivos, los suministros de alimentos eran escasos o abundantes, un escenario de «banquete o hambruna». Como resultado, nuestros cuerpos se volvieron muy sensibles al balance energético negativo (que es cuando el cuerpo ingiere menos calorías de las necesarias) y más tolerantes al balance energético positivo (cuando ingerimos más calorías de las necesarias). En otras palabras, estamos programados evolutivamente para ser más sensibles a la sensación de hambre que a la de saciedad y, por ello, consumimos en exceso cuando la comida está fácilmente disponible, para poder soportar los periodos de escasez cuando no lo está. Pero ya no somos cazadores-recolectores y la escasez de alimentos no es natural, sino artificial. La gente todavía se va a dormir con hambre, pero hoy en día es más probable que sea porque su gobierno ha fracasado, o porque ha habido una inundación o una sequía que ha acabado con toda una cosecha, o porque están presionados por su sociedad o comunidad para tener un determinado cuerpo. Pero a nivel mundial, hay alimentos más que suficientes para todos. Se ha producido un aumento exponencial en la abundancia de alimentos baratos y apetecibles a disposición de los consumidores, muchos de los cuales están altamente procesados, son pobres en nutrientes esenciales, ricos en azúcar y aceite, pobres en fibra y a menudo están llenos de aditivos y emulsionantes. Basta con echar un vistazo a los ingredientes y la información nutricional de un paquete de galletas Oreo, de Doritos, espaguetis o salchichas procesadas para darse cuenta de lo que quiero decir. Estos alimentos, aunque saben muy bien, han sido tan manipulados que a menudo apenas se reconocen en el producto final los ingredientes originales que intervinieron en su elaboración.

Imaginemos que un cazador-recolector se topara con una sucursal de Carrefour. Frente a las patatas fritas, las galletas, los cereales procesados, las bebidas gaseosas y los platos precocinados, le costaría encontrar los alimentos que reconocería de la naturaleza. Tendría que contentarse con una manzana verde encerada y una bolsa de semillas de chía ecológicas.

El problema de la abundancia de alimentos altamente procesados es que cada vez hay más pruebas de que su alto contenido en azúcar y sal los hace, bueno, irresistibles. Saben bien, así que los comemos cuando tenemos hambre, pero, como carecen de la fibra que tienen la mayoría de los alimentos no procesados, no nos hacen sentir saciados tan rápido como deberían. Cuantos más alimentos procesados comamos, mayor será el número de calorías consumidas y peor nos irá en términos de aumento de peso y de toda la gama de enfermedades crónicas relacionadas con el sobrepeso. Y trabajando como médica, créeme, he visto lo que una dieta compuesta únicamente de alimentos muy procesados puede hacerle al cuerpo humano.

No estoy diciendo esto para juzgar a nadie. ¡Recordarán mi gran amor por los *donuts* de mermelada en la introducción de este libro! Más bien, este capítulo está pensado para hablar del fenómeno del hambre y la saciedad desde todos los ángulos, y suscitar el debate y la discusión sobre el tema. Algunos argumentarán que los alimentos procesados han facilitado la alimentación familiar a las personas con rentas bajas, a las que están demasiado ocupadas para cocinar o a las que son ambas cosas. Y yo no necesito que me convenzan de lo sabrosos que pueden ser los alimentos procesados: tengo un hijo de 4 años que hace tiempo que descubrió los nuggets de pollo. Pero el hecho es que los alimentos procesados son sabrosos porque están diseñados precisamente para eso.

La ciencia que hay detrás de lo que comemos, y cómo afecta a nuestro cuerpo, es notoriamente difícil de estudiar. Los científicos pueden comprobar fácilmente el efecto de una nueva pastilla para la presión arterial en un grupo de personas al azar y el de un placebo en otras personas al azar, y luego comparar ambos grupos. En cambio, es prácticamente imposible asignar durante años a un grupo de personas aleatorio a una dieta rica en alimentos procesados y contrastarlo con otro libre de cualquier forma de alimentos procesados para trazar así sus trayectorias de salud a lo largo del tiempo. No se puede controlar cada alimento que entra en la boca de un participante en un estudio y, para complicar aún más un campo de investigación ya de por sí complejo, no existe el «placebo dietético», porque todo lo que comemos tiene algún efecto en nuestro organismo.

Entonces, ¿qué deberíamos hacer? ¿Poner ladrillos en las entradas de todos nuestros supermercados? ¿Comprar una granja y comer solo productos orgánicos cultivados en casa durante todo el año? Por supuesto que no. Me encanta poder comerme de vez en cuando un bollo de queso y una Coca-Cola *light*, y no quiero plantearme una vida sin ellos. La respuesta, para mí, está en mantener un equilibrio entre el deseo, la avidez por la comida y el hambre, y más adelante compartiré algunas técnicas y recetas para ayudar a gestionar estos impulsos contrapuestos. Pero, primero, veamos qué es realmente el hambre.

La biología del hambre y la saciedad

Como musulmana, suelo ayunar durante el mes de Ramadán. Quienes conozcan el ayuno en la tradición islámica sabrán que no es para pusilánimes. A diferencia de la Cuaresma, en la que el ayuno se limita a un alimento concreto, en el mes sagrado del Ramadán los musulmanes ayunan todos los días entre el amanecer y el anochecer, sin que una gota de agua o una migaja de comida pase por sus labios hasta el Iftar, la comida de celebración que rompe el ayuno al atardecer.

Como a muchos otros musulmanes, a mí me enseñaron a ayunar en Ramadán desde muy joven, empezando con un desayuno tardío el fin de semana, cuando tenía seis o siete años, y al año siguiente quizá aguantando la comida hasta la hora del almuerzo. Poco a poco, el cuerpo aprende a dominar las ansias de comer, y la intensidad de la experiencia va aumentando hasta llegar a la pubertad, cuando el ayuno durante todo el día se convierte en obligatorio. Hay algo especial en darse cuenta de que una comunidad global, formada por miles de millones de individuos, siente las mismas sensaciones corporales de hambre que uno. El objetivo del ayuno es ponernos en el lugar de las muchas personas del mundo que pasan hambre a diario, y recordarnos nuestro deber de cuidar a los menos afortunados de nuestra comunidad. Para mí, se trata de una práctica profundamente espiritual, y no hace falta decir que controlar los antojos, los deseos y los comportamientos que buscan el placer constituye una parte importante del proceso.

Sin embargo, para ser un mes dedicado a la privación de alimentos, te sorprendería el papel central que desempeña la comida comunitaria. El Ramadán es un mes de contrastes, en el que las profundas punzadas de hambre que surgen de las entrañas del estómago coinciden con las comidas más elaboradas de todo el año. Algunas de las comidas más satisfactorias de mi vida han tenido lugar durante el mes de Ramadán, y eso que he comido muchas comidas satisfactorias a lo largo de mi vida.

Si le preguntas a alguien en qué piensa durante el Ramadán, lo más probable es que responda que piensa en comida, planea su próximo banquete, imagina los sabores y olores que disfrutará tras la puesta de sol. A menudo, mi madre entraba en la cocina planeando cocinar un plato y salía habiendo cocinado cinco, y cuando me casé y vi que mi suegra hacía lo mismo, me pregunté si no habría algo en el estado de hambre que nos lleva a fijarnos biológicamente en la comida. Un año, desarrollé un ritual casi masoquista en el que me sentaba a ver el canal Food Network durante el Ramadán. Lo veía todos los días sin falta, más o menos una hora antes del anochecer, en el punto álgido de mi hambre. La comida parecía mejor que de costumbre, como si toda la exquisitez y el colorido de la pantalla se vieran amplificados por mi hambre. Mientras veía a Nigel Slater hacer pan de ajo casero o fundir queso en la pantalla, se me revolvía el estómago, pero seguía mirando a pesar del dolor. La pregunta es ¿por qué me hacía eso a mí misma?

La respuesta se encuentra en la forma en que el cuerpo afronta el hambre. En noviembre de 1944, treinta y seis jóvenes se instalaron en el estadio de fútbol de la Universidad de Minnesota. No eran futbolistas, sino voluntarios de un estudio llamado «experimento de inanición de Minnesota» (que probablemente —no, definitivamente— no pasaría la revisión de un comité de ética hoy en día). Llevado a cabo al final de la Segunda Guerra Mundial, se pidió a los participantes que llevaran sus cuerpos a un periodo de semi-inanición, en el que su ingesta calórica se reducía aproximadamente a la mitad. El estudio, basado en una simulación de laboratorio de una hambruna grave, pretendía responder a algunas preguntas que se planteaban desde hacía tiempo sobre la inanición humana. Los resultados, sorprendentes, se utilizaron para elaborar una guía sobre cómo rehabilitar a las víctimas de la hambruna en Europa y Asia. No es una lectura fácil, pero nos ayuda a comprender qué es realmente el hambre.

El estudio demostró que el hambre prolongada aumentaba la depresión, la histeria y los sentimientos extremos de ansiedad por la salud (hipocondría) en muchos de los participantes. La mayoría de ellos alegaron una angustia emocional extremadamente grave. Uno de los sujetos se amputó tres dedos con un hacha, pero cuando se le preguntó por qué, no supo con certeza si lo había hecho accidental o intencionadamente. El interés sexual se redujo, al igual que la fuerza, la resistencia, la temperatura corporal y la frecuencia cardiaca. El hambre llevaba a los hombres a obsesionarse y fantasear con la comida. Soñaban con ella, leían sobre ella, hablaban de ella y saboreaban las dos pequeñas comidas que les daban. El hambre, en casi todos los sentidos, se apoderó de su ser psicológico.

Este estudio representa claramente el extremo del espectro del hambre, pero me ha permitido poner en contexto algunas de las cosas que he observado durante el ayuno, tanto en mí como en los demás. La privación de alimentos que experimento durante el Ramadán, aunque mucho menos extrema que la que tuvieron que soportar los sujetos en el estadio de fútbol, me hace obsesionarme constantemente con la comida y ver a otras personas preparar y comer alimentos todo el día. La privación de alimentos llevó a mi madre, a mi suegra y a innumerables cocineros caseros de todo el mundo a preparar la comida como si estuvieran alimentando a quinientas personas cuando quizá solo estuvieran alimentando a cinco. Supongo que también explica por qué nunca debes ir al supermercado con hambre, porque tu estómago se fijará en esa hambre, asegurándose de que llenes tu carrito con comida que realmente no necesitas.

Pero ¿por qué tengo hambre? ¿Por qué me siento lleno?

Estoy segura de que todos estamos familiarizados con esa sensación de opresión y calambre que llamamos «hambre». Fueron dos científicos, A. L. Washburn y Walter Cannon, quienes realizaron la primera investigación científica sobre el tema.

Washburn se tragó un globo conectado a un dispositivo que medía las contracciones de su estómago. El globo se inflaba hasta cierto nivel en su estómago y, cuando el estómago se contraía, este empujaba contra el globo. Cada vez que Washburn sentía hambre, pulsaba un botón. El estudio demostró que existía una correlación entre las contracciones estomacales y el hambre, y Washburn y Cannon formularon la hipótesis de que las contracciones estomacales provocaban la sensación de hambre.

Pero, como siempre, el panorama es más complicado. Al observar ratas a las que se les había extirpado el estómago, se comprobó que seguían sintiendo hambre, y los humanos a los que se les ha extirpado el estómago (por ejemplo, para evitar ciertos cánceres de estómago hereditarios) también dicen sentir hambre, aunque menos de lo habitual. Está claro que la sensación de hambre es algo más que la simple reducción del estómago. El vientre y el cerebro deben estar hablando entre sí, pero ¿cómo?

La respuesta está en cómo responde nuestro cuerpo a tres hormonas concretas: la orexina, la leptina y la grelina. Pido disculpas por adelantado si me pongo un poco científica, pero creo que merecerá la pena (aunque debo decir que no se trata en absoluto de una exposición exhaustiva del tema, cuya revisión completa quedaría fuera del alcance de este libro).

En lo más profundo del cerebro se encuentra el hipotálamo, una zona del tamaño de un guisante que controla nuestra sensación de hambre y regula nuestro apetito. Cuando se estimula una zona específica de este (llamada hipotálamo lateral), se crea la sensación de hambre. Una bajada del azúcar en sangre hace que el hipotálamo lateral libere la hormona del hambre, la orexina (de *orexis*, la palabra griega para «apetito»). En el hipotálamo humano hay entre diez mil y veinte mil nervios productores de orexina, lo que parece mucho hasta que recordamos que en el cerebro hay entre ochenta mil y cien mil millones de nervios. Por tanto, estos nervios están casi siempre ocupados.

La orexina es un importante estimulante del apetito, y cuando se libera aumentan nuestras ansias de comer. Cuando no se desayuna y se acerca la hora de comer, pero se está atrapado en una de esas reuniones de «Ah, una cosa más», las punzadas de hambre que obligan a la mente a desviarse de la reunión hacia la comodidad de una Big Mac son obra del hipotálamo lateral y de la orexina. Muchos científicos se preguntan si un fármaco que controle la producción de orexina podría ser un futuro tratamiento para controlar los atracones. Los estudios realizados en animales demostraron que, cuando se les inyectaba orexina, empezaban a comer de forma frenética e incontrolada, por lo que está bastante claro que esta hormona tiene un efecto enorme en el organismo. Sin embargo, solo el tiempo y más investigaciones dirán si bloquear la producción de orexina en nuestro cuerpo es una buena opción para el tratamiento de la obesidad y los atracones en humanos.

Hay una serie de hormonas segregadas por diversas partes del aparato digestivo que desempeñan un papel vital en nuestra sensación de saciedad o plenitud. Una de ellas es la leptina (de *leptos*, que significa «delgado» en griego). La leptina es liberada por las células grasas del cuerpo y envía señales al hipotálamo, impidiendo que sintamos hambre. Los ratones con deficiencia de leptina no pueden desactivar el hambre, por lo que están constantemente hambrientos y se vuelven obesos rápidamente. Cuando se destruyó una parte del hipotálamo que detecta la leptina, los ratones se volvieron muy obesos, ya que sus cerebros eran incapaces de percibir la saciedad.

Al indicar a nuestro cerebro cuándo estamos saciados, la leptina ayuda a regular nuestra ingesta de alimentos, tanto a corto plazo, de una comida a la siguiente, como a largo plazo, para regular nuestro peso. Dado que la leptina es segregada por las células adiposas, las personas con sobrepeso, con más células adiposas, segregarán más leptina que las que tienen un peso inferior al normal. Desgraciadamente, uno de los efectos de la obesidad es que los individuos pueden desarrollar una resistencia a la leptina, lo que significa que incluso niveles altos de la hormona no tienen ningún efecto. La última en nuestra lista de hormonas es la grelina, y no nos gustaría ir al supermercado bajo sus efectos. Suena, irónicamente, como algo que no deberías alimentar después de medianoche (no, espera, ¡eso son los *gremlins*!), pero en realidad es una hormona intestinal, a menudo conocida como la «hormona del hambre». Se produce y libera principalmente en el estómago, pero también en el intestino delgado, el páncreas y el cerebro, y estimula el apetito, aumenta la ingesta de alimentos y favorece el almacenamiento de grasa. Cuando se administra a los seres humanos, puede provocar un aumento masivo del 30 % en la ingesta de alimentos, lo cual es una locura si se piensa que eso puede significar 600 calorías extra al día, además de las 2000 recomendadas para un hombre. Los niveles de grelina en el cuerpo son más altos cuando estamos en ayunas y justo antes de comer. Cuando por fin termina esa reunión y conseguimos sentarnos con nuestra Big Mac, los niveles de grelina descienden, pero volverán a subir antes de nuestra siguiente comida. Hacer dieta hace que aumenten los niveles de grelina, y muchos investigadores ven ahora en esta hormona una explicación de por qué la pérdida de peso inducida por una dieta puede ser difícil de mantener a largo plazo. En una lucha entre la fuerza de voluntad y la grelina, esta suele ganar.

Tanto la orexina del hipotálamo como la grelina del estómago dan ganas de comer, por lo que los científicos las agrupan en un grupo llamado hormonas «orexigénicas». Por el contrario, la leptina, junto con otras hormonas intestinales, son las hormonas «anorexígenas», que impiden comer (de ahí viene el término «anorexia»). Podemos imaginarnos la forma en que nuestro cuerpo controla el hambre como un equilibrio: por un lado están las hormonas orexigénicas, que dan ganas de comer, y por otro las hormonas anorexígenas, que suprimen esa sensación. El equilibrio puede inclinarse en uno u otro sentido, favoreciendo la pérdida o el aumento de peso. Si se consigue un equilibrio, con un poco de suerte el peso se mantendrá relativamente estable.

Nota: aquí me he centrado sobre todo en la fisiología del hambre, porque es donde radica la mayor parte de mis conocimientos. Pero la realidad es que la experiencia del hambre tiene también una dimensión psicológica muy importante. Todos tenemos relaciones bastante complicadas con la comida, y el estado de ánimo, las emociones, el estrés, la educación, los traumas emocionales o físicos y los recuerdos influyen en la experiencia del hambre y la saciedad. Todos estamos influidos por ellos, en cierta medida, pero si crees que son temas que te afectan a ti o a alguien que conoces de manera preocupante, intenta abordarlos con la ayuda de tu médico, un profesional de la salud mental cualificado o un dietista.

No eres tú cuando tienes hambre

El año que obtuve el título de médica internista formé parte de un turno de guardia, lo que significaba que, por primera vez en mi carrera, tendría que hacer frente al turno de noche del hospital. Tenía que dirigir las salas médicas del hospital en el que trabajaba, lo que significaba que todo, desde atender urgencias de vida o muerte hasta escribir recetas de Gaviscon, estaba en mis manos.

Eran las tres de la madrugada del turno de noche número uno. Había pasado las seis horas y media anteriores corriendo por el hospital, respondiendo a innumerables peticiones de ayuda, realizando procedimientos y tratando a pacientes enfermos. Era un proceso aterrador, desconocido y agotador, pero hasta el momento estaba satisfecha de tener las cosas bajo control.

Después de varias horas de correr frenéticamente de un lado a otro, por fin encontré cinco minutos para sentarme y escribir mis notas en el historial del paciente de la última urgencia que había atendido. La sala estaba a oscuras y solo había una luz lateral. Había una zona con calefacción cerca de mi puesto de trabajo y me senté en lo único que encontré: un pequeño taburete de plástico. Mientras ordenaba mis pensamientos y estructuraba la información necesaria para mi entrada, mi bolígrafo dejó de funcionar.

No suelo perder los nervios por un bolígrafo, pero antes de darme cuenta de lo que estaba ocurriendo, me invadió un sentimiento creciente de rabia intensa, dirigido directamente a mi bolígrafo. Empecé a clavar el bolígrafo en las notas del paciente, sacudiéndolo enérgicamente, cada vez más enfadada con el objeto inanimado. El bolígrafo me había fallado. ¿Cómo se podía trabajar en esas condiciones?

Debí de soltar un sonido inconsciente —ese gemido primitivo y gutural que sale de tu garganta y que le indica a todos los que te rodean que estás a punto de estallar— porque la enfermera de planta, una mujer que ha sido testigo de mil crisis de médicos en formación, se acercó a mí con su propio bolígrafo, ofreciéndomelo como regalo. «Saliha, ¿cuándo comiste por última vez?», me preguntó, aunque ya sabía la respuesta.

No había comido desde antes de empezar mi turno. Nueve horas de prisas habían pasado desde que había ingerido agua o comida. «Tienes que comer —me dijo la enfermera—. No es culpa del bolígrafo, solo tienes un poco de hambre». Enseguida me pusieron delante una caja de surtidos de bombones de chocolate y una taza de té con

leche. Cacé los mejores bombones de la caja y bebí un sorbo de té, y
la rabia, que segundos antes había consumido cada fibra de mi ser, se
disipó casi tan rápido como había aparecido. No me había percatado
de cuán privado de alimentos estaba mi cuerpo.

A la noche siguiente, guardé unos bocadillos en el bolsillo de mi bata.
Me los comí a intervalos regulares y no tuve más ataques de ira. Pero me
hizo pensar… ¿Por qué experimentamos esa irritación explosiva cuando
el hambre nos corroe por dentro? ¿Estar hambriento es un fenómeno
imaginario o tiene una base científica real? Resulta que la mayoría de
los científicos opinan que el hambre es algo muy real. El término *hangry*
(una mezcla de las palabras ingleses *hungry*, 'hambriento', y *angry*, 'ca-
breado') incluso llegó al *Oxford English Dictionary* en 2018.

Un estudio reciente demostró que los niveles bajos de azúcar en sangre
se correlacionan con mayores niveles de ira y agresividad en las parejas
casadas. Se colocó a las parejas en habitaciones separadas. A un miembro de cada pareja se le proporcionaron unos auriculares y un muñeco
vudú, mientras que a su cónyuge se le pidió que hiciera un ruido fuerte
a través de los auriculares. A los que tenían los muñecos se les indicó
que clavaran alfileres si se sentían enojados con su pareja. Como era de
esperar, los que tenían niveles más bajos de glucosa clavaron más alfileres
en los muñecos y bombardearon a sus cónyuges con ruidos más fuertes
y prolongados que los que tenían niveles más altos de azúcar en sangre.

¿Por qué? Porque cuando bajan nuestros niveles de azúcar en sangre se liberan en el torrente sanguíneo unas hormonas llamadas «cortisol» y «adrenalina». Son nuestras hormonas de «lucha o huida», las
mismas que se liberarían si escucháramos un ruido inesperado en el
piso de abajo mientras estamos en la cama. La liberación de estas hormonas afecta al cerebro porque están relacionadas con la secreción
de unas sustancias químicas llamadas «neuropéptidos», y los mismos
neuropéptidos que desencadenan la sensación de hambre también
desencadenan la ira, la rabia y los comportamientos impulsivos. Esto
significa que, para el cerebro, el hambre y la ira se parecen bastante.

Trucos para combatir el hambre

Supongo que la pregunta del millón es qué podemos hacer para evitar
el hambre. Para empezar, no te saltes ninguna comida y come a tu
hora. Incluye en tu dieta alimentos ricos en fibra (como fruta, verdura

y cereales integrales) y proteínas (como paneer, tofu, alubias, pollo, pescado o frutos secos), ya que liberan energía lentamente y evitan una bajada de los niveles de azúcar en sangre si no comes durante un rato.

Evita los azúcares (como los bombones de chocolate), ya que el rápido aumento de azúcar en sangre irá seguido invariablemente de un rápido bajón. Y si nada de esto te ayuda, prueba a cambiar el bolígrafo con más regularidad durante el turno de noche. Además, ten en cuenta que muchos de los productos que se comercializan como «barritas energéticas» para controlar el hambre son altos en azúcar. Un puñado de almendras y un dátil o un higo seco harán el truco mucho mejor que cualquiera de estos productos, en mi opinión.

Aunque las sugerencias anteriores pueden parecer de sentido común para muchos de vosotros, hay algunos aspectos menos conocidos de tu relación con el hambre que compartiré en la siguiente sección. Conocer estos «trucos contra el hambre» y aplicarlos a tu vida cotidiana puede ayudarte en tu búsqueda del bienestar digestivo y la felicidad.

Cocinar y comer

Anteriormente en este capítulo, hablé de los alimentos procesados y de cómo, aunque tienen una serie de usos muy válidos, sus beneficios nutricionales son lamentablemente escasos. Tener la habilidad y la confianza necesarias para cocinar una comida desde cero puede reducir significativamente nuestra dependencia de los alimentos procesados, lo que, a lo largo de un año, o dos, o toda la vida, puede suponer una enorme diferencia en nuestra dieta.

Y definitivamente no estoy hablando de gastronomía al estilo *MasterChef* cada noche. Nadie hace eso, ni siquiera los que han participado en el programa. Pero un repertorio de algunos platos rápidos básicos que puedas preparar para ti y para tus seres queridos sin mucha sofisticación puede cambiar radicalmente tu relación con la comida. La diferencia entre una salsa casera y una de bote puede ser enorme en cuanto a los beneficios que puede aportar a tu dieta. Cocinar y comer tienen muchas funciones en la sociedad y aportan una gran riqueza a la vida, desde la celebración hasta el desarrollo de amistades, la expresión de creencias religiosas y mucho más. Y eso no se consigue tan bien con una lasaña para microondas. Para aquellos que cocinan con un presupuesto ajustado, recomendaría el sitio web y los libros de Jack Monroe, que ofrecen una inspiración culinaria infinita.

No todas las calorías son iguales

Piensa en un trozo de tarta de chocolate. Jugoso, reluciente, con una gruesa capa de ganache de chocolate. Es el alimento prohibido por excelencia, y me sorprendería que no estuvieras pensando en Bruce Bogtrotter de la película *Matilda* en este momento. Pero relacionar la tarta de chocolate con la preocupación y la culpa, en lugar de con el placer y goce, ¿es realmente beneficioso para nosotros? Investigadores realizaron un estudio sobre las asociaciones que la gente establecía con la tarta de chocolate, ya fuera «culpa» o «celebración», y descubrieron que quienes la relacionaban con la culpa tenían menos probabilidades de cumplir sus objetivos de pérdida de peso durante un periodo de tiempo, mostraban menos indicios de actitudes positivas hacia la comida y demostraban menos intenciones de comer de forma más saludable. Según la investigación, si se relacionaba la tarta de chocolate con la culpa en lugar de con la celebración, también era mucho más probable sentir falta de control sobre las elecciones alimentarias. Obviamente, tanto la vida como la tarta de chocolate son mucho más complejas de lo que sugiere este estudio. Muchos de nosotros caeremos a veces en la brecha que separa la «culpa» de la «celebración», cambiando nuestra motivación respecto a la tarta de chocolate en función del estado de ánimo, los acontecimientos o cualquiera de los millones de cosas que determinan nuestra perspectiva sobre la comida. Sin embargo, hay que reconocer que, como sociedad, hemos desarrollado ciertas actitudes ante la comida desde la infancia, y una de ellas es que comer demasiado chocolate es algo de lo que hay que sentirse «culpable». No hay más que pensar en el destino de Augustus Gloop, el niño amante del chocolate en *Charlie y la fábrica de chocolate* de Roald Dahl, que se cayó a un río de chocolate porque estaba demasiado enamorado de él. O el ya mencionado Bruce Bogtrotter, el niño con sobrepeso de *Matilda*: su castigo por robar un trozo del chocolate de la señorita Trunchbull era comerse una tarta entera él solo. La tarta era un castigo, algo por lo que sentirse culpable. Pero crear una asociación entre la culpa y otra cosa es la forma más segura de hacer que alguien oculte ese comportamiento a puerta cerrada.

La mayoría de las personas que se sienten culpables por un determinado alimento no dejan de comerlo, simplemente lo hacen a escondidas o se sienten mal después de comerlo, o ambas cosas.

Los mismos investigadores que estudiaron la forma de pensar sobre comer tarta de chocolate descubrieron que las personas que la asociaban con la celebración solo la comían en esos momentos, y por tanto con moderación, y no sentían culpa después. Sus relaciones con la comida eran sistemáticamente más positivas y, en general, sentían que comer tarta era algo sobre lo que tenían un control activo, no algo que los dominara. Y, sinceramente, un trozo de tarta de chocolate en el cumpleaños de alguien no va a causar ningún daño a largo plazo en la inmensa mayoría de las personas. Así que deja a un lado el sentimiento de culpa y disfruta de la comida «pecaminosa» con moderación.

No tengas miedo de masticar en la mesa

La idea de que se tiene menos hambre si se mastica más la comida, en lugar de engullirla de dos tragos, es algo que se viene diciendo desde el siglo XX. Horace Fletcher, inventor de un concepto llamado «fletcherismo», básicamente le decía a la gente que masticara su comida hasta que se le cayera la mandíbula. Consiguió un gran número de seguidores explicando que la forma de obtener la mayor cantidad de nutrientes de los alimentos era masticarlos cientos y cientos de veces por bocado. Fletcher afirmaba que este proceso de masticar los alimentos convertiría a cualquier «glotón lamentable en un epicúreo inteligente» y que «la naturaleza castigaría a quienes no mastican»… hay que admitir que aunque el fletcherismo fuera una moda descabellada (y lo era), Horace era un maestro a la hora de idear eslóganes pegadizos.

Está claro que no necesitas masticar la comida cien veces antes de tragarla. Tardarías siglos, te morderías la lengua una y otra vez y probablemente tengas cosas mejores que hacer que pasarte hora y media masticando el desayuno. Sin embargo, investigaciones más recientes han demostrado que masticar bien los alimentos tiene sus ventajas. Estos estudios demuestran que quienes mastican más los alimentos tienen menos hambre y, en general, ingieren menos alimentos. Esto puede deberse al efecto que la masticación tiene sobre las diversas hormonas intestinales que controlan el hambre y el apetito, pero no te apresures aún a suscribirte al boletín de Horace Fletcher. Actualmente se cree que el número óptimo tiene un límite máximo de treinta y dos masticaciones, así que habrás terminado de mascar sesenta y ocho masticaciones antes que Fletcher y sus seguidores.

Reuníos para el banquete

El término «comensalidad alimentaria» no se oye muy a menudo hoy en día. Es la forma en que los investigadores de la alimentación describen las interacciones sociales positivas que se asocian a las personas que comen juntas, que es muy probablemente una de las primeras cosas que los humanos hicieron en grupo. De hecho, los primeros registros (que conozcamos) que muestran a los humanos comiendo juntos datan de hace más de doce mil años, y esta tradición se ha registrado de forma constante en todas las culturas durante muchos miles de años. Pero no tenían Netflix ni aplicaciones de *delivery*, así que no nos juzguemos tan duramente.

Algunas culturas son mejores que otras en la comensalidad alimentaria. Por ejemplo, muchas culturas europeas, sobre todo en las aldeas y pueblos rurales, pero también en las ciudades, valoran la comida comunitaria. En Francia, Italia, Polonia y muchos otros países se ven mesas largas en restaurantes y hogares. Los franceses siguen dedicados al ritual colectivo de la comida comunitaria, y tengo amigos franceses que sencillamente no pueden entender cómo podemos comer un McDonald's en el coche o comernos un bocadillo delante de la pantalla del ordenador. Y mientras que en el Reino Unido los comensales pueden pedir salmón para uno, pollo para otro y calabaza para un tercero, en muchas culturas asiáticas e indias subcontinentales no se hace tanto hincapié en los pedidos individuales, sino que se pide comida para compartir entre todos. Yo diría que si existiese un grupo demográfico que hubiera encontrado la verdadera felicidad gastronómica, ese sería el de las abuelas rurales italianas que preparan enormes comidas tradicionales para sus familias. ¡Ojalá todos tuviéramos una *nonna* italiana!

Aunque podemos aprender de estas culturas, la comida comunitaria es algo que ha estado arraigado en su relación con la comida durante generaciones, y no es probable que se imponga en los ajetreados hogares del Reino Unido de la noche a la mañana. Los habitantes del Reino Unido y Estados Unidos son más propensos que los de casi cualquier otro país del mundo a comer delante del televisor, lo que conlleva una serie de problemas. Por ejemplo, la falta de atención que prestamos a la comida mientras dirigimos nuestra atención al televisor puede hacernos comer hasta un 30 % más de lo que deberíamos, y nos priva de lo que puede ser (si tenemos suerte) un tiempo de calidad con la familia.

Lo opuesto a la comensalidad alimentaria es el aislamiento social, un problema creciente en muchas comunidades, sobre todo entre las personas mayores. En estos casos, suele fomentarse activamente comer delante del televisor, si ese televisor está conectado a un grupo de personas que hacen lo mismo. El concepto de «comensalidad digital» está surgiendo en algunas comunidades que no tienen mucha interacción social en persona, lo que permite a las personas físicamente aisladas conectar con otras a través de programas de videoconferencia. Empresas como Eatwith.com facilitan estas cenas en línea, en las que los participantes preparan platos para «compartir» con sus invitados virtuales, y pueden tener las mismas interacciones sociales que tendrían si esas personas estuvieran dentro de sus casas. Los participantes manifiestan un mayor nivel de felicidad general y, como era de esperar debido a la atención que se presta a la comida, también dicen saciarse con menos.

La versión extrema y un poco extraña de este fenómeno que ha hecho furor en Corea del Sur es una actividad de Internet conocida como *mukbang*. En ella, mientras cenas, ves a un «locutor de emisión» comer enormes cantidades de comida solo. En realidad, no hay mucho contexto social en esta actividad, y me parece más una forma de voyerismo que otra cosa. No obstante, lo menciono aquí porque en un mundo donde el aislamiento social es cada vez mayor, es bueno ver el potencial que tiene la comensalidad digital.

Conviértete en el dueño de tu hambre

Cuando tenía unos once años oí hablar por primera vez de una moda alimentaria. Esta aseguraba que el acto fisiológico de comer apio quemaba más calorías de las que contenía el propio apio. Por lo tanto, o eso suponía la leyenda, si comías solo apio llenarías el estómago a la vez que adelgazarías. Las chicas de mi colegio comían mucho apio creyendo que así adelgazarían (debo de haberme perdido la charla de iniciación a esta moda en particular, porque yo comía mi apio untado en crema de queso con toda su grasa). Ahora, lo primero que quiero decir sobre esto es que me parece preocupante que a los once años estuviéramos tan preocupadas por nuestro peso, y aún más preocupante que, por lo que sé, todavía siga siendo el caso de muchos niños y adolescentes en todo el mundo.

Si buscas el bienestar digestivo y la felicidad en una dieta, lo más probable es que no los encuentres. Las dietas para evitar el hambre y ayudar a las personas a perder peso pueden ser un campo minado, sobre todo porque separar la minoría de métodos respaldados por evidencia científica de la gran mayoría de estupideces absolutas puede ser complicado, incluso para científicos cualificados, y mucho más para alguien que solo quiere perder unos cuantos kilos.

Recuerdo que hablé con una colega dietista del trabajo sobre los consejos que da a sus pacientes cuando quieren perder peso. Esperaba algo asombroso, tal vez un secreto transmitido de dietista a dietista en un misterioso ritual que se celebra una vez cada generación, y que tal vez podría escribir sobre ello en este libro. Me fui decepcionada, pero, irónicamente, también reconfortada. Su lección para mí, la cual ha sido reiterada por varios dietistas con los que he hablado desde entonces, fue que las verdaderas rutas hacia la pérdida de peso son quizá un poco más aburridas de lo que el público en general desearía que fueran. Y si no rima con «come mucha fruta y verdura, cereales integrales, frutos secos y semillas, intenta cocinar tu propia comida, bebe agua en abundancia y alcohol con moderación y haz algo de ejercicio», entonces probablemente sea demasiado bueno para ser cierto.

En el pasado, los «expertos» en alimentación parecían estar en una carrera por encontrar la mejor dieta para perder peso, y a menudo el único requisito parecía ser que cada moda tenía que ser más loca que la anterior. Una dieta de moda, que realmente existió, consistía en contagiarse intencionadamente la lombriz solitaria, mientras que otra —que los seres humanos realmente seguían— consistía en comer bolas de algodón mojadas en zumo de naranja. Por suerte, ahora se acepta que no existe una estrategia infalible para perder peso y que lo que funciona para una persona no tiene por qué funcionar para otra (excepto comer algodón, que no funciona para nadie).

En la actualidad, casi todos los dietistas cualificados aconsejan un enfoque individualizado que tenga en cuenta el estilo de vida y las preferencias alimentarias de cada persona. De hecho, las investigaciones más recientes y vanguardistas, realizadas por el Dr. Tim Spector, profesor de epidemiología genética del King's College de Londres y autor de *El mito de la dieta*, y sus colegas, sugieren que todos tenemos diferentes respuestas metabólicas a los alimentos. No hay alimentos «malos», solo alimentos que son buenos solamente para «uno mismo». En el futuro, es probable que avancemos hacia una nutrición individualizada, hecha a nuestra medida, en lugar de promover un enfoque único de la dieta.

Este capítulo —de hecho, este libro— no pretende ser una guía sobre cómo perder peso. Mi objetivo es ayudar a quienes desean comprender mejor cómo los alimentos que ingieren interactúan con su organismo. Si la pérdida de peso es algo que te interesa, debes buscar la ayuda de un dietista cualificado. Dicho esto, tengo algunos comentarios sobre la pérdida de peso en general, basados en conceptos bien establecidos que a veces olvidamos en nuestras ajetreadas vidas:

> Intenta aumentar, siempre que sea posible, la ingesta de alimentos ricos en fibra. Puedes añadir fibra a tu dieta consumiendo más fruta y verdura fresca, semillas y frutos secos, que no solo te harán sentir saciado durante más tiempo, sino que también te ayudarán a cuidar las bacterias intestinales beneficiosas que tu cuerpo necesita para mantener un intestino sano (más sobre esto en el próximo capítulo). Si puedes, evita los suplementos de fibra (en forma de polvos, cápsulas y pastillas, en lugar de alimentos ricos en fibra), al menos por ahora, ya que las pruebas científicas que respaldan su uso para controlar el hambre aún no son concluyentes.

> No todos los carbohidratos son enemigos. Realmente necesitamos carbohidratos, pero no tantos como parecemos disfrutar consumiendo en nuestras dietas del siglo XXI. Las dietas «bajas en» o «sin» carbohidratos se han popularizado en las dos últimas décadas, porque sabemos que los carbohidratos afectan a los niveles de azúcar en sangre. Los niveles muy altos y muy bajos de azúcar están relacionados con una serie de enfermedades como la diabetes, los infartos del miocardio y los derrames cerebrales. Sin embargo, las últimas investigaciones sugieren que la historia de los carbohidratos no es tan blanca o negra. Todos tenemos diferentes respuestas metabólicas a los carbohidratos y, mientras que algunos de nosotros respondemos bien a una dieta muy baja en carbohidratos, a otros les va relativamente bien una dieta alta en carbohidratos. Incluso el mismo carbohidrato puede provocar una reacción diferente en distintas personas.

Un pequeño gran consejo, si te gustan las patatas, la pasta, el arroz o cualquier tipo de almidón, en realidad, es enfriarlos y recalentarlos una vez, o incluso dos si tienes tiempo. Esto aumenta la cantidad de «almidones resistentes» que las enzimas que descomponen el almidón en nuestros estómagos no pueden digerir. Esto significa que no experimentarás el rápido aumento de los niveles de azúcar en sangre que normalmente tendrías, sino que disfrutarás de un aumento y descenso más gradual de los niveles de azúcar en sangre, y de una liberación de insulina más medida y constante, todo lo cual resulta útil para controlar el peso de forma saludable. En este capítulo he incluido tres recetas que optimizan los almidones resistentes disponibles en el arroz de sushi, la pasta orzo y las patatas, y que pueden ayudarte a evitar el hambre durante más tiempo.

> Sé escéptico con las modas alimentarias o con cualquier colega o amigo que quiera hablarte del último «superalimento». La mayoría de los alimentos son superalimentos, dependiendo de para qué los quieras utilizar. Añadir granadas, kiwis o bayas de goji a tus comidas, por muy nutritivos y maravillosos que sean, es poco probable que sea el billete dorado para perder peso. Del mismo modo, es poco probable que el té verde, la guindilla o el café, incluso en forma de suplemento, te ayuden a quitarte el hambre por completo. Sin embargo, todos estos ingredientes, si se consumen con moderación, pueden ser partes muy saludables de una dieta equilibrada más amplia.

> Los edulcorantes artificiales pueden tener efectos nocivos, así que, en la medida de lo posible, evítalos. Está demostrado que, incluso en personas con un IMC normal, el consumo de edulcorantes puede estar asociado al aumento de peso y a la diabetes. También se cree que algunos edulcorantes afectan a células profundas del cerebro, interrumpiendo las vías del apetito y alterando las hormonas que intervienen en nuestro proceso de digestión. Los edulcorantes interactúan también con nuestro microbioma intestinal de diversas formas que aún no se conocen a fondo. Además, tienen un sabor horrible.

> Intenta hacer tiempo para el ejercicio físico. Me siento hipócrita escribiendo esto porque, sinceramente, ya no sé ni dónde están mis zapatillas de deporte. Pero en el fondo, todos sabemos que el ejercicio es una forma estupenda de quemar calorías y perder peso, y no es ni mucho menos su único beneficio. Las pruebas demuestran que el ejercicio parece ser capaz de influir en la capacidad del cuerpo para controlar el apetito, ejerciendo efecto (aunque todavía no lo comprendamos del todo) sobre varias hormonas intestinales que determinan nuestro impulso de comer y quizá incluso la composición bacteriana intestinal. Así que tal vez sea hora de que busques esas zapatillas y vuelvas a aprender lo que es una cinta de correr, o simplemente salgas a dar un paseo a paso ligero con el perrito del vecino.

> El sueño es un importante regulador del metabolismo. Un sueño inadecuado influye en las hormonas que controlan la sensación de

saciedad y puede favorecer la ingesta excesiva de alimentos. Como médica y madre de dos niños, he trabajado en muchos turnos de noche y puedo afirmar que, cuando no se duerme lo suficiente, la sensación de hambre puede pasar de ser manejable a ser abrumadora. Recuerdo una noche en la que todo el equipo médico estaba tan desesperado por comer que nos pusimos a calentar en el microondas una bolsa entera de patatas para llenar el estómago. También recuerdo haberme comido un paquete entero de galletas después de acostar a *cierto* niño llorón a las cuatro de la mañana.

Pero incluso para quienes no trabajan en turnos de noche o cuidan niños, la duración del sueño ha disminuido en los últimos cuarenta años entre una y dos horas en las sociedades occidentales. Hoy en día, todo el mundo parece dormir menos de las ocho horas recomendadas, desde los niños que se quedan despiertos hasta tarde con sus tabletas hasta los jóvenes que salen por la ciudad o los profesionales que trabajan y necesitan estar despiertos durante largas horas para aportar ingresos o equilibrar la vida familiar. La importancia del sueño parece haberse perdido en algún punto del camino. Pero, sinceramente, los profesionales consideran que aumentar la cantidad de sueño es una de las mejores formas de mejorar la salud física y mental. Entonces, ¿qué hora es esta? ¡Hora de irse a la cama!

› El estrés nos afecta a todos, independientemente de la edad. Sin embargo, estudios a gran escala sugieren que los *millennials* (nacidos entre 1980 y 1999) y los miembros de la generación X (nacidos entre 1965 y 1979) registran los mayores niveles de estrés de todos los grupos de edad. Como individuos, nuestras respuestas alimentarias al estrés pueden diferir enormemente: algunos de nosotros recurrimos a la comida compulsiva para calmar los nervios crispados, mientras que otros, en estados de estrés, se olvidan por completo de comer. Tú sabrás en qué bando estás. Pero ¿por qué afecta el estrés a nuestro peso? Los niveles de la hormona cortisol aumentan cuando estamos estresados (por eso al cortisol se le llama «la hormona del estrés»). Si experimentamos este estrés durante periodos prolongados, el cortisol que puede hacer que desarrollemos obesidad abdominal (también conocida como «michelines»). El exceso de cortisol también hará que la insulina sea más resistente, lo que desencadena la liberación de las reservas de azúcares de nuestro cuerpo, que entran en el torrente sanguíneo y aumentan el apetito. Por lo tanto, si estás estresado por cualquier motivo, plantéate abordar las causas de este estrés antes de intentar otras estrategias para perder peso, ya que averiguar cómo puedes controlar situaciones estresantes (meditando, dando un paseo, haciendo ejercicio, etcétera) a corto plazo tendrá un impacto positivo en tu peso a largo plazo.

Como he mencionado antes, nuestra relación con el hambre y la saciedad es uno de los mayores obstáculos para lograr una sensación de bienestar digestivo y felicidad, así como para mejorar nuestra relación con los alimentos que elegimos comer. Sin embargo, si comprendemos lo que ocurre en nuestro cuerpo cuando sentimos hambre o saciedad y seguimos unas sencillas pautas sobre cómo responder a esas sensaciones, podemos mejorar nuestra capacidad para dominar nuestra propia hambre y no dejar que controle nuestro comportamiento alimentario. Los beneficios a largo plazo para nuestro bienestar mental y físico son realmente numerosos.

Resumen

> Desde una perspectiva evolutiva, los seres humanos están diseñados para ser más sensibles al hambre que a la saciedad.

> Intentar cocinar desde cero puede reducir a largo plazo la dependencia de los alimentos ultraprocesados, con probables efectos beneficiosos para la salud.

> Las estrategias para perder peso deben adaptarse a cada persona, ya que cada vez hay más estudios que demuestran que un enfoque único de las dietas no es fructífero.

> Aumentar el consumo de alimentos ricos en fibra, dormir lo máximo posible, hacer ejercicio, controlar el estrés y evitar los edulcorantes artificiales son estrategias beneficiosas para controlar el peso.

> Mastica bien los alimentos; el número de veces que masticas puede influir en la rapidez con la que te sientes saciado.

> Múltiples hormonas controlan el hambre. Entre ellas se encuentran las hormonas «orexigénicas», que nos dan ganas de comer, y las hormonas «anorexigénicas», que nos lo impiden. La balanza puede inclinarse en uno u otro sentido.

> El hambre tiene una dimensión psicológica que acompaña a la fisiológica.

Ensalada fría de patatas «sin culpa»

Para 4 personas
Me encantan las patatas calientes, pero es innegable que cocer las patatas, enfriarlas, recalentarlas y volverlas a enfriar antes de consumirlas aumenta el número de «almidones resistentes» (véase la página 169). Merece la pena probarlas en lugar de comer, como siempre, las clásicas patatas asadas.

Ingredientes

600 g de patatas nuevas cocidas
300 g de yogur griego
3 dientes de ajo picados
30 g de eneldo picado
50 g de pepinillos, picados en trozos grandes

1 cucharadita de miel
1 cucharadita de copos de guindilla roja
Zumo de 1 limón
2 cucharadas de aceite de oliva
Sal al gusto

Preparación

1. Partir las patatas cocidas por la mitad y dejar que se enfríen completamente. Una vez frías, calentar de nuevo en el microondas durante un minuto y volver a dejarlas enfriar. Yo siempre conservo la piel de las patatas, ya que es una fantástica fuente de fibra.

2. Mezclar el yogur griego, el ajo, el eneldo, los pepinillos, la miel, los copos de guindilla, el zumo de limón, el aceite de oliva y la sal en un bol grande para hacer el aliño de las patatas. Verter las patatas en el aliño y mezclarlas bien para asegurarse de que queden bien cubiertas.

3. Se pueden servir en el momento o dejarlas en la nevera hasta el momento de comerlas. A mí me gusta comerlas con pescado ahumado, como salmón o caballa, o con un trozo de rosbif en la comida del domingo.

Orzo con naranja y pimientos asados

Para 4-6 personas
Un plato práctico para el almuerzo o la fiambrera. Una vez más, el proceso de cocción y enfriamiento del orzo ayudará a desarrollar almi-

dones resistentes en la pasta. También puedes utilizar otras formas de pasta, o arroz salvaje cocido y enfriado dos veces (al recalentar el arroz, comprueba siempre que esté humeante, hasta el final).

Ingredientes

6 pimientos rojos o amarillos, partidos por la mitad y sin pepitas
5 cucharadas de aceite de oliva
250 g de orzo
3 naranjas grandes
Zumo de 1 limón
1 cucharadita de zumaque

50 g de perejil picado
2 cucharadas de harissa rosa
1 puñado de avellanas tostadas picadas (opcional)
1 puñado de granos de granada (opcional)
Sal al gusto

Preparación

1. Precalentar el horno a 180 °C con ventilador. Colocar los pimientos en una bandeja de horno, rociarlos con 2 cucharadas de aceite de oliva y sazonarlos con sal. Llevarlos al horno y asarlos durante unos 30 minutos, hasta que los pimientos se ablanden por completo y queden carbonizados por los bordes. Retirar del horno y dejar enfriar.

2. Mientras tanto, hervir el orzo en agua muy salada, según las instrucciones del paquete. Suele tardar unos 5 minutos. Escurrir la pasta y dejar que se enfríe por completo.

3. Cortar la parte superior e inferior de cada naranja. A continuación, separar la piel de la pulpa con movimientos uniformes hacia abajo. Desechar la piel. Ahora corta entre las membranas para segmentar los trozos de pulpa de naranja. Una vez hecho esto, la pulpa restante contiene bastante zumo de naranja, que puedes exprimir y reservar en lugar de desperdiciarlo.

4. Para montar la ensalada, poner el orzo frío en el microondas durante un minuto y, a continuación, pasarlo a un bol grande. Añadir los gajos de naranja y el zumo, seguidos de los pimientos asados, 3 cucharadas de aceite de oliva, el zumo de limón, el zumaque, el perejil y la harissa rosa. Mezclarlo todo bien y probarlo. Añade un poco de sal si crees que necesita más, que probablemente necesitará, y mezcla una vez más antes de distribuir la ensalada en una fuente grande. Decórala con avellanas y granos de granada, si lo deseas, y sírvela.

Bistec y arroz de sushi con jengibre encurtido, sésamo y algas

Para 2 personas

El arroz de sushi enfriado es rico en almidones resistentes, lo que hace que te sientas saciado durante más tiempo: no se necesita mucho arroz de sushi para llenarte. Me encanta utilizarlo, ya que actúa como una esponja para los sabores fuertes: aquí el jengibre, la soja y el sésamo con un toque de guindilla y algas son las estrellas. Puedes sustituir el filete por salmón o atún muy fresco, o incluso tofu o rodajas de champiñones salteados, si eres vegetariano.

Ingredientes

125 g de arroz de sushi crudo
2 filetes de solomillo de 250 g (aproximadamente 2 cm de grosor)
1 cucharada de aceite vegetal
½ pepino, sin pepitas y cortado en tiras largas y finas
4 cebolletas, cortadas en juliana fina
2 cucharadas de jengibre de sushi encurtido
Escamas de sal marina

Para el aliño:
4 cucharadas de salsa de soja oscura

2 cucharadas de vinagre de arroz
1 cucharadita de aceite de sésamo
½ cucharadita de pasta de wasabi (más, si te gusta muy picante)

Para las especias en polvo:
1 cucharadita de semillas de sésamo (blancas o negras)
1 cucharadita de copos de alga aonori o nori
1 cucharadita de copos de guindilla roja

Preparación

1. Coloca el arroz de sushi en una cacerola y prepáralo siguiendo las instrucciones del paquete. Por lo general, esto implica cubrir el arroz con agua, permitiendo que hierva a fuego alto antes de reducir el calor y colocar una tapa en la cacerola. El arroz suele cocerse a fuego lento durante 10-12 minutos hasta que se haya absorbido toda el agua. Luego, se retira del fuego para que enfríe.

2. Mientras tanto, coloca una sartén antiadherente de base gruesa a fuego fuerte hasta que esté caliente (pero sin llegar a humear) y cocina los filetes en la sartén. Sazona generosamente con sal y rocía

con el aceite vegetal. Procura no mover demasiado los filetes para darles tiempo a carbonizarse. Dales la vuelta a los $2^1/_2$ minutos y deja que se hagan por el otro lado durante la misma cantidad de tiempo (y que se chamusquen). De este modo, los filetes quedarán a punto. Deja reposar los filetes en un plato, cubiertos con papel de aluminio.

3. Para preparar el aliño, mezcla la salsa de soja, el vinagre de arroz, el aceite de sésamo y el wasabi en un bol pequeño y remuévelo bien. Para preparar el polvo de especias, coloca las semillas de sésamo, los copos de algas y los copos de guindilla en un mortero y muélelos bien hasta obtener una especie de polvo grueso.

4. Para servir, extiende el arroz de sushi en una fuente y coloca encima el pepino, las cebolletas y el jengibre encurtido. Corta los filetes en rodajas finas y espárcelos, junto con el jugo restante, sobre el arroz de sushi. Vierte el aliño y espolvorea con las especias antes de servir.

Capítulo 7

EL ESCURRIDIZO MICROBIOMA

uando di a luz a mi primer bebé, me lesioné gravemente el suelo pélvico (el conjunto de músculos y ligamentos que sostienen la vejiga, el útero y el intestino). Mido 1,70 metros, visto la talla 34 y peso unos 50 kilos, así que fue una odisea (es decir, setenta y ocho horas de una agonía indescriptible) expulsar a mi precioso pero fornido bebé de 4 kilos. Por mis pecados, sufrí los efectos secundarios no poco comunes del parto natural: inmediatamente después del nacimiento de mi bebé, tuve unas hemorroides horribles y un desgarro de tercer grado, además de otros efectos que quedarían a largo plazo, como una vejiga débil y problemas en el funcionamiento intestinal.

Todo el proceso me hizo desistir de dar a luz durante cinco años. Por muy lindo que sea, tener un melón de 4 kilos abriéndose paso a través de tus partes íntimas deja a una persona con cicatrices tanto físicas como mentales. Hacia el final de mi segundo embarazo, mencioné estos temores a mi comadrona, quien me convenció de visitar a una obstetra. La obstetra, una mujer encantadora con años de experiencia, me recomendó que, debido a la debilidad de mi suelo pélvico y al trauma del primer parto, me practicaran una cesárea. Esa noche llegué a casa y repasé los acontecimientos del día con mi marido. Una lágrima inesperada rodó por mi mejilla cuando le dije que me habían apuntado para una cesárea electiva en quince días.

Mi desánimo se debía a que sentía que me estaban arrebatando la oportunidad de traer al mundo a mi segundo hijo de forma natural, un sentimiento que estoy segura les resultará familiar a muchas mujeres. Con toda la compasión del mundo, mi marido hizo todo lo posible por consolarme. Cubrió las bases habituales: que una cesárea era un procedimiento increíblemente seguro con un bajo índice de complicaciones, que él estaría allí para cuidarme después, que las personas que me operarían tenían mucha experiencia y que estaría en manos seguras. Entonces me preguntó: «¿Te preocupa no tener el mismo vínculo con nuestro segundo hijo porque no lo vas a dar a luz de forma natural?».

En realidad, no era nada de eso. «Entonces, ¿qué te preocupa? —me preguntó mi marido, perplejo—. No querrás volver a tener los problemas en el suelo pélvico que tuviste la última vez, ¿verdad?». Y sí, eso me preocupaba, pero, extrañamente, lo que más me preocupaba era la tripa de mi bebé. Cuando das a luz por vía vaginal, el bebé se introduce en un mundo de bacterias naturales beneficiosas a medida que desciende por el canal vaginal. En cambio, la cesárea es un procedimiento estéril que, por su diseño, carece de bacterias, beneficiosas o no.

Así que, con las palabras más atractivas que jamás hayan salido de los labios de ninguna mujer, respondí: «¡Me preocupa no exponer al bebé a mi flora vaginal! —Y continué, angustiada—: ¡No desarrollará correctamente su microbioma intestinal y eso le afectará el resto de su vida!». Mi marido me miró con una mezcla de confusión y diversión. Sabía que, como gastroenteróloga, estaba obsesionada con los microbios intestinales y los intestinos de las personas, pero hasta ese momento no se había dado cuenta de lo mucho que me preocupaba el intestino de nuestro hijo por nacer. El parto es la primera vez que la nariz y la boca de un niño, antes estériles, son colonizadas por las bacterias de su madre. Es el comienzo de una relación de por vida con los microbios corporales (seres vivos muy pequeños que solo pueden verse con un microscopio), y una cesárea significaba que mi segundo hijo no tendría la mejor oportunidad de estar expuesto a las «bacterias buenas» que el intestino necesita para funcionar correctamente, tal y como la naturaleza lo pretende.

Acabé sometiéndome a una cesárea electiva para salvar mi suelo pélvico. Sopesé los pros y los contras, y llegué a la conclusión de que una cesárea era un precio justo a pagar por poder aguantar el pipí. Pero, incluso hoy, meses después del nacimiento de nuestro segundo hijo, perfectamente sano, me sigue preocupando el impacto que mi decisión pueda tener en su intestino (no, de verdad, me preocupa).

He aquí una pregunta: ¿cuántas visitas tiene en YouTube el vídeo *Cómo las bacterias gobiernan tu cuerpo: el microbioma*? Suena bastante nicho, así que ¿quizá mil? ¿Cinco mil? ¿Cien mil? ¿Te sorprendería saber que la respuesta es casi 6,5 millones?

El intestino, antaño desestimado por los investigadores por carecer de interés, está viviendo un renacimiento gracias a algunos avances muy interesantes en nuestra comprensión de cómo la salud de esta zona del cuerpo puede influir en nuestras vidas. Ha captado el interés y la imaginación del público en general, y titulares como *Mantener el microbioma intestinal sano es la clave para una alimentación saludable* y *Cómo mudarse a otro país podría alterar tus bacterias intestinales* (ambos titulares recientes de periódicos británicos) son cada vez más frecuentes.

Tu microbioma: el órgano que no sabías que existía

La mágica interacción entre los seres humanos y los bichos que viven dentro de nosotros funciona desde la cuna hasta la tumba y, por tanto, bien merece nuestro tiempo y comprensión.

Si crees, como casi todos nosotros, que tu cuerpo está formado por células que poseen tu propio ADN, piénsalo otra vez. Tu cuerpo es, en realidad, un recipiente que alberga diversos microbios especializados. De la palabra griega *bios*, que significa vida, estos microbios viven en todas partes: en la piel, en la boca, en la vagina (si es que tienes) y, sobre todo, en el aparato digestivo. Algunos científicos calculan que, a lo largo de su vida, un ser humano alberga bacterias que, en conjunto, pesan el equivalente a cinco elefantes africanos. No sé exactamente cómo han llegado a estos cálculos, pero la cuestión está clara: el microbioma no es una entidad insignificante.

El intestino humano alberga alrededor de 40 billones de microbios. Para quienes necesiten conceptualizar esta cifra, es un cuatro seguido de trece ceros; supera en número a las estrellas de la Vía Láctea (unos 300 000 millones), a todos los peces de todos los océanos de la Tierra (unos 3,5 billones) e incluso a las células individuales de nuestro cuerpo (unos 30 billones). Treinta billones de células humanas y 40 billones de bacterias es casi una proporción de uno a uno entre células humanas y microbios, y esta masa gigantesca de microbios pesa alrededor de 2 kilogramos. Como sería un engorro recordar los nombres de todos estos microbios, nos referimos a ellos colectivamente como «la microbiota» de nuestro intestino.

El cuerpo humano forma un paisaje de hábitats microbianos más diverso que cualquier otro del planeta, y la microbiota de cada individuo es única, casi como nuestra huella dactilar. Según los resultados del Proyecto Genoma Humano, el ser humano está compuesto por poco menos de veintiún mil genes, es decir, unos mil más que una lombriz de tierra. Los genes que componen la microbiota del cuerpo humano se denominan «microbioma».

Así que, para recapitular, la microbiota son los bichos, y el microbioma es la colección de genes dentro de todos esos bichos juntos. Cuando los investigadores analizaron el microbioma humano, descubrieron que contiene un enorme número de genes, literalmente millones y millones. Esto supera con creces los veintiún mil genes humanos que hacen que nuestro cuerpo sea lo que es, pero estos millones de genes no permanecen iguales para siempre. La composición del microbioma es inestable, susceptible de cambios rápidos y frecuentes, a diferencia de nuestro genoma humano. Esto es bueno, porque significa que cuando cambiamos de dieta —por ejemplo, si nos pasamos a la dieta paleo o keto— nuestro microbioma es capaz de adaptarse. También es capaz de adaptarse si nos encontramos en un estado de inanición.

Cuando un bebé nace y atraviesa el canal vaginal, su nariz, boca y piel se colonizan con la flora de su madre, y es en este momento cuando comienza a desarrollarse el microbioma intestinal. Algunos estudios recientes han demostrado que incluso puede haber microbios en el meconio y restos de ADN bacteriano en la placenta y el líquido amniótico, lo que plantea la cuestión de si la microbiota del feto empieza a desarrollarse en el propio útero. Su primer alimento, la leche materna, ayuda a madurar el microbioma intestinal y, a medida que el niño crece, la microbiota madura con él hasta que tiene unos tres años, momento en el que una variada gama de bichos le habrá colonizado desde la boca hasta el culito. Al recorrer el intestino, se observa que la composición del microbioma varía en función de dónde se mire. Si miramos en el estómago, que es muy ácido, probablemente no encontremos mucha vida microbiana (aunque existe), pero a medida que bajamos por el intestino delgado, este número aumenta hasta unos diez mil microbios por mililitro de contenido intestinal. Solo cuando se llega a la unión entre el intestino delgado y el grueso se aprecian las mayores poblaciones de bacterias intestinales, con aproximadamente 10 millones de microbios por mililitro aquí y en el intestino grueso. Y en lo más profundo de los oscuros recovecos del colon, encontramos la metrópolis bacteriana, a la que llaman hogar unos 10^{11}-10^{12} microbios por mililitro de fluido intestinal.

Bien, ahora que ya nos hemos hecho una idea de lo importantes que son las bacterias para nuestro organismo y de que gran parte de nuestro cuerpo son solo bacterias, podemos empezar a hablar de lo que realmente hacen. Por ejemplo, cuando ves un anuncio de uno de esos yogures que dicen que contienen bacterias «buenas», ¿qué significa eso en realidad? Bueno, hay tres categorías principales de bacterias «buenas» (*Bacteroidetes*, *Firmicutes* y *Prevotella actinobacteria*, por si te interesa), y todos poseemos diferentes cepas de estos tres grupos (entre otras bacterias) en diferentes proporciones, así como una serie de hongos y virus.

En realidad, es muy sencillo analizar la composición de tu microbioma. Basta con una búsqueda en Google y una caca rápida en un vasito, que luego se envía para su análisis a una de las varias empresas establecidas para ello. En general, cuanto más diverso sea tu microbioma, en una escala llamada «índice de Simpson», mejor. He pensado en enviar mi propia muestra, pero siempre me acobardo en el último minuto por la posible vergüenza de que una gastroenteróloga como yo resulte tener un mal surtido de bichos del colon (es broma, aunque no tanto). Quizá algún día me arme de valor y me ponga en el punto de mira. Un montón famosos y científicos populares lo han hecho y, como resultado, está volviéndose cada vez más popular saber qué hace que tu intestino funcione y cómo puedes hacerlo funcionar mejor.

Todos los seres vivos necesitan alimentarse, y tus bacterias intestinales no son una excepción. Así que, cuando te comes una manzana, ¿a quién estás alimentando en realidad? Bueno, la manzana que te has comido, con la esperanza de mantenerme a mí y a mis colegas alejados, está alimentando tanto a las células de tu propio cuerpo como a los bichos de tu vientre. Una vez que pasa por tu vientre, los microbios de tu colon digieren los trozos que el intestino delgado no es capaz de descomponer. Los trozos no digeribles son fermentados por los microbios del colon, produciendo energía que de otro modo no se podría haber cosechado, reciclando el nitrógeno, los azúcares y las grasas que escaparon a la digestión en el intestino delgado e incluso ayudando en la producción de vitaminas B y K.

Los microbios intestinales han coevolucionado con nosotros a lo largo del tiempo. Nos adoran porque nuestros intestinos les proporcionan el entorno cálido y húmedo perfecto para desarrollarse y, a lo largo de millones de años de evolución humana, se han convertido en una parte esencial de nuestro proceso digestivo. Y, lo que es más, su ayuda no se limita a la digestión: se ha demostrado que los microbios del intestino grueso influyen en nuestros niveles de inmunidad, y también en la capacidad de nuestro organismo para contener la inflamación, estimular el sistema nervioso local y ayudar a aumentar la renovación celular beneficiosa en el revestimiento de la pared intestinal. Tienen mucho talento.

Por lo tanto, existe un equilibrio hermoso y mesurado entre nuestro cuerpo y nuestra microbiota, pero a menudo puede haber daños colaterales en nuestra lucha contra otras dolencias. Por ejemplo, un tratamiento con antibióticos o los laxantes explosivos necesarios para una colonoscopia pueden prácticamente acabar con nuestra microbiota intestinal. Sin embargo, ahora sabemos que el apéndice —un órgano que durante años creímos inútil— alberga un reservorio de microbios que puede iniciar el proceso de colonización del intestino una vez más, restaurando nuestro entorno natural. Malas noticias para quienes se hayan extirpado el apéndice antes de que los científicos lo descubrieran, pero buenas para el resto de nosotros si alguna vez necesitamos tomar antibióticos fuertes.

Dicho todo esto, lo que quiero decir es lo siguiente: un paso fundamental para conseguir el bienestar digestivo y la felicidad consiste en comprender que albergas una gran variedad de bichos intestinales que requieren cuidados y nutrición, al igual que cualquier otra parte del cuerpo. Los pasos para lograrlo a través de los alimentos que ingieres se tratarán más adelante en este capítulo.

El microbioma y la obesidad

Cuando estudiaba medicina en el King's College de Londres, solía hacer largos viajes en autobús al sur de la capital para hacer mis prácticas. Un día gris y lluvioso de otoño, de esos en los que te apetece un pastel y una chimenea caliente, oí por casualidad una conversación memorable entre dos colegialas, probablemente de unos quince o dieciséis años.

Mientras compartían un paquete de gominolas Haribo, mantenían una discusión muy seria sobre los factores que contribuyen a la obesidad. «Creo que tenemos que ser capaces de hablar del peso y la silueta sin preocuparnos de ofender a la gente —dice la primera—. No se trata de avergonzar, sino de conversar. Si no hablamos de lo que hace que la gente engorde, no podremos invertir la tendencia».

La segunda chica estuvo de acuerdo y pasó directamente a la gran pregunta del día: ¿la obesidad es genética? «Creo que tiene que ver sobre todo con los genes, y el peso corporal es hereditario —reflexiona—. Por parte de mi madre, todas las mujeres somos grandes y ninguna de nosotras come tanto. Pero las mujeres del lado de mi padre parecen palos y comen como caballos».

Ambas lo comentaron un poco mientras se comían los Haribos. «Creo que en gran parte tiene que ver con el metabolismo —dijo la chica A, abordando otra de las grandes cuestiones que se plantean en el campo de la investigación sobre la obesidad—. ¿Quizá tu padre tiene un metabolismo muy rápido?».

No estoy segura de lo que concluyeron las dos chicas, ya que se bajaron del autobús unas paradas antes que yo, junto con su paquete de Haribo vacío. Pero su conversación abordó una serie de cuestiones que muchos investigadores están tratando con urgencia. La obesidad se está convirtiendo rápidamente en una crisis de salud pública, y sus causas no son tan simples como «si comes demasiado, serás obeso». Como mis dos nuevas amigas han señalado correctamente, a veces las personas que comen menos que otras pueden engordar más. Pero ¿a qué se debe esto? La respuesta, como habrás adivinado (dado que la historia está en este capítulo), está en nuestro microbioma.

Cuando hablo con pacientes en la clínica sobre su peso, a menudo me viene a la mente la conversación entre esas dos colegialas. Revela que muchos de nosotros pensamos que las causas de la obesidad son una combinación de demasiadas calorías, demasiada comida para llevar, predisposición genética y la idea de que algunas personas tienen «suerte» de tener un metabolismo rápido, mientras que otras no. Sin embargo, la verdad no es tan sencilla.

¿Contribuyen los genes a la obesidad?

Los genes parecen tener algo que ver con el aumento de peso, pero no hay que exagerar el hecho de que la genética es solo un factor en un asunto extremadamente complicado, y no puede explicar por sí sola la obesidad, o por qué tanta gente tiene sobrepeso hoy en día. Digo «hoy en día» porque hace tan solo un siglo las tasas de obesidad eran mucho más bajas que en la actualidad y, en términos evolutivos, cien años no es ni siquiera un error de redondeo, definitivamente es un tiempo demasiado corto para que cualquier tipo de selección natural nos lleve hacia la obesidad. Normalmente, se necesitan unas cien generaciones, o dos mil quinientos años, para que las adaptaciones genéticas sean perceptibles.

En muy raras ocasiones, un gen llamado MC4R es defectuoso, lo que provoca una sobrealimentación compulsiva y, por tanto, obesidad. Pero en la mayoría de las personas, ningún gen de la obesidad es el culpable. Los estudios de asociación de todo el genoma han encontrado unos cincuenta genes asociados a la obesidad, y dado que el genoma humano contiene veintiún mil genes, cincuenta no es realmente nada del otro mundo.

Así pues, los genes contribuyen, pero no lo hacen todo. ¿Y esa cosa llamada metabolismo?

¿Un metabolismo lento engorda?

La noción de que nuestro metabolismo (o, para utilizar el término científico, nuestra «tasa metabólica basal») afecta al peso es probablemente una falacia. De hecho, aquellos de nosotros que tenemos un peso corporal más elevado en realidad tenemos tasas metabólicas más altas que los que pesan menos, ya que cuanto más grande es un cuerpo, más duro tiene que trabajar para producir energía para alimentar a todas sus células. Dejando de lado el pequeño número de casos en los que existe una disfunción de la glándula tiroides, la afirmación de que un metabolismo rápido o lento afecta al peso simplemente no es cierta.

¿Tiene la gente sobrepeso simplemente por el número de calorías que consume?

La idea generalizada de que la obesidad es el resultado directo de la ingesta de calorías frente al gasto energético está siendo cada vez más cuestionada por la investigación. Por supuesto, el exceso de calorías desempeña un papel, pero no explica el hecho de que dos personas puedan ingerir el mismo número de calorías y tener formas corporales radicalmente diferentes.

Entonces, ¿por qué dos personas pueden comer el mismo número de calorías pero tener formas corporales radicalmente diferentes? Si crees que mi respuesta va a contener la palabra microbioma, entonces definitivamente has estado prestando atención.

¿Pueden engordarme los bichos del intestino?

En una palabra, probablemente. Cada vez hay más pruebas de que el microbioma intestinal desempeña un papel importante en la obesidad. Las más convincentes proceden de estudios realizados en ratones.

La relación entre la obesidad y la microbiota intestinal se sugirió inicialmente a partir de estudios sobre ratones «libres de gérmenes», criados en condiciones estériles y por tanto carentes de un microbioma intestinal desarrollado. Cuando la microbiota de los intestinos de ratones normales se trasplantó a estos ratones libres de gérmenes, salieron a la luz algunos hallazgos sorprendentes. Los ratones antes libres de gérmenes mostraron un aumento de hasta el 60 % de grasa corporal en dos semanas, sin que aumentara la cantidad de comida que consumían.

Además, cuando se ha comparado la microbiota de ratones obesos con la de ratones delgados, se han observado diferencias notables en la composición de la microbiota. Los ratones obesos presentaban una mayor proporción de *Firmicutes* y una menor de *Bacteroidetes*, combinación que favorece el aumento de peso, ya que los *Firmicutes* extraen una mayor cantidad de energía de los alimentos que se ingieren en comparación con otros bichos, lo que resulta en la liberación de más calorías que entran en el organismo. De manera similar, cuando se realizaron estudios en humanos, se observó que las personas obesas tenían más *Firmicutes* que las más delgadas.

Dicho de otro modo: si Bob, que consume 2000 calorías al día, tiene un microbioma más firme y, por tanto, capaz de extraer, digamos, un 2 % más de calorías de los alimentos que el de Jeff, entonces Bob extraerá 40 calorías extra de lo que coma cada día, aunque ingiera exactamente la misma cantidad de alimentos (que contengan el mismo número de calorías). Ahora bien, 40 calorías pueden no parecer muchas (es aproximadamente la mitad de las calorías que contiene una galleta digestiva), pero con el paso de los años y las décadas esto podría traducirse en un aumento de peso.

Volviendo al punto que mencioné al principio de este capítulo, los estudios han demostrado que los bebés que nacen por cesárea (y, por lo tanto, que no inician su microbioma con microbios saludables del canal vaginal) tienen muchas más probabilidades de ser niños obesos y adultos con sobrepeso. Esto ocurre incluso si se crían en el mismo hogar que sus hermanos y hermanas nacidos por parto natural y todos comen lo mismo durante su crecimiento. Sin embargo, la literatura parece sugerir que la lactancia materna es muy ventajosa en términos de nutrición de la microbiota y puede (esperemos) compensar la cesárea hasta cierto punto. Volvamos a vernos dentro de dieciocho años y te contaré cómo nos ha ido.

La curiosa relación entre el azúcar en sangre y los microbios intestinales

Asociamos el pastel con la obesidad, con el sobrepeso, con el exceso de placer. ¿Por qué? Bueno, todo tiene que ver con los azúcares. Cuando masticas y tragas ese trozo de tarta de chocolate, pasa a través del estómago al intestino delgado, donde una serie de enzimas digestivas segregadas por el páncreas descomponen los carbohidratos largos de la tarta en azúcares más cortos y útiles. Ahora bien, la superficie del intestino delgado no es plana, sino que está recubierta de unas proyecciones en forma de dedos llamadas «vellosidades». Estas, y las microvellosidades que viven en ellas, multiplican casi por seiscientos la superficie disponible para absorber nutrientes. Se trata de un órgano increíblemente eficaz que, gracias a la evolución, está altamente especializado en extraer enormes cantidades de nutrientes de los alimentos.

Los azúcares absorbidos entran en el torrente sanguíneo y provocan un aumento de los niveles de azúcar en sangre, pero parece que la microbiota es, una vez más, la maestra de ceremonias en este proceso. Las investigaciones actuales sugieren que la proporción y composición particulares de las bacterias intestinales pueden influir en la respuesta del azúcar en sangre a determinados alimentos. El estudio PREDICT ha llegado a identificar quince microbios intestinales «buenos» y quince «malos» que están relacionados con una mejor o peor salud, incluido el control del azúcar en sangre, la inflamación y el peso. Por ejemplo, un microbioma rico en *Prevotella copri* y especies de *Blastocystis* se asocia a respuestas más saludables del azúcar en sangre después de comer.

Así pues, debido a nuestro microbioma, todos somos diferentes en cuanto a la cantidad de azúcar en sangre que se dispara en respuesta a ese trozo de tarta que comemos. Cuanto mayor sea el pico de azúcar, más tendrá que trabajar el páncreas para segregar insulina y mayores serán las probabilidades de engordar o desarrollar diabetes tipo 2. Dada la composición altamente personalizada del microbioma de cada individuo, la investigación implica que podríamos ser capaces de modificar nuestro microbioma intestinal para optimizar nuestra salud eligiendo los mejores alimentos adaptados a nuestra biología única. Si nos paramos a pensarlo, esto es realmente significativo. Si el microbioma es, como parece ser el caso, el responsable de las enormes diferencias en la forma en que cada persona procesa los azúcares y otros nutrientes, será interesante ver cómo evoluciona el campo del control del peso en los próximos años. ¿Seguiremos centrándonos en «ingerir y eliminar calorías»? ¿Seguiremos avergonzando a la gente por comer fuera de vez en cuando?

Espero que en los próximos años los profesionales de la salud ofrezcan a las personas planes individualizados para ayudarlas a perder peso, centrándose en la salud intestinal como factor clave del éxito o el fracaso de cualquier plan de control de peso. Deberíamos saber qué alimentos provocan esos preocupantes subidones de azúcar para poder evitarlos, y cuáles permiten a nuestro organismo mantener un estado de azúcar estable durante más tiempo. Probablemente nos encontremos en una posición en la que podamos aconsejar a las personas sobre suplementos probióticos concretos, de los que se podrán beneficiar para crear un microbioma más sano y diverso que favorezca un tipo de cuerpo delgado.

Una nota final sobre este tema: estudios han demostrado que un procedimiento llamado «transplante fecal» (mediante el cual la caca de una persona sana y delgada se transplanta endoscópicamente al tracto digestivo de una persona obesa) puede reducir significativamente los niveles de obesidad. El trabajo aún está en sus inicios y no forma parte de la atención clínica estándar en la actualidad, pero el mundo de la investigación y la gestión de la obesidad va a ser muy emocionante en los próximos años con el floreciente conocimiento del microbioma intestinal.

Alimentación y microbioma

A estas alturas te estarás preguntando qué tienen que ver tus nuevos conocimientos científicos sobre la microbiota con un libro titulado *Foodology* o con la búsqueda del bienestar digestivo y la felicidad. Pues bien, lo esencial es que los alimentos que ingerimos influyen directamente en la composición de nuestra microbiota intestinal y, una vez que nos damos cuenta de la importancia de sus habitantes, podemos empezar a elegir alimentos que los ayuden a desarrollar todo su potencial.

Las investigaciones actuales sugieren que la microbiota intestinal se ve influida por la dieta, y que algunas microbiotas son «mejores» y más diversas que otras. Una microbiota sana y diversa se ha relacionado con una serie de beneficios para la salud, como un menor riesgo de cardio-patías y diabetes, obesidad y enfermedades metabólicas, entre otros.

Las investigaciones parecen demostrar ahora que las personas que siguen una dieta occidentalizada (pizzas, tacos, ese tipo de cosas) pueden perder hasta un tercio de su diversidad microbiana. Hace quince mil años, la gente comía más de ciento cincuenta ingredientes a la semana, mientras que ahora la mayoría de nosotros comemos menos de veinte. De hecho, de las doscientos cincuenta mil especies de plantas comestibles que se conocen en la Tierra, utilizamos menos de doscientos, y tres cuartas partes de los alimentos que consumimos en el mundo proceden de solo cinco especies animales y doce vegetales. ¿Cómo de aburridos podemos llegar a ser?

Optimizar la salud intestinal de forma natural

Una forma de diversificar la microbiota consiste en introducir una mayor variedad de alimentos en nuestra dieta, sobre todo de origen vegetal. Ahora bien, no estoy abogando por cambiar a una dieta exclu-sivamente vegana o vegetariana, sino alentando (espero que sutilmen-te) la introducción de una mayor variedad de verduras en tu régimen actual. La decisión de incluir o no carne es algo que cada cual debe tomar por sí mismo, en función de su estilo de vida, sus creencias y sus gustos. Pero es un hecho que comer más alimentos de origen vegetal influye positivamente en la microbiota, y con relativa rapidez. Estudios realizados en la Universidad de Harvard evaluaron la microbiota de voluntarios sanos que cambiaron a una dieta basada en vegetales o en carne y descubrieron que la composición microbiana de ambos grupos se adaptó rápidamente al cambio.

Como cualquier cambio dietético, añadir más alimentos vegetales a la dieta no es necesariamente una tarea fácil ni económica. En casi todos los supermercados existen más pasillos de alimentos procesados que de alimentos vegetales. Y teniendo en cuenta lo que sabemos so-bre el hambre del capítulo anterior, es mejor que nunca entres en un supermercado con la barriga vacía, a menos que quieras salir con un carrito lleno de patatas fritas, galletas y cruasanes.

Cocinar plantas es todo un arte. Imponen cierto respeto, pero nadie es bueno en algo inmediatamente, por lo que te animo plenamente a experimentar y aprender a manejar las plantas en la cocina. El primer logro es saber evitar un desastre aguado e insípido, ¡y seré la primera en decir que no es poca cosa! Una vez dominada esta habilidad, podrás experimentar con los cientos de formas de optimizar el sabor y la textura de tus plantas.

Está claro que hay una gran diferencia entre el brócoli blando y empapado al estilo de las cantinas y el brócoli germinado a la parrilla con tahini dulce del cocinero Yotam Ottolenghi; los dos evocan dos respuestas muy diferentes, tanto en el apetito como en las emociones. Cocinar platos a base de plantas puede llevarnos a exóticos viajes culinarios por todo el mundo y, al mismo tiempo, alimentar el zoo de microbios que llevamos dentro.

He descubierto que una forma económica de añadir alimentos vegetales a tu dieta sin salirte del presupuesto es rebuscar en el pasillo de los congelados de tu supermercado local. En las tiendas más pequeñas de comida india o especializadas puede que incluso tengan verduras congeladas exóticas que no se encuentran en un hipermercado. Hay quien dice que la congelación de verduras resta algunos nutrientes, pero es un error; solo afecta mínimamente (o nada) a su composición nutricional, a pesar de la mala prensa que han tenido en el pasado en comparación con las verduras frescas. He comprado quingombó, yuca, calabaza amarga, hojas de mostaza, hojas de molokhia persa, arándanos, habas y muchas otras verduras congeladas, y todas saben de maravilla y se han convertido en parte indispensable de nuestra dieta familiar. Para la mayoría de nosotros, nuestro repertorio de verduras congeladas se detiene en la bolsa de guisantes que lleva dos años acumulando escarcha en el fondo del congelador, pero el potencial de la sección de congelados para mejorar nuestra salud intestinal es enorme, y te animo a que lo aproveches.

Suscribirse a un envío semanal de cajas de verduras es una forma estupenda (aunque menos económica) de obligarte a probar verduras que no has probado antes, y suelen ir acompañadas de ingeniosas recetas. En los últimos años también ha aumentado enormemente la disponibilidad de libros de cocina vegetariana y vegana, para atender al creciente número de cocineros que quieren experimentar con platos vegetales más interesantes. Yo misma he aprendido a incorporar más verduras a mi cocina de formas sencillas; en nuestra casa, los lunes son «lunes sin carne» y los miércoles, «miércoles vegetariano», y ambos han gustado mucho a mi familia. El jurado aún no ha decidido si le encanta el «martes de tubérculos» o el «día festivo de las brasicáceas».

Cultivar la microbiota intestinal

Otra forma de cultivar la microbiota es someter a tu intestino a una dieta rica en alimentos prebióticos y probióticos.

Guía para principiantes sobre los prebióticos

Los prebióticos son alimentos conocidos por favorecer el crecimiento de bacterias intestinales sanas, como los cereales integrales, las manzanas, los plátanos, los puerros, los espárragos, las hojas de diente de león, la coliflor, el brócoli, el topinambur, la achicoria, la miel, el ajo, las semillas, los frutos secos, las lentejas, el cacao y los extractos de té verde. Son un poco como el fertilizante multiuso que le aplicas a los arriates: fertilizan el intestino y favorecen el crecimiento y la proliferación de la microbiota intestinal. Casi siempre tengo un táper lleno de mi tabulé prebiótico en la nevera; es mi ensalada de referencia para cultivar el intestino, nutritiva y deliciosa a partes iguales (véase la página 203). Los prebióticos contienen fibra, que no podríamos digerir sin nuestra microbiota. Los microbios descomponen la fibra para liberar una sustancia química llamada «butirato», que desempeña un papel clave para mantener sana la pared intestinal y ayudar a mantener su función de barrera, además de reducir la inflamación.

La achicoria es especialmente rica en una fibra dietética llamada «inulina» (que no debe confundirse con la insulina, que regula el azúcar en sangre y es liberada por el páncreas). Se ha demostrado que la inulina interviene en la prevención de enfermedades cardiacas y favorece la salud ósea. Mucha gente se queda perpleja ante la forma de cocinar la achicoria debido a sus notas amargas, pero yo creo que combinarla con fruta dulce, como albaricoques, uvas o melocotones, es una forma fantástica de hacer más apetecible esta nutritiva verdura. Si no conoces la achicoria, te recomiendo que pruebes mi ensalada de albaricoques, roquefort y achicoria con uvas, nueces confitadas, guindilla y menta (véase la página 204): es el verano en un plato.

Un viaje relámpago por los probióticos

A diferencia de los alimentos prebióticos, los probióticos son alimentos que realmente contienen bacterias vivas. La intención es que estas bacterias encuentren su camino en el intestino, donde pueden hacer su hogar y muchos bebés bacterianos. La teoría es que, ingeridos en las cantidades adecuadas, los probióticos realmente pueden ayudar al microbioma intestinal a mantenerse sano. Y digo teoría, porque para muchos alimentos probióticos simplemente no hay suficientes estudios que confirmen si contienen suficientes bacterias beneficiosas para ser considerados eficaces.

El otro reto es que no todo el mundo encuentra estos alimentos probióticos instantáneamente deliciosos la primera vez que los prueba, y ahí es donde entra el trabajo de nosotros, los *chefs*. En su mayor parte, se producen por fermentación (más adelante hablaremos de ello) y, por tanto, tienen un olor algo acre y un atractivo láctico que puede ser un gusto adquirido. Yo no me preocuparía si al principio no te gustan los probióticos, pero sigue probándolos, ya que parecen tener una forma curiosa de hacerse hueco entre tus gustos.

He aquí algunos productos probióticos populares (no se trata en absoluto de una lista exhaustiva):

> **Chucrut:** col cruda rallada fermentada en salmuera por diversas bacterias lácticas. Existen variedades de chucrut en Europa Central y Oriental, pero también en otros países como Holanda, donde se conoce como *zuurkool*, y Francia, donde se llama *choucroute*. En Alemania, se come tradicionalmente en Nochevieja como signo de buena suerte (se cree que la cantidad de riqueza que se obtendrá en el año venidero es proporcional al número de tiras de chucrut consumidas). El chucrut también ha cruzado el charco para llegar a Estados Unidos. De hecho, en un libro de cocina *soul-food* estadounidense encontré una receta maravillosa de ensalada de chucrut y piña, que he adaptado para que la disfrutéis (véase la página 205). Es una forma bastante interesante de utilizar el chucrut, en lugar de servirlo como acompañamiento de la carne o como relleno de un bocadillo.

Para preparar tu propio chucrut, desmenuza finamente 2 kilogramos de col (lombarda, blanca o ambas) en un bol grande. Frota la col con unas 5 cucharadas colmadas de sal marina en escamas. Con las manos limpias, sigue frotando la sal durante unos cinco minutos, hasta que la col haya reducido bastante su tamaño y haya soltado bastante líquido en el fondo del bol. En este punto, puedes añadir las especias que desees. Por ejemplo, semillas de alcaravea, bayas de enebro, granos de pimienta rosa, manzana, hinojo o incluso ajo, jengibre, cúrcuma y guindillas verdes en rodajas para conseguir el tipo de kraut europeo-indio que me encanta. La mezcla de col roja y blanca da como resultado un kraut de un tono malva precioso.

Envasa todo el repollo y su jugo salobre en tarros esterilizados, asegurándote de que todo el líquido liberado por el repollo suba lo suficiente para cubrir el kraut. Deja 1 centímetro más o menos vacío en la parte superior del tarro para que pueda expandirse. Si el líquido de la col no sube a la superficie, se puede añadir un poco de agua filtrada; si se deja el kraut sin sumergir, se corre el riesgo de que se formen mohos en la superficie.

Deja el kraut en la encimera de la cocina para que fermente de forma natural durante unos días. Verás que salen pequeñas burbujas de gas que puedes liberar abriendo el tarro cada día. Cuando estés satisfecho con el sabor del fermento, pásalo al frigorífico.

> **Kimchi:** si tuviera que elegir entre el chucrut y el kimchi a punta de pistola, el kimchi se llevaría la palma. Las hojas de col napa se dejan en salmuera unas cinco horas, se sazonan con copos de guindilla, ajo, jengibre, gambas secas, etcétera, y se envasan para que fermenten. Hay literalmente cientos de variedades del fermento coreano, las más comunes son un kimchi de col llamado «baechu» y un kimchi de rábano llamado «kakdugi». No me atrevo a dar una receta de kimchi por miedo a que no sea auténtica, pero en esencia el proceso de elaboración no es distinto al del chucrut.

Me encanta llegar a casa después de un largo turno de trabajo y prepararme un arroz frito con kimchi (véase la página 207), tan sencillo como reconfortante. Mi receta difiere un poco de la auténtica versión coreana, llamada «kimchi-bokkeum-bap», pero puede adaptarse en función de lo que haya en el fondo de la nevera o en el fondo del congelador.

Los coreanos adoran tanto el kimchi que incluso hay un museo en Seúl dedicado a este condimento. El coreano promedio come 26 kilos de kimchi al año, lo que equivale aproximadamente a la mitad del peso corporal de una mujer coreana. Los coreanos han inventado incluso frigoríficos específicos para el kimchi, con recipientes de almacenamiento a medida, que mantienen la temperatura perfecta y prolongan su longevidad.

¿Te creerías que el kimchi ha viajado incluso al espacio? La primera astronauta surcoreana, Yi So Yeon, viajó al espacio con una lata de kimchi especial. Sorprendentemente, la agencia espacial coreana gastó una pequeña fortuna en desarrollar un kimchi adecuado para el espacio exterior, que no se estropeara con la exposición a los rayos cósmicos y que no fuera tan picante como para ahuyentar a otros astronautas no acostumbrados a su olor.

› **Kombucha:** bebida fermentada a base de té azucarado y un cultivo específico llamado SCOBY, siglas en inglés para «Cultivo Simbiótico de Bacterias y Levaduras». Las bacterias y levaduras convierten el azúcar en etanol y ácido acético, que es lo que da a la kombucha su reconocible sabor ácido. Para hacer kombucha, el té y el azúcar se remojan en agua hirviendo y se enfrían antes de añadir el SCOBY. La mezcla se deja fermentar tapada durante una semana y luego se vierte en un recipiente hermético con más azúcar y se sigue fermentando durante un par de días, momento en el que se vuelve progresivamente más efervescente. Se pueden añadir frutas, especias y flores; la flor de saúco parece ser la opción preferida de muchos.

› **Yogur casero:** una vez en el autobús escolar oí el rumor de que nuestra profesora de química siempre preparaba yogur en casa, y nunca optaba por el que se compraba en tienda. Se rumoreaba que su armario de ventilación, donde estaba el depósito de agua caliente, estaba lleno de recipientes de acero en los que se incubaba yogur a diario. Hoy en día, no sé si esta historia es cierta, pero a mí me cautivó, y cuando llegué a casa se lo dije a mi madre. No tardó en contarme que, en su casa de Pakistán, el yogur siempre se hacía desde cero, en grandes vasijas de barro llamadas «kunde». Por lo visto, tenía un sabor sublime, rico y ácido a partes iguales, muy distinto de los yogures monótonos que se compran en las tiendas.

La producción de yogur es económica y muy satisfactoria si sabes cómo hacerlo, por lo que te animo a que pruebes. Te arrepentirás de todos esos años de comprar yogures en el supermercado.

El proceso comienza comprando un yogur «vivo» en una tienda (en el envase pone «bífidus» o «con probióticos»). Se trata del cultivo iniciador, que debe estar a temperatura ambiente antes de empezar. Los tarros en los que vayas a preparar el yogur deben estar calientes y listos para usar. Yo suelo utilizar un termo ancho para hacer yogur o un recipiente caliente que retenga el calor. Calienta un litro de leche entera a 82 °C para eliminar las bacterias. Deja que la leche se enfríe a 46 °C y añade una cucharada del cultivo iniciador de yogur. Mézclalo todo bien con cubiertos limpios antes de verterlo en los tarros precalentados.

Lo más difícil de hacer yogur es incubarlo. Hay que mantenerlo a una temperatura de entre 43 y 46 °C durante 3 a 8 horas hasta que cuaje. Cuanto más alta sea la temperatura, más rápido cuajará (pensándolo bien, ahora entiendo por qué un armario ventilado funciona tan bien). También puedes utilizar el microondas como espacio de incubación con una bolsa de agua caliente o una almohadilla térmica en su interior (envolviendo el yogur con la bolsa de agua caliente o las almohadillas), y muchos hornos modernos tienen funciones que permiten mantener la temperatura a 46 °C.

Cuando el yogur esté cuajado, llévalo a la nevera. Si lo deseas, puedes utilizar una cucharada para preparar la siguiente tanda de yogur. Me encanta mezclar yogur casero con mangos maduros, hielo y semillas de hinojo para preparar un refrescante lassi de mango en verano. También me encanta mezclarlo al 50 % con agua con gas y añadir menta seca y sal para preparar una refrescante bebida persa llamada «doogh».

> **Kéfir**: es una bebida láctea fermentada y cultivada que procede de los climas montañosos que dividen Asia y Europa. Su sabor se asemeja al del yogur ácido, pero es ligeramente efervescente debido al dióxido de carbono, producto final del proceso de fermentación. Se elabora con granos de kéfir (pequeñas perlas gelatinosas que contienen diversas bacterias y levaduras) sumergidos en leche de vaca y conservados a temperatura ambiente durante un día aproximadamente. Suelo comprar el kéfir en vez de prepararlo en casa, porque puede enfermarte si no lo haces correctamente. Sorprendentemente, se adapta bien a los postres y he elaborado con él una maravillosa panna cotta (véase la página 209). Pero también puedes tomarlo solo, verterlo sobre la granola o el muesli, mezclarlo en un batido, utilizarlo para aliñar ensaladas, hacer helados, parfait y mucho más.

> **Labneh:** un delicioso y espeso queso de yogur colado de Medio Oriente que hace que el yogur griego parezca la hermanastra fea de Cenicienta. El yogur se cuelga en una gasa durante un día en el frigorífico, tras lo cual se espesa lo suficiente como para formar bolitas, que luego se pueden rebozar en hierbas y especias y sumergir en aceite de oliva. Yo lo utilizo como sustituto de la crema de queso o el mascarpone, y hace la tarta de queso más maravillosa que te puedas imaginar. Pero mi forma favorita de comerlo es con tomates sobre una tostada, como en la receta de la página 206. A veces lo mezclo con espaguetis. A veces lo añado a los espaguetis con un poco de zaatar para una cena de pasta sabrosa y sin esfuerzo, o añado trozos a la ensalada como sustituto del queso feta. Incluso utilicé labneh

en la semifinal de *MasterChef*, donde serví bolas de labneh rebozadas en perejil con jarretes de cordero cocinados en almíbar de dátiles y cuscús de berenjena: una combinación ganadora.

> **Natto:** un condimento de soja fermentada bastante apestoso, muy popular en el este de Japón. Parece casi como si fueran pequeñas gominolas marrones nadando en una sustancia viscosa pálida y elástica (parecida a la okra) y se suele desayunar con arroz, cebolleta, mostaza karashi y huevos crudos. Debo admitir que este probiótico en particular es un gusto que aún no termino de adquirir. Cuenta la leyenda que el samurái Minamoto no Yoshiie estaba de campaña en el noreste de Japón entre 1086 y 1088 d. C., cuando, un día, el clan fue atacado y las alubias que estaban hirviendo para alimentar a sus caballos tuvieron que guardarse apresuradamente en sacos de paja. Cuando se abrieron unos días después, habían fermentado para formar natto, lo que gustó mucho a los soldados.

> **Tempeh:** alimento vegetal fermentado, rico en proteínas y elaborado con soja. No es muy distinto del tofu, pero procede de Indonesia. La soja se cuece parcialmente, se enfría y se inocula con cultivos de hongos que la fermentan. A medida que el tempeh fermenta, los microorganismos desarrollan una pálida capa de micelio (la parte vegetativa de un hongo) alrededor de las alubias para formar una torta firme. Tiene un sabor ligeramente a nuez, casi a seta, y hay que cocerlo antes de comerlo, lo que técnicamente significa que no es un probiótico, ya que los cultivos se desactivan con el calor. Pero en su defensa, el tempeh posee fibras prebióticas que teóricamente favorecen la salud intestinal. Yo suelo cortarlo en dados y freírlo, antes de servirlo con sambal indonesio picante o kecap manis (salsa de soja dulce). Pero también se puede moler hasta obtener granos del tamaño del arroz y utilizarlo como alternativa vegetal a la carne picada, si se prefiere.

Una advertencia: la palabra «probiótico» se ha convertido en un término de moda, y muchos productos alimenticios que consideras que son probióticos pueden, en realidad, no contener bacterias vivas. El chucrut y el kimchi, en particular, pueden ser totalmente estériles, sobre todo si se compran en envases al vacío o frascos esterilizados. Por tanto, procede con precaución.

Con todo esto en mente, es importante recordar que la ciencia del microbioma y los probióticos aún está en pañales. Cada año hacemos grandes avances en nuestra comprensión de este apasionante campo, pero todavía hay un gran número de incógnitas. Los beneficios de los alimentos probióticos se han exagerado enormemente en las redes sociales e Internet, dado que la mayoría de las investigaciones clínicas se han realizado sobre suplementos probióticos y no sobre grupos de alimentos concretos. Por ejemplo, multitud de estudios han examinado si los suplementos probióticos ayudan en el SII, pero muy pocos analizaron específicamente el efecto de, por ejemplo, el queso o el kimchi. Pero aun así encontrarás a mil personas en Instagram pregonando el kimchi como una forma segura de curar el SII. Los alimentos probióticos no son una especie de cura milagrosa o «superalimento», pero son: a) deliciosos, b) muy probablemente inofensivos y c) muy probablemente beneficiosos para diversificar la composición de tus bacterias intestinales (aunque, si ya sufres de SII o de cualquier otra enfermedad intestinal, consulta a un dietista o médico antes de introducir probióticos en tu dieta).

He creado algunas recetas con alimentos prebióticos y probióticos (véanse las páginas 203-210) que te ayudarán a desarrollar el gusto por estos grupos de alimentos y a conocer sus beneficios. Observarás que en algunas de ellas te digo que apliques calor a los alimentos probióticos, lo que, como habrás adivinado, probablemente desnaturalizará gran parte del contenido bacteriano. Esto es intencionado. Creo que para disfrutar de los prebióticos y probióticos en su forma cruda, siempre es sensato desarrollar primero el gusto por los ingredientes, y la mejor manera de hacerlo es en su forma cocinada. Estas recetas sirven simplemente como punto de partida; una vez que las domines, tendrás una base sobre la que podrás construir y experimentar de forma independiente en el futuro.

Nuestros antepasados nunca tuvieron frigoríficos

¿Ha pensado alguna vez hasta qué punto los frigoríficos han cambiado nuestra forma de comer? Ahora nos obsesiona que los alimentos pasen su fecha de caducidad, y vivimos con la mentalidad de que las bacterias en los alimentos son sinónimo de peligro. Cada día se desperdician enormes montañas de alimentos, a menudo con sus envases estériles sin abrir. No te estoy diciendo que cocines ese filete que te olvidaste de comer hace dos semanas, solo que quiero que conozcas el mundo de

las bacterias que hay ahí fuera, que suelen ser completamente inocuas
y a menudo muy beneficiosas.

Nos enseñan desde niños que el proceso de «descomposición» es malo, y nuestra excesiva dependencia de los alimentos hiperhigiénicos y producidos en masa nos ha quitado la capacidad de apreciar el diverso mundo de los alimentos fermentados y los bichos buenos de los alimentos que nos rodean.

Hay una profunda sensación de placer y gratificación en el proceso de fermentación, una sensación de estar realmente conectado con tu creación culinaria. Realmente estás cultivando un organismo vivo, y el nivel de apego que algunas personas sienten por su levadura madre es similar al que algunas personas sienten por sus propios hijos. Basta con comparar los comentarios de algunos foros sobre masa madre con los de Mumsnet y ver si se nota la diferencia.

Me crie en Manchester hasta los cinco años, y hasta entonces mi aprecio por los alimentos fermentados era, comprensiblemente, inexistente. Sin embargo, cuando cumplí seis años, nos mudamos a Arabia Saudí, donde mis padres habían encontrado trabajo. Conocimos cocinas de Medio Oriente de las que yo nunca había oído hablar y, en términos culinarios, fue una época emocionante para mí. En climas cálidos como el de Medio Oriente, donde los alimentos pueden estropearse fácilmente si no se les presta atención, la fermentación se considera una necesidad. Aprendí a amar los alimentos fermentados como las remolachas y los nabos en vinagre, las bebidas de yogur ácido como el doogh, el ayran y el cremoso labneh, que pasaron a formar parte de nuestra vida cotidiana. Pensar en sus deliciosos tonos ácidos, incluso hoy en día, me hace poner los ojos en blanco. La fermentación es el proceso mediante el cual, históricamente, hemos aprovechado el poder de las bacterias buenas en nuestro beneficio. Si lo pensamos bien, no hay cultura alimentaria en el planeta que no fermente de una forma u otra. Incluso las culturas occidentales utilizan la fermentación en el pan, la cerveza y el queso (por nombrar solo algunos). Pero algunas culturas alimentarias llevan la fermentación a un nivel superior. Por ejemplo, los sudaneses fermentan el sorgo, el mijo perla, los dátiles, la miel, la leche, las plantas silvestres y mucho, mucho más, quizá como respuesta a un clima que puede provocar rápidamente y sin previo aviso hambrunas y escasez de alimentos.

Esta mañana he desayunado Nutella untada en pan de masa madre tostado, junto con un capuchino. Sería bastante fácil pasar por alto el hecho de que los tres componentes —café, chocolate y pan de masa madre— se elaboran con la ayuda de la fermentación. Los bichos «buenos» que causan la fermentación han trabajado duro durante milenios para elaborar los alimentos que disfrutamos los humanos y, en cierto modo, nuestra existencia depende de que sigan haciendo este importante trabajo. Darse cuenta de ello es primordial en nuestra búsqueda del bienestar digestivo y la felicidad.

La fermentación se ha convertido en un pasatiempo de moda en muchos círculos culinarios. Durante el bloqueo por coronavirus en 2020, me encantó ver a tanta gente publicando fotos de sus proyectos de fermentación y panes caseros de masa madre. Supongo que el arte de la fermentación está experimentando una especie de renacimiento cultural, lo cual es estupendo porque realmente es algo agradable de hacer. Cultivar y cuidar un fermento de masa madre tiene algo, una sensación de arraigo, una especie de reavivamiento de una relación perdida con la naturaleza. Quizá por eso muchos de nosotros nos aficionamos a ella en plena pandemia mundial, cuando la naturaleza estaba muy ocupada intentando deshacerse de nosotros.

Otra parte del atractivo de la fermentación reside en el hecho de que, con un esfuerzo mínimo, se puede crear una variedad de condimentos deliciosos que añaden mucho sabor a los platos. Al caminar por la cuerda floja entre lo fresco y lo podrido, se experimenta una sensación de anarquía y control. Cada fermento tendrá un sabor ligeramente diferente, aunque se haya seguido el mismo método. Y lo que funciona un día puede fallar al siguiente. Los perfiles de sabor son enérgicos, estimulantes, y a menudo predomina una nota ácida y láctica. Afortunadamente, la fermentación no solo realza el sabor de los ingredientes, sino que también aumenta su contenido nutricional y su vida útil.

Como he descrito antes, gran parte de nuestro interés actual por los alimentos fermentados desde el punto de vista de la salud intestinal se debe a su contenido probiótico. Los microorganismos vivos que contienen pueden establecerse en nuestras reservas intestinales y mejorar nuestras capacidades metabólicas, reforzar nuestra inmunidad y aportar otros beneficios a nuestras funciones fisiológicas reguladoras. Si damos crédito a los medios de comunicación, es hora de olvidarse de las manzanas, porque «un fermento al día» es lo que mantendrá alejado al médico.

Sin embargo, aunque sigo siendo gran partidaria de incluir más alimentos fermentados en la dieta, hay que tener en cuenta algunas advertencias importantes. Todavía no sabemos todo lo que hay que saber sobre las ventajas de los alimentos fermentados y, por eso, no deberíamos sacar conclusiones tajantes sobre sus beneficios para la salud, al menos hasta que se hayan realizado más investigaciones. Así que ten en cuenta lo siguiente:

> No todos los alimentos fermentados contienen organismos vivos. Por ejemplo, la cerveza y el vino se someten a pasos que eliminan las levaduras que fermentaron el lúpulo, y muchos otros alimentos fermentados se tratan con calor, desactivando los organismos. El pan se hornea y el chucrut suele enlatarse. Así, aunque estos alimentos son nutritivos y deliciosos, están desprovistos de contenido microbiano. Soy asidua a una tienda de delicatesen de Europa del Este situada a tiro de piedra de mi casa, donde hay pasillos repletos de productos fermentados en tarros y latas, junto a una sección de alimentos frescos donde se pueden comprar aceitunas frescas, queso de oveja, yogur vivo y chucrut. Para aprovechar los microbios vivos, yo recomendaría optar por la sección de alimentos frescos en lugar de los frascos y las latas.

> Los beneficios de los probióticos son específicos de la cepa bacteriana evaluada. En cambio, los alimentos fermentados pueden contener varias cepas bacterianas diferentes, cuya estabilidad varía del lote de un producto a otro. Algunos estudios de laboratorio y con animales, realizados con alimentos fermentados como el chucrut o el kimchi, han arrojado resultados alentadores, pero si nos fijamos en la letra pequeña parece que los investigadores suelen utilizar una cepa bacteriana extraída y aislada del enorme número de bacterias disponibles en el alimento fermentado.

> A veces resulta difícil determinar si el beneficio para la salud de un alimento fermentado concreto se debe a los microbios que contiene o si el ingrediente valioso es otro nutriente o sustancia química. Los estudios sobre cohortes de personas demuestran que el yogur y otros alimentos lácteos fermentados se asocian a beneficios para la salud, pero desgraciadamente esto no es una prueba absoluta de las ventajas de los microbios, sino solo una prueba de que algo en estos alimentos es útil.

¿Dónde te encuentras en tu camino hacia el bienestar digestivo y la felicidad después de leer este capítulo?

Para mí, es una lección de humildad saber que no estamos solos en nuestro cuerpo, que en lo más profundo de cada uno de nosotros viven billones de otras formas de vida. Cada vez hay más pruebas de que el vasto ecosistema de organismos en nuestros intestinos puede estar relacionado con una plétora de enfermedades y afecciones, por lo que aprender a cuidar de nuestros bichos intestinales es muy importante a largo plazo.

Es innegable que los alimentos que ingerimos ejercen una enorme influencia en la composición del microbioma intestinal. Me gusta pensar que, a través de los alimentos que elijo ingerir, me estoy comunicando directamente con mis *bichos* intestinales, nutriéndolos, creándoles un entorno cómodo, permitiéndoles prosperar; a su vez, ellos me están ayudando a prosperar a mí. Por lo tanto, comer sano y feliz tiene que ver tanto con alimentar a nuestros bichos intestinales como con alimentarnos a nosotros mismos.

Hoy en día, un microbioma intestinal diverso se ha convertido en sinónimo de buena salud, pero aún queda mucho camino por recorrer antes de que podamos afirmar categóricamente que existe una forma óptima de potenciar la salud microbiana intestinal. Por ahora, sin embargo, no hay nada malo en encontrar la felicidad gastronómica a través de la incorporación constante de más alimentos de origen vegetal, prebióticos, probióticos (aunque la ciencia no puede decirnos definitivamente lo útiles que son por ahora) y alimentos fermentados gloriosamente cargados de bichos en tu dieta.

Resumen

> Los billones de microbios que habitan en nuestro intestino se conocen colectivamente como nuestra «microbiota». El término «microbioma intestinal» se refiere al genoma colectivo de toda la microbiota presente en el intestino.

> La microbiota intestinal se desarrolla a partir del nacimiento, cuando el feto atraviesa el canal vaginal. La lactancia materna es enormemente beneficiosa para la maduración de la microbiota intestinal temprana.

> Las progresivas investigaciones en este campo apuntan a una relación entre la composición de la microbiota intestinal y la obesidad. Esto puede explicar que dos personas puedan comer lo mismo y engordar de maneras diferentes.

> El microbioma está bajo la influencia de la dieta.

> Aumentar la variedad de alimentos de origen vegetal e incorporar alimentos «prebióticos» y «probióticos» a la dieta puede ayudar a cultivar un microbioma sano y diverso.

> Fermentar es divertido, y se pueden preparar alimentos deliciosos y multidimensionales, al tiempo que se reaviva la relación con la naturaleza. Hay una sensación de desorden controlado en el proceso de fermentación que es profundamente relajante para el alma: una especie de restauración del orden entre todo el caos que crea la vida.

> No todos los alimentos fermentados contienen bacterias vivas, y su potencial probiótico varía. Estamos esperando a que la ciencia se ponga al día con la popularidad de los alimentos fermentados, pero, aunque no se pueden hacer afirmaciones definitivas sobre sus beneficios para la salud, la sensación actual es que probablemente ayudan a fomentar un microbioma sano y diverso, con todas las ventajas que ello conlleva para la salud. En la inmensa mayoría de los casos, no harán ningún daño y es probable que sean responsables de algún bien... ¡así que adelante!

> Nos han regalado todos estos «buenos» bichos de la fermentación, así que ¡aprovéchalos! Para empezar, necesitarás el equipo adecuado y un poco de práctica. Al principio es ensayo y error,

pero una vez que empiezas, ya no hay vuelta atrás. La verdadera salud digestiva y la felicidad te esperan...

Para más información sobre cómo fermentar correctamente, consulta la biblia de la fermentación, *El mundo de la fermentación* de Sandor Ellix Katz. Es un libro imprescindible para cualquier aficionado a la fermentación.

Tabulé prebiótico

Para 6 personas

Las verduras crucíferas como el brócoli, la coliflor y la col son prebióticas, es decir, el alimento perfecto para las bacterias intestinales. Tienen un alto contenido en fibra y los estudios sugieren que su consumo altera la composición de las comunidades bacterianas del intestino grueso humano. Desgraciadamente, muchos de nosotros no somos muy fanáticos del ligero olor a pedo que provocan. Pero esta receta de tabulé con coliflor y brócoli crudos lo cambia todo. Estoy seguro de que la «policía del tabulé» saldrá en tromba, pero no lo critiques hasta que lo pruebes.

Ingredientes

250 g de ramilletes de brócoli

250 g de ramilletes de coliflor

40 g de bulgur fino, remojado en agua hirviendo durante 30 minutos

125 g de perejil fresco lavado

30 g de hojas de menta sin tallos

30 g de eneldo

1 cebolla blanca mediana, picada fina

2 tomates, cortados en dados finos, sin semillas ni jugo

1 cucharadita de pimienta de Jamaica libanesa en polvo

Zumo de 3 limones grandes

1 cucharada de melaza de granada

4 cucharadas de aceite de oliva

Sal al gusto

Preparación

1. Ralla el brócoli y la coliflor en un bol grande. Se podría utilizar un robot de cocina, y esto sin duda ahorra tiempo, pero creo que rallar las verduras de alguna manera crea una textura superior.

2. Enjuaga el bulgur fino en agua fría hasta que salga transparente, pásalo por un colador y colócalo en otro bol.

3. Ahora pica el perejil con cuidado, para no magullarlo (hay que cortar las hojas en rodajas, en lugar de picarlas y aplastarlas bajo el cuchillo). Aquí no conviene un cuchillo medialuna, sino un cuchillo afilado. Corta la menta y el eneldo en rodajas finas y añade todas las hierbas preparadas a la coliflor y el brócoli rallados.

4. Airea los granos de trigo bulgur antes de añadirlos a la mezcla de verduras y hierbas, seguidos de la cebolla y los tomates. Remover todo bien para mezclar.

5. Para sazonar la ensalada, añade la pimienta de Jamaica, el zumo de limón, la melaza de granada, el aceite de oliva y una cantidad generosa de sal. Mézclalo todo y pruébalo. Añade más sal, especias y zumo de limón si lo deseas.

Nota: no dudes en utilizar otras combinaciones de hierbas, en función de lo que tengas disponible. También puedes añadir otras verduras de tu elección, por ejemplo, pepinos (sin las semillas y cortados en dados finos) o calabacines cortados en dados, tirabeques, judías verdes o apio. Incluso manzanas cortadas en dados y semillas tostadas serían adiciones dignas.

Ensalada de albaricoque, roquefort y achicoria con uvas, nueces confitadas, guindilla y menta

Para 4 personas
La carne dulce y ácida de los albaricoques y los tonos amargos de la achicoria contrastan a la perfección con los trozos desmenuzados y profundamente sabrosos de roquefort azul, picante y probiótico. También puedes sustituir el roquefort por cualquier otro queso azul de tu elección. El azul irlandés o el gorgonzola son especialmente buenos y suelen estar «vivos» con bacterias que probablemente cultiven el jardín bacteriano de tu intestino. Ten en cuenta que no todos los quesos contienen bacterias vivas; las lonchas de queso de color naranja o las latas de cheddar no contienen prácticamente ningún bicho intestinal beneficioso. La achicoria es rica en una fibra llamada inulina, un prebiótico que puede ejercer efectos beneficiosos para ablandar las heces de quienes padecemos estreñimiento.

Ingredientes

2 cabezas de achicoria, separadas
12 uvas moradas, cortadas por la mitad, a lo largo
8 albaricoques frescos, cortados por la mitad y deshuesados
2 cucharadas de aceite de oliva
1 cucharada de vinagre de Jerez

½ cucharadita de hojuelas de guindilla roja
50 g de queso roquefort
50 g de nueces
1 cucharada de miel
10 hojas de menta
Sal al gusto

Preparación

1. Esparcir las achicorias y las uvas en una fuente grande. Calentar una plancha a fuego fuerte y colocar las mitades de albaricoque con la carne hacia abajo. Después de 2 minutos, comprueba si tienen líneas de carbonización. Cuando se vean las líneas oscuras, coloca los albaricoques en la fuente, encima de las endibias y las uvas.

2. Mezclar el aceite de oliva, el vinagre de Jerez, la sal y los copos de guindilla en un cuenco y batir suavemente con un tenedor para mezclar. Vierte el aliño sobre la achicoria, las uvas y los albaricoques asados. Mezcla suavemente con las manos para asegurarte de que el aliño toca todas las partes de la ensalada. Desmenuza el queso roquefort.

3. Tuesta las nueces en una sartén seca a fuego medio durante unos 2 minutos. Cuando empiecen a tomar color, rocía con la miel. Remueve bien para que todas las nueces queden cubiertas. La miel se caramelizará rápidamente, así que cuando empiece a oscurecerse un poco, esparce rápidamente las nueces confitadas sobre la ensalada aliñada.

4. Para servir, cubrir con hojas de menta picadas.

Nota: si no puedes conseguir albaricoques frescos, puedes utilizar 2 melocotones maduros grandes.

Ensalada de chucrut, piña y hierbas

Para 4-6 personas
La primera vez que vi una receta parecida a esta fue en un libro de cocina *soul-food* americana. La combinación del chucrut probiótico fermentado y la piña me pareció bastante ecléctica, y me sentí instantáneamente obligada a probarla. No me arrepiento nada: el contraste entre la piña ácida y dulce y el chucrut fermentado y salado es una combinación culinaria perfecta. En casa lo comemos a montones, con muslos de pollo fritos crujientes, en barbacoas o incluso solo. Es un plato que hay que probar. Te recomiendo que utilices piña fresca en lugar de en conserva para sacar el máximo partido a esta receta.

Ingredientes

450 g de rodajas de piña fresca
1 manzana Pink Lady,
descorazonada y cortada en dados
200 g de chucrut
2 cucharadas de mayonesa
2 cucharadas de nata

Zumo de ½ limón
½ cucharadita de pimienta blanca
1 puñado de eneldo picado
2 ramitas de estragón (opcional)
100 g de nueces tostadas, picadas
en trozos grandes (opcional)

Preparación

1. Cortar la piña en trozos pequeños, del tamaño de la yema del dedo. Mezclar la piña con los dados de manzana, el chucrut, la mayonesa, la nata, el zumo de limón, la pimienta blanca y las hierbas aromáticas. Sazonar con sal, pero con precaución, ya que el chucrut puede estar ya bastante salado. Si no vas a consumirlo inmediatamente, refrigéralo. Si lo deseas, puedes añadir nueces tostadas picadas para dar un toque crujiente.

Nota: puedes sustituir fácilmente los dados de manzana por un racimo de uvas sin pepitas, cortando cada uva por la mitad o en cuartos.

Labneh y tomates sobre pan tostado

Para 2 personas

El labneh probiótico es un queso blando muy popular en Medio Oriente, con un sabor más complejo que el yogur y un dejo cremoso distintivo, que es el lienzo perfecto para una variedad de ingredientes, desde calabacines a berenjenas ahumadas, aceite de oliva y zaatar, o miel y nueces para darle un toque dulce. Este plato es uno de mis favoritos para el *brunch* y resulta especialmente agradable en pleno verano, cuando los tomates maduran y cobran vida. Es como si la bruschetta italiana hubiera viajado a Medio Oriente y por el camino hubiera adquirido sabores maravillosos.

Ingredientes

4 rebanadas grandes de pan de
masa madre
4 cucharaditas de aceite de oliva
virgen extra
1 diente de ajo

200 g de labneh
180 g de tomates cherry de varios
colores, cortados por la mitad, a lo
largo

1 cucharada de melaza de granada o vinagre balsámico de buena calidad
1 cucharada de aceite de oliva
½ cucharadita de zumaque
1 cucharadita de Pul Biber u otros copos de guindilla roja

1 cucharadita de orégano seco o fresco (o zaatar, si tienes)
1 puñado de perejil finamente picado (opcional)
1 puñado de granos de granada frescos (opcional)
Sal marina al gusto

Preparación

1. Untar las rebanadas de pan con aceite de oliva y tostarlas en una plancha hasta que estén carbonizadas y crujientes. Frotar la superficie de cada rebanada con el diente de ajo, con cuidado de no aplastar el pan.

2. Extender el labneh sobre las 4 rebanadas de pan tostado y cubrir con los tomates cortados en rodajas. Espolvorear un poco de sal marina en escamas. Rociar melaza de granada y más aceite de oliva sobre los tomates, seguido de una pizca de zumaque, escamas de guindilla, orégano (o zaatar), perejil y granos de granada, si se utilizan. Servir inmediatamente.

Nota: esta receta es un lienzo en blanco para que experimentes. ¿Por qué no carbonizar 2 calabacines en un horno caliente hasta que estén completamente negros, luego pelar la piel y utilizar la carne ahumada para cubrir estas tostadas? ¿O quizá, en su lugar, utilizar berenjenas ahumadas? También puedes juguetear con las hierbas: la albahaca es maravillosa, al igual que la cebolleta.

Arroz frito con kimchi

Para 4 personas

Me encanta el kimchi. Para quienes no lo conozcáis, es un plato básico de la cocina coreana, que se come a menudo como guarnición. Está hecho de sal y hojas de col china fermentadas llamadas «baechu», cebolleta, rábano, jengibre, ajo y aderezado con guindilla en polvo gochugaru.

En los hogares coreanos se suele hacer kimchi en grandes cantidades para el *kimjiang*, o evento anual de elaboración de kimchi, como preparación para los fríos inviernos. Por suerte para nosotros, posee propiedades probióticas, al haber sido fermentado por bacterias lácticas que dominan el proceso, erradicando otras colonias bacterianas desagradables.

Ingredientes

4 cucharaditas colmadas de aceite de guindilla crujiente Lao Gan Ma
4 huevos
2 cucharadas de aceite vegetal
75 g de mantequilla
2 dientes de ajo, cortados en láminas finas
4 cebolletas, finamente picadas
250 g de gambas, peladas y desvenadas

450 g de arroz blanco precocido
100 g de guisantes congelados, descongelados
3 cucharaditas de salsa de soja oscura y contundente
200 g de kimchi picado en trozos grandes, más un extra para servir junto con el plato final
Sal al gusto
Aceite vegetal, para freír

Preparación

1. Poner una cucharadita del aceite de guindilla crujiente en el fondo de cada uno de los 4 boles de desayuno.

2. Freír los huevos en aceite vegetal en una sartén antiadherente a fuego medio hasta que los lados estén crujientes, pero las yemas aún estén líquidas. Colocar con cuidado los huevos fritos boca abajo en los cuencos, sobre el aceite de guindilla.

3. Añadir la mantequilla a la sartén y subir el fuego. Añadir el ajo y la cebolleta. Cuando el ajo se dore por los bordes, añadir las gambas y cocinarlas bien. Mantener el fuego alto para que las gambas se frían en lugar de guisarse.

4. Después de 2 minutos, añadir el arroz a la sartén, junto con los guisantes congelados, la salsa de soja y el kimchi picado. Echar unos 50 mililitros de agua caliente en la sartén. El vapor ablandará el arroz y unirá todos los ingredientes. Remover todo para que se mezcle bien y, en aproximadamente 1 minuto, el arroz frito estará listo. Prueba el arroz y añade más sal si crees que el plato lo necesita (el kimchi y la salsa de soja ya son salados, así que ten cuidado).

5. Para servir, llenar los cuencos de desayuno con el arroz frito. Colocar un plato llano sobre los cuencos e invertirlos. Retirar los cuencos

para descubrir el aceite de guindilla y los huevos fritos con sus suaves yemas cayendo en cascada sobre el arroz frito. Comer inmediatamente mientras están calientes, con un poco de kimchi extra al lado.

Nota: a veces me gusta servirlo con salsa sriracha para darle un toque picante. Puedes sustituir las gambas por sobras de pollo o, si eres vegetariano/vegano, puedes utilizar tofu y sustituir la mantequilla por 2 cucharadas de aceite vegetal. Añade verduras que te hayan sobrado de la nevera, como pimientos verdes o apio, o maíz dulce en conserva. A veces me gusta añadir trocitos de piña al arroz frito, pero soy consciente de que la piña en los platos salados puede causar división.

Ten en cuenta también que el aceite de guindilla Lao Gan Ma, o aceite de guindilla Old Godmother, contiene una gran cantidad de guindillas fritas y crujientes suspendidas en aceite y tiene un sabor mucho más suave que otros tipos de aceite de guindilla chino. Si no puedes conseguirlo pero tienes a mano otras variedades de aceite de guindilla chino, utiliza la mitad de la cantidad especificada anteriormente.

Panna cotta de kéfir y cardamomo con almendras confitadas y cerezas

Para 4 personas
Me encanta el bamboleo lujurioso de esta panna cotta. El kéfir tiene un sabor ácido y láctico y una ligera efervescencia debida a la presencia de dióxido de carbono, un producto final del proceso de fermentación. Su sabor es similar al del suero de leche. En esta receta, la gelatina se disuelve en agua caliente que se enfría antes de añadirse el kéfir; así se evita que el kéfir alcance una temperatura lo suficientemente alta como para que se desnaturalicen todos los bichos buenos que proliferan en su interior.

Ingredientes

250 ml de nata espesa
5 cucharadas de miel
½ cucharadita de cardamomo molido
2½ hojas de gelatina platinada
250 ml de kéfir

150 g de cerezas maduras, deshuesadas y partidas por la mitad

Para las almendras confitadas
100 g de azúcar granulado
100 g de almendras laminadas
Aceite vegetal, para engrasar

Preparación

1. Calentar la nata y la miel en una cacerola a fuego lento, hasta que estén a punto de hervir. Retirar del fuego y añadir el cardamomo. Dejar que la nata se enfríe un poco.

2. Ablandar la gelatina sumergiéndola en agua tibia. Cuando esté muy blanda, exprimirla y verterla en la mezcla de nata caliente. La gelatina debe disolverse inmediatamente; si no lo hace, hay que calentar ligeramente la mezcla de nata hasta que se disuelva.

3. Una vez disuelta la gelatina en la nata, dejar enfriar unos minutos antes de mezclar el kéfir con la nata. Probar la mezcla por última vez. Si lo deseas, puedes añadir más cardamomo o miel. Verter con cuidado la mezcla de panna cotta en 4 moldes individuales. Llevarlo al frigorífico para que cuaje durante al menos 4 horas, idealmente toda la noche.

4. Mientras tanto, preparar las almendras confitadas. Derretir el azúcar en una cacerola a fuego medio hasta que adquiera un color marrón intenso, removiendo la cacerola de vez en cuando para que se derrita uniformemente. Añadir rápidamente las almendras, removiendo una vez para asegurarte de que se cubren uniformemente y, a continuación, verter toda la mezcla sobre un trozo de papel de horno engrasado, extendiéndola lo más finamente posible. Dejar enfriar.

5. Picar las almendras confitadas y espolvorearlas por encima de la panna cotta, junto con las cerezas deshuesadas. Si has utilizado un molde dariole, sumérgelo en agua hirviendo durante 10 segundos antes de desmoldar la panna cotta para que se despegue fácilmente del molde.

Nota: puedes utilizar cualquier baya de tu elección o semillas de maracuyá, que le darían al postre un toque especialmente delicioso.

Capítulo 8

EL EJE INTESTINO-CEREBRO: PENSAR CON LA BARRIGA

L a mayoría de la gente no tiene ni idea del impacto que tiene el intestino en la vida cotidiana, más allá de la simple digestión de la cena. Como veremos en este capítulo, aunque el cerebro y el intestino están situados a kilómetros de distancia anatómica, cada vez hay más pruebas de que se hablan, y de que esta relación está mediada por nuestros microbios intestinales.

Como ya hemos comentado (véanse las páginas 187-200), la composición de nuestra microbiota intestinal depende en gran medida de los alimentos que elegimos. Y parte de la búsqueda de la salud digestiva y la felicidad radica en aceptar el hecho de que lo que comemos tiene consecuencias de largo alcance, no solo para nuestro sistema digestivo, sino también, y de forma crítica, para nuestro bienestar mental y quizá incluso para nuestro comportamiento. La ciencia del siglo XXI nos confirma que el dicho «somos lo que comemos» puede ser más cierto de lo que jamás hubiéramos imaginado.

Intuición

Todos conocemos las frases: ¿cómo supiste que tu novio te engañaba? Tuve una sensación en el estómago. ¿Cómo te sentiste al quedarte sin entradas para Glastonbury este año? Me sentó fatal. ¿Qué sentiste cuando esa chica te miró desde el otro lado de la barra? Sentí mariposas en el estómago. Al salir de un examen, ¿alguna vez has tenido esa sensación de hundimiento en el estómago? ¿O una piedra en la boca del estómago cuando haces algo mal y te descubren? ¿Alguna vez has estado a punto de vomitar cuando estás estresado o te sientes ansioso?

El instinto está inextricablemente ligado a nuestras emociones, y a menudo lee una situación mejor que el cerebro. ¿Cuántas veces tu instinto te ha dicho que no, pero tu cerebro te ha dicho que sí, y después te has preguntado por qué confiaste en ese cerebro tuyo? Si eres como yo, la respuesta es más veces de las que puedes contar.

Recuerdo una época de la universidad en la que una querida amiga mía salía con alguien que no me gustaba nada. Salieron juntos durante cuatro largos años, y un rasgo clave de su relación era experimentar con todas las cocinas, comiendo por toda la ciudad, desde pequeñísimos locales donde vendían comida etíope para llevar hasta restaurantes con estrellas Michelin. Los dos iban todos los viernes al mercado de Borough, en el sur de Londres, en busca de algo que les hiciera la boca agua. Era un bonito ritual, pero un viernes, tras una discusión especialmente acalorada, él llevó a comer al mercado a otra de sus amigas. Fue el colmo de la ofensa y, poco después, se separaron. Siempre había tenido un presentimiento sobre este novio, al igual que otros amigos nuestros. No se basaba en un pensamiento consciente, sino que había algo en él que nos hacía sentir incómodas: un instinto que se sentía en la barriga más que en el cerebro.

Transmisión de información entre el cerebro y el intestino

Como disciplina, la medicina conceptualiza el cuerpo como un grupo de sistemas separados que funcionan independientemente unos de otros. Tenemos el sistema nervioso, el digestivo y el cardiovascular, y contamos con expertos en cada uno de ellos. Pero la realidad es que muchos sistemas del cuerpo están estrechamente interrelacionados, y varios de los principales expertos reclaman ahora un enfoque mucho más holístico entre las distintas disciplinas, actualmente separadas. En concreto, hay estudios que demuestran que el cerebro tiene un efecto directo sobre la salud intestinal y que esta afecta a la salud del cerebro de un modo que apenas estamos empezando a comprender. Este sistema de comunicación bidireccional entre el intestino y el cerebro ha sido bautizado, con bastante acierto, como el eje intestino-cerebro.

Como recordarás del capítulo anterior, una comunidad muy compleja de microorganismos, nuestra microbiota, recubre la pared interna del intestino humano (véase la página 192). Se trata de una comunidad con la que, a lo largo de milenios, hemos establecido una relación simbiótica muy estrecha. En las últimas décadas, los investigadores han descubierto que la interacción entre el intestino y el cerebro se rige, al menos en parte, por estos microbios, y no solo por el cerebro. Esto significa que nuestros microbios intestinales afectan a la función cerebral y, por tanto, a nuestro comportamiento. Ahora bien, se podría pensar que es de sentido común decir que el intestino y el cerebro están vinculados de alguna manera, pero la pregunta es ¿cómo? ¿En qué medida? ¿Y cuáles son los mecanismos que subyacen a esta relación?

En términos generales, el intestino y el cerebro se comunican de tres maneras: a través de los nervios, las hormonas y el sistema inmunitario.

Nervios

Quizá te sorprenda saber que todos poseemos un segundo cerebro en el intestino (más o menos). Los científicos lo denominan sistema nervioso entérico y está formado por unos 500 millones de células nerviosas, un número nada desdeñable; de hecho, es la misma cantidad que hay en el cerebro entero de un gato. Hasta ahora, se han identificado unos veinte tipos diferentes de células nerviosas en este sistema nervioso entérico, que trabajan juntas para formar una red neuronal bastante sofisticada.

El sistema nervioso entérico del intestino se comunica con el cerebro a través del nervio vago. Este nervio funciona un poco como WhatsApp, enviando mensajes en ambas direcciones: del cerebro al intestino y del intestino al cerebro. Los billones de microbios del intestino pueden estimular el sistema nervioso entérico, que envía señales al cerebro a través del nervio vago. Estas señales pueden afectar a nuestras emociones, nuestros pensamientos e incluso nuestras acciones. El nervio vago también interactúa con el sistema límbico, una zona del cerebro responsable de la recompensa y la regulación de las emociones. El sistema límbico envía instrucciones y mensajes desde el cerebro, que influyen en la actividad del intestino, conectando nuestro vientre con nuestras emociones. Esta conexión entre nuestro centro emocional y nuestros intestinos, a través del nervio vago, es la razón por la que podemos sentir emociones en nuestros intestinos, y por la que normalmente es correcto confiar en nuestro instinto visceral.

Hormonas

El revestimiento del intestino está salpicado de células endocrinas, especializadas en la producción de hormonas. Según algunas estimaciones, el intestino es el mayor productor de hormonas del organismo. Los investigadores han demostrado que los microbios intestinales estimulan a estas células endocrinas para que produzcan diversas sustancias que llegan al cerebro a través del torrente sanguíneo o ejercen un efecto directo sobre el sistema nervioso entérico. Es posible que hayas oído hablar de una de estas sustancias químicas, la serotonina (también conocida como la sustancia química de la felicidad), que interviene en la percepción del dolor, la regulación del sueño, el estado de ánimo, el apetito y el bienestar general. El intestino produce casi el 95 % de la serotonina de nuestro cuerpo, e incluso actúa como depósito, almacenándola hasta que la necesitamos.

Así pues, dado que el intestino es tan importante para la producción de serotonina, ahora debería estar un poco más claro por qué lograr el bienestar digestivo y la felicidad con un intestino lleno de microbiota infeliz es tan improbable como que los cerdos vuelen. Simplemente no sucederá. Y ten en cuenta también que la serotonina es responsable de regular las contracciones intestinales que nos ayudan a hacer caca, y es imposible no sentirse tranquilo después de una buena caca.

El sistema inmunitario

Las células inmunitarias que residen en el intestino constituyen en realidad la mayor parte del sistema inmunitario, por lo que no es de extrañar que muchos profesionales de la medicina se refieran al intestino como el mayor órgano inmunitario del cuerpo. Pero la microbiota intestinal puede afectar a las células inmunitarias del intestino: el estrés puede alterar el equilibrio microbiano intestinal, reduciendo la fuerza del sistema inmunitario y haciendo que el huésped (es decir, tú) sea más vulnerable a enfermedades infecciosas. En cambio, un microbioma sano protege al organismo de las bacterias nocivas (y, por tanto, de las infecciones) y regula el sistema inmunitario, preparándolo para combatir eficazmente las enfermedades.

Pero ¿qué ocurre si un sistema inmunitario comprometido permite que las bacterias malas se instalen en el intestino? Si esto ocurre, puede producirse una inflamación intestinal, con la consiguiente pérdida de su función de barrera. Este problema, el llamado síndrome del «intestino permeable», consiste en que la pared intestinal se vuelve porosa y permite la entrada de bacterias o toxinas en el torrente sanguíneo, lo que provoca dolores de cabeza, confusión, fatiga y dificultad para concentrarse. Además, otras sustancias químicas del intestino pueden escapar y unirse al nervio vago, reduciendo la energía, aumentando la sensación de dolor y disminuyendo la sensación de saciedad después de las comidas. Curiosamente, el «intestino permeable» aún no está reconocido como enfermedad, pero con la aparición de cada vez más pruebas, la comunidad médica está empezando a cambiar de opinión.

Alimentando el eje intestino-cerebro

Hace apenas una década, la idea de que los microorganismos del intestino humano pudieran influir en el cerebro habría sido (y fue) descartada y catalogada por muchos como las divagaciones de un científico loco. Hoy estamos en lo cierto. Cada vez se sabe más que la comunidad microbiana de nuestro interior desempeña un papel vital en la mediación y regulación de la comunicación intestino-cerebro. Y, cuando se observan todas las pruebas que confirman la capacidad del intestino para comunicarse con el cerebro, resulta casi impensable que esta interacción mediada por microbios no desempeñe un papel muy importante, tal vez crítico, en la determinación de la función cerebral y el comportamiento de un individuo.

Ahora también sabemos que las distintas especies de microbios prefieren determinados alimentos. A algunos les encantan los azúcares y las grasas, a otros la fibra o los lácteos. Las profundidades del colon son un lugar implacable, donde diferentes poblaciones de microbios hacen lo que pueden para sobrevivir.

La teoría dice que si a un microorganismo en particular le falta su comida preferida, digamos que necesita fibra para poder prosperar, puede desencadenar la liberación de sustancias químicas que, a su vez, desencadenan impulsos eléctricos que viajan por el nervio vago, lo que puede hacer que tu cerebro elija una ensalada del súper en lugar de una Big Mac. También es un círculo vicioso: si comes alimentos poco saludables, corres el riesgo de aumentar la proporción de bacterias que prefieren darse un festín con esos alimentos en tu intestino. Si luego dejas de comer ese alimento en concreto, las bacterias pueden liberar sustancias químicas que hagan que vuelvas a tener antojo de ese alimento, o al menos eso parece sugerir la ciencia. Ahora empezamos a darnos cuenta de que nuestras elecciones alimentarias pueden no ser totalmente nuestras, ya que la microbiota desempeña un papel vital en la regulación de distintos aspectos del comportamiento alimentario.

Por suerte, la composición de la microbiota no es estática, y las bacterias que dominan una semana pueden ser relativamente escasas a la siguiente. Así que, aunque la cena de nuggets de pollo que elegimos hace unas noches puede favorecer que prosperen ciertas especies menos favorables y que otras se marchiten, si anulamos los antojos de estos alimentos calóricos y densos en energía en tantas ocasiones como sea posible, con el tiempo podemos reconstruir eficazmente nuestra microbiota con una proporción más saludable de bacterias buenas y malas. Ahora bien, si este conocimiento es suficiente o no para evitar que nos comamos el segundo *donut* de mermelada o el undécimo nugget de pollo, eso ya es otra cuestión.

La depresión y el eje intestino-cerebro

Los campos de la microbiología y la psiquiatría no han sido compañeros naturales de cama, pero ha habido algunas excepciones notables. En 1908, Élie Metchnikoff ganó el Premio Nobel de Fisiología por sugerir que las bacterias de la leche fermentada eran beneficiosas contra la «autointoxicación», un término que, por aquel entonces, se utilizaba para describir síntomas como la fatiga o la melancolía. Y el Dr. Henry Cotton, psiquiatra de Nueva Jersey a principios del siglo xx, estaba seguro de que las bacterias dentales estaban relacionadas con las afecciones de sus pacientes. Estaba tan seguro de ello que les extraía los dientes como parte de su tratamiento. Con el desarrollo de nuevas tecnologías capaces de cartografiar la microbiota humana, cada vez se cuestiona más la vieja idea de que las enfermedades del estado de ánimo, como la depresión o el trastorno bipolar, empiezan y terminan en el cerebro. La depresión, por ejemplo, se considera ahora un tipo de «estado inflamatorio» crónico de bajo nivel. Se ha demostrado que quienes la padecen tienen niveles más altos de moléculas inflamatorias en el torrente sanguíneo, causados (según nuevas investigaciones) por el compromiso de la función de barrera del intestino, de modo que los microbios del intestino se filtran al torrente sanguíneo, lo que provoca una respuesta inflamatoria.

Un factor limitante es que gran parte de la investigación realizada hasta la fecha se ha llevado a cabo en animales, y no en humanos. Y aunque las pruebas son fascinantes, tenemos que esperar a los estudios en humanos para arrojar más luz sobre el papel de la microbiota en la depresión humana. Lo que sí sabemos es que las ratas consideradas deprimidas tras ser separadas de sus madres mostraron una gran reducción de los síntomas después de ser tratadas con el probiótico *Bifidobacterium infantis*, junto con un antidepresivo.

Lo más alucinante es que trasplantar caca de ratas deprimidas a otras que carecían de microbioma provocó «comportamientos similares a la ansiedad». Esto es asombroso, ya que sugiere que no solo existe un vínculo entre la microbiota y la depresión, sino también que, al menos en los animales, la microbiota intestinal puede ser en realidad una de las principales causas de los estados depresivos.

Como ya he dicho, se necesitan más estudios en humanos para aclarar las cosas, y ahora se están investigando intervenciones basadas en el microbioma intestinal. La Universidad de Basilea (Suiza), por ejemplo, está planeando un ensayo de trasplantes fecales en humanos en un intento de restaurar el microbioma intestinal y tratar la depresión. Sin embargo, yo he asistido a la administración endoscópica de trasplantes fecales y, aunque creo firmemente en la ciencia que hay detrás del procedimiento, puedo decirles que, desde mi punto de vista, gestionar tu microbiota a través de la dieta parece preferible a que te metan caca de otra persona por el culo.

Lo que me lleva al siguiente punto: ¿puede la dieta prevenir o ayudar a disminuir los síntomas de la depresión?

Alimentos para el ánimo

La depresión clínica es una parte muy real de la vida de muchos de nosotros. Es tan común que más de un tercio de nosotros la padeceremos en algún momento de nuestras vidas, y cualquiera que la haya sufrido sabe lo abrumadora que puede llegar a ser, y lo poco que ayuda que la gente te explique lo fácil que es «animarse». Así que permitidme aseguraos a todos los que leáis esto que no estoy diciendo en absoluto «si comes esto, no te sentirás deprimido» ni nada que se le parezca, porque, por desgracia, la depresión no funciona así. No existe una varita mágica, y aunque sería estupendo que hubiera un superalimento que pudiera aliviar el sufrimiento mental cambiando la proporción de microbios en nuestros intestinos, todavía no es el caso. Lo mejor que podemos esperar actualmente es lo siguiente: sabemos por investigaciones que nuestro microbioma afecta a nuestros estados mentales hasta cierto punto. Y también sabemos por otras investigaciones que la dieta puede afectar a la composición de nuestros microbiomas. Por lo tanto, parece probable que un alimento que afecte positivamente a nuestro intestino también pueda afectar positivamente a nuestro estado mental.

Ahora bien, una vez eliminado este pequeño descargo de responsabilidad, si analizamos muchos de los estudios en su conjunto, parece que una dieta rica en frutas, verduras, cereales integrales, pescado, aceite de oliva y productos lácteos bajos en grasa, con un bajo consumo de alimentos de origen animal, se ha asociado a un menor riesgo de depresión. Por el contrario, una dieta rica en carne roja y procesada, cereales refinados, dulces y productos lácteos ricos en grasas, con un bajo consumo de frutas y verduras, se asocia a un mayor riesgo de depresión.

Suena intuitivo. Conocemos los beneficios de la dieta mediterránea desde hace muchos años y, si analizamos todos los estudios en su conjunto, tenemos la clara impresión de que este estilo de alimentación se asocia a una reducción del riesgo de depresión de alrededor del 30 %. Así que, aunque nunca podamos mudarnos a la costa italiana y comer bruschetta con un hombre llamado Marco que conduce una Vespa con camisa de lino blanca holgadamente abotonada y pantalones chinos, al menos podemos intentar comer más como él.

En 2013, el proyecto australiano SMILES (Supporting the Modification of lifestyle In Lowered Emotional States), de acertado nombre, fue pionero en investigar la pregunta: «Si mejoro mi dieta, ¿mejorará mi estado de ánimo?». Hoy sigue siendo un estudio de referencia en el emergente mundo de la psiquiatría nutricional. Al ofrecer a los participantes deprimidos una dieta mediterránea de doce semanas o las intervenciones habituales de apoyo social, los científicos pudieron demostrar que la dieta producía mejoras significativamente mayores en la salud mental. De hecho, el 32 % de los que siguieron la dieta mediterránea ya no se consideraban deprimidos al final del experimento. Y lo que es aún más convincente, las personas que cambiaron su dieta de forma más drástica también mostraron la mayor mejoría en sus síntomas depresivos.

Dos alimentos clave en la guerra contra la depresión son el pescado graso y la fibra. El omega-3, un ácido graso esencial, abunda en pescados grasos como el atún, la caballa, el salmón y las sardinas. Parece que ejercen un efecto sobre el microbioma al ayudar a cultivar las bacterias intestinales que producen butirato (el ácido graso de cadena corta que ayuda a nutrir y alimentar las células que recubren la pared del colon, reduciendo la inflamación y el posible «intestino permeable»). Por tanto, incluye pescados grasos en tu dieta, pero recuerda que no todo el pescado es «graso», y que un sándwich de bacalao cubierto de kétchup no cuenta. Puedes experimentar con pescado graso crudo y cocinado, como he hecho en mi receta de salmón ahumado con aliño de limón wasabi y jengibre encurtido en la página 228. Lo bueno del pescado rico en aceites omega es que es extraordinariamente fácil de cocinar y se prepara en cuestión de minutos, una gran ventaja para quienes llevan un estilo de vida ajetreado. Además, muchos pescados grasos son relativamente baratos, por lo que pueden añadirse a la cesta de la compra sin importar el presupuesto, lo cual es una gran ventaja. El libro *The River Cottage Fish Book* compara la diferencia entre el pescado graso y el blanco como la de un corredor de fondo y un atleta (donde los pescados grasos son los atletas). El pescado graso vive en las zonas «pelágicas» de océanos y lagos, ni cerca del fondo ni cerca de la orilla.

Este hábitat pelágico convierte a estos peces en ágiles nadadores con cuerpos aerodinámicos, capaces de soportar migraciones de larga distancia. Pasan toda su vida desplazándose hacia sus comidas, por lo que necesitan almacenar energía en forma de gotas de grasa a través de sus tejidos corporales.

Las directrices actuales sugieren que una dieta sana y equilibrada debe incluir al menos dos raciones de pescado a la semana, una de ellas de pescado graso (es decir, 2 × 140 g de peso cocido).

La fibra dietética, procedente de fuentes como los cereales integrales, los frutos secos, las semillas, las frutas y las verduras, también parece ejercer un efecto positivo en el estado de ánimo de las personas. La razón más probable es su poder prebiótico, ya que alimenta y nutre las bacterias intestinales «buenas», fomentando la producción de butirato.

Los alimentos probióticos como el yogur vivo, el kéfir, el chucrut y el queso también pueden ejercer algunos efectos beneficiosos sobre los estados de ánimo bajos, pero se necesitan más pruebas para confirmar los resultados iniciales de la investigación. Sabemos que los roedores a los que se administraron probióticos mostraron cambios positivos en varias regiones del cerebro, y que las mujeres sanas a las que se administraron probióticos en forma de productos lácteos fermentados han mostrado una actividad cerebral alterada a la hora de procesar diferentes expresiones faciales. Podemos deducir, por tanto, que es muy probable que la alteración de la microbiota intestinal de una persona tenga un efecto directo sobre su función cerebral de forma observable.

Otra serie de alimentos estupendos para estimular las bacterias buenas del intestino son los ricos en polifenoles (una familia de sustancias químicas vegetales digeridas por las bacterias intestinales). Los polifenoles presentan estructuras diversas y se conocen más de quinientas moléculas diferentes en los alimentos. El cacao, el té verde, el aceite de oliva y el café son grandes fuentes de polifenoles y, aunque actualmente se están estudiando sus efectos, parece que aumentan el crecimiento de bacterias intestinales saludables e incluso pueden mejorar la cognición y prevenir el deterioro de la memoria en los adultos mayores. Aún está por ver si los polifenoles tienen algún efecto sobre los estados depresivos, pero la información que disponemos actualmente parece muy prometedora. Curiosamente, muchas especias y hierbas son ricas en polifenoles, sobre todo el anís estrellado, el clavo, la menta seca, el orégano seco, el comino y el jengibre seco, algunos de los cuales se toman muy bien en infusión, cocidos a fuego lento en caldos aromáticos al estilo asiático o, como yo los he utilizado, descaradamente en un glaseado pegajoso para unas costillas pegajosas y grasientas (ver receta de la página 230).

Por último, quiero mencionar una sustancia química llamada «triptófano». Es un aminoácido que se utiliza para producir serotonina, la sustancia química de la «felicidad» (véase la página 214). Ahora bien, el cuerpo no puede producir triptófano por sí mismo, por lo que dependemos totalmente de la dieta para obtener una cantidad suficiente. Y dado que la serotonina desempeña un papel fundamental en la regulación del estado de ánimo y que se necesita suficiente triptófano en el cerebro para producir serotonina, es lógico pensar que una dieta rica en ingredientes ricos en triptófano podría aumentar la producción de serotonina. De hecho, pequeños estudios han demostrado que unos niveles elevados de triptófano en la dieta pueden dar lugar a menos síntomas depresivos, o a síntomas menos graves.

Si quieres darle a tu cuerpo una inyección de triptófano, el tofu (y otros alimentos a base de soja), el pollo, el pavo, la clara de huevo, el queso mozzarella, los cacahuetes, la calabaza, las semillas de sésamo y la leche son fuentes ricas en esta sustancia química tan útil. Me encanta utilizar tofu en mi cocina, sobre todo las variedades sedosas en las que el suero no ha sido prensado, lo que da como resultado una textura aterciopelada llamada *kinugoshi* en japonés. Con las variedades más blandas de tofu de seda se pueden preparar postres veganos, como mousses, o salsas cremosas para la pasta (útiles si se sigues una dieta basada en plantas y necesitas una alternativa a la nata). Las variedades de tofu de seda ligeramente más firmes pueden cortarse en dados gruesos y sumergirse en salsa de soja, aceite de sésamo, guindilla y cebolleta para preparar un estupendo entrante en cinco minutos, o pueden sazonarse y hornearse, como he hecho en una magnífica receta de fideos rica en triptófano en la página 232.

Dejando a un lado la ciencia, creo firmemente en los beneficios terapéuticos que se derivan del mero hecho de meterse en la cocina para realizar una actividad fundamentalmente creativa. Muchas veces, al volver a casa después de un horrible turno en el hospital, he encontrado consuelo y comodidad en el alegre proceso de preparar una comida fresca. Comer los alimentos adecuados puede dar a nuestro intestino la ventaja que necesita para mantener altos nuestros niveles de serotonina, pero cocinarlos me da un propósito, me tranquiliza cuando siento que las cosas me superan y eleva mi estado de ánimo inconmensurablemente. Es una experiencia que, estoy segura, resonará con muchos lectores, y es por eso que puedo deciros, por experiencia propia, que el mejor lugar para encontrar vuestro bienestar digestivo y la felicidad está en las cacerolas, armarios, cajones y superficies de trabajo de vuestra propia cocina.

Chocolate

No podía escribir sobre los alimentos que influyen en nuestro estado de ánimo sin mencionar a nuestro buen amigo, el chocolate. El chocolate nos acompaña desde el principio: crecemos pidiendo a nuestros padres Chocapic para desayunar y leemos *Charlie y la fábrica de chocolate* en el colegio. Luego, en la edad adulta, elegimos nuestros sabores favoritos de Lindor, Milka y Nestlé, y luego juzgamos a los demás por la variedad que consideran sus favoritos (¿o quizá esto último sea solo cosa mía?). El chocolate también es un lenguaje universal. No importa en qué país del mundo me encuentre, provoca la misma alegría en los rostros de niños y adultos por igual.

No se puede negar que el chocolate posee un valor social, ya que consumirlo es en gran medida una actividad social. El chocolate es el lenguaje del amor, inspiración de innumerables películas y libros. Y en cierto modo, una caja de bombones simboliza la vida misma, ya que «nunca sabes cuál te va a tocar». Últimamente me atrae especialmente el mostrador de chocolates de Fortnum & Mason, en Londres. Las tabletas de la «Biblioteca del Chocolate» han cambiado de nombre: «Romance agridulce», «Buenas noches, mi amada agridulce», «El bosque que flotaba», «Pilotos vuelan en cielos rosas», etcétera. Estos nombres pueden sonar algo peculiares al principio, pero cada chocolatina va acompañada de una breve historia. La identidad del autor de estos relatos se mantiene en un codiciado secreto, pero puedes leerlos en la sección de diarios del sitio web de F&M. Para mí, ilustran la inmensa creatividad que desprende el chocolate y cómo, en sus diferentes sabores y formatos, es capaz de conectar con una multitud de emociones humanas.

Probablemente no tendrás que cavar demasiado hondo para recordar la última experiencia chocolatera fantástica que hayas tenido, ya sea el centro blandito de un brownie artesano o el chocolate caliente más suave y cremoso en un frío día de invierno. Recuerdo que mi marido y yo asistimos a un congreso de medicina en Berlín y nos escapamos antes de tiempo de las conferencias de la tarde para visitar la mundialmente famosa chocolatería Rausch Schokoladenhaus. Cuando más tarde mi jefe me preguntó qué tal en Berlín, empecé a contarle mi increíble experiencia chocolatera. Después de unos cinco minutos de monólogo chocolatero, me dijo: «Bueno, en realidad me refería a las conferencias sobre anticoagulantes. Pero me alegro de que participaras en todas las formas de educación a tu alcance». Me sonrojé.

El chocolate se prepara, mediante fermentación, a partir del fruto del *Theobroma cacao*, un árbol tropical cuyo nombre significa literalmente «alimento de los dioses» en griego. Originario de la ciudad peruana de Iquitos, a orillas del río Amazonas, el árbol da frutos grandes, de unos 30 centímetros de largo cada uno. Se recolectan en cantidades alucinantes para satisfacer la inmensa demanda mundial de chocolate. El cultivo del cacao requiere mucha mano de obra.

De todos los alimentos que comemos habitualmente, el chocolate es la fuente más rica de un compuesto llamado «flavonoides», que forma parte de la familia de los polifenoles. Como sabemos, los polifenoles son alimento para nuestras bacterias intestinales, y cuanto más dispongan de ellos más beneficiarán nuestra salud física y mental.

Todos deberíamos prestar atención a cualquier estudio sobre el chocolate. Un pequeño estudio sobre el efecto de los polifenoles del cacao demostró que aumentaban dos bacterias muy beneficiosas en el intestino y reducían la proporción de *Firmicutes* (las bacterias asociadas al aumento de la obesidad, véase la página 186). Otro estudio comparó a diez personas que comían mucho chocolate (negro) con diez que no lo comían en absoluto (ni siquiera sabía que estas personas existían). La investigación descubrió que, al final de la prueba, los dos grupos poseían microbios intestinales diferentes: los consumidores de chocolate mostraban mayores cantidades de bacterias «buenas» y una reducción de las asociadas a efectos negativos. Lamentablemente, el pequeño tamaño de la muestra de ambos estudios hace difícil extraer conclusiones definitivas sobre el papel del chocolate negro en la salud humana, pero los resultados parecen prometedores.

En otro pequeño estudio, se dividió a dieciocho participantes en dos grupos y se les pidió que completaran una serie de pruebas de palabras y números. A continuación, un grupo recibió 24 gramos de chocolate negro al día (70 % de cacao), mientras que el otro ingirió aproximadamente la misma cantidad de chocolate blanco sin cacao. Al final de la intervención, los que comieron chocolate negro mostraron cierta mejora de la función cerebral al repetir las mismas pruebas de palabras y números, mientras que los que comieron chocolate blanco no mostraron diferencia alguna. Y aunque el diseño del estudio dista mucho de ser perfecto, nos sugiere que el chocolate negro puede conferir efectos beneficiosos sobre el estado de alerta y mejorar la función cerebral. Por mi parte, me gustaría que surgieran más estudios a gran escala basados en el chocolate, justo el tipo de investigación que hace cosquillas a mis papilas gustativas.

Pero la verdadera magia del chocolate reside en su complejidad química. Además de sus beneficios para el intestino, también contiene una serie de sustancias químicas que han demostrado ser beneficiosas para otras partes del cuerpo. Por ejemplo, una de estas sustancias químicas se llama «teobromina», y aumenta el ritmo cardíaco y disminuye la presión arterial. Otra es la «feniletilamina» que, tomada sola, es una droga psicoactiva y el punto de partida para la fabricación de antidepresivos. Una barrita de frutas y frutos secos probablemente no sea suficiente para ejercer ese tipo de efecto en el cerebro, pero es solo otro ejemplo de las cosas buenas que tiene el chocolate en su interior.

El chocolate es uno de esos alimentos que es casi sinónimo de placer culpable, con especial énfasis en la palabra «culpable». Y como a menudo asociamos el chocolate con la culpa, podemos perder de vista el hecho de que, cuando se consume con moderación, el chocolate tiene el potencial de ser uno de esos alimentos que tienen un impacto positivo mensurable en la salud intestinal y, por lo tanto, un impacto positivo mensurable en el estado de ánimo. También es un tentempié al que la gente puede recurrir cuando está triste o deprimida, como consuelo. El debate sobre si la depresión hace que la gente coma chocolate o si la gente utiliza el chocolate para aliviar la depresión sigue candente y seguirá estándolo durante un tiempo.

Es una pregunta difícil de responder para los científicos en muchos sentidos, y he pensado largo y tendido cuál es el mejor consejo que puedo ofrecer al respecto. Si lo que buscas es encontrar el bienestar digestivo y la felicidad a través del chocolate, lamentablemente no puedo decirte que comas más por motivos científicos, ya que no está claro el alcance total de la relación entre el chocolate y la salud humana. Pero lo que sí puedo decirte es que, con moderación, un cuadradito o dos de chocolate negro al día pueden hacer algún bien a tu intestino y, como mínimo, probablemente no te harán ningún daño.

En este caso, debo hacer hincapié en el chocolate negro, no en el chocolate con leche. Porque, aunque ya he dicho que me encanta comer chocolate con leche de la marca Cadbury de vez en cuando, la adictiva mezcla 50:50 de grasa y azúcar de este tipo de chocolate hace que no sea tan bueno para nosotros como las variedades más amargas y adultas. Por experiencia propia, puedo decir que, con el tiempo y la práctica, el consumo de distintas variedades de chocolate negro se hace cada vez más agradable y posee un perfil de sabor mucho más complejo y superior. Al igual que el difunto Roald Dahl, mi variedad favorita de chocolate negro es Prestat. La tableta «Dark and Stormy» del 73 %, elaborada con granos cultivados en Costa de Marfil, es muy aromática y una excelente compañera para ver la televisión, echada en el sofá con una manta después de las 9 de la noche.

Pastel de chocolate negro, tahini y pretzels

8 raciones

Esta receta convierte a los indecisos sobre el chocolate negro en auténticos fanáticos. El contraste de los pretzels salados con la tahina densa y terrosa y el chocolate negro amargo crea un postre difícil de olvidar. Y aunque no soy partidaria de comerlo todos los días, no hay duda de que un buen postre de chocolate hace algo por el alma.

Ingredientes

Pará la base:

150 g de pretzels

50 g de azúcar blanco granulado

125 g de mantequilla derretida

Para la capa de tahini:

2 cucharadas colmadas de tahini

225 g de chocolate blanco

300 ml de nata líquida

Para la capa de chocolate negro:

200 g de chocolate negro

300 ml de nata espesa

120 g de avellanas tostadas, picadas en trozos grandes

1 cucharadita de cacao en polvo

Preparación

1. Forrar la base de un molde desmontable de 23 centímetros con papel sulfurizado.

2. Triturar los pretzels con un robot de cocina o metiéndolos en una bolsa de plástico y aplastándolos con un rodillo hasta hacerlos migas. Añadir el azúcar, pasarlo todo a un bol y verter la mantequilla derretida. Mezclar bien hasta que las migas estén completamente cubiertas y verterlas en el molde preparado, presionando firmemente para crear una capa uniforme. Dejar enfriar en el frigorífico durante al menos 30 minutos.

3. Para la capa de tahini, colocar el tahini, el chocolate blanco y la nata líquida en un cuenco y ponerlo todo sobre una cacerola con agua hirviendo a fuego lento. Remover suavemente hasta que el chocolate se haya derretido por completo y la mezcla tenga un aspecto homogéneo. Verter la mezcla sobre la base de pretzel y llevarla al frigorífico. Dejar que la capa de tahini se endurezca en el frigorífico durante unas 4-6 horas.

4. Para la capa de chocolate negro, poner el chocolate y la nata líquida en un cuenco y colocarlo sobre una cacerola con agua hirviendo a fuego lento. Remover suavemente hasta que todo el chocolate se haya derretido y la mezcla tenga un aspecto liso y brillante.

5. Sacar el molde del frigorífico y esparcir las avellanas sobre la capa de tahini. A continuación, verter la mezcla de chocolate negro y alisar la superficie con el dorso de una cuchara de postre o una

espátula. Dejar reposar en el frigorífico durante al menos otras 4-6 horas, pero lo ideal sería durante toda la noche.

6. Para servir, sacar la tarta del frigorífico y espolvorearla con cacao en polvo. Desmoldar abriendo el gancho exterior del molde y deslizando la tarta con cuidado sobre un plato de servir. Retirar con cuidado la base y el papel con que se forró. Dejar reposar 15 minutos a temperatura ambiente antes de servir.

Entonces, ¿qué nos deparan todos estos nuevos conocimientos sobre el «eje intestino-cerebro» en lo que respecta al bienestar digestivo y la felicidad? Los alimentos que ingerimos influyen directamente en la composición de nuestros microbios intestinales, que a su vez pueden influir en la función cerebral de múltiples maneras. Se puede argumentar que, incluso sin pruebas científicas, es sabido que lo que comemos puede influir en nuestra salud y bienestar: después de todo, toda una industria de «alimentos saludables» ha surgido a partir de este hecho. Pero, para mí, saber que la ciencia se está poniendo con rapidez al día y realmente está demostrando los mecanismos por los que ciertos alimentos pueden influir en la función cerebral, el comportamiento y el estado de ánimo es muy alentador. Encontrar el verdadero bienestar digestivo y la felicidad es saber que los alimentos que elegimos para comer tienen efectos de largo alcance. Sí, todo empieza en el intestino, pero el intestino habla íntimamente con el cerebro y tú tienes el poder de influir en esa conversación a través de tus elecciones alimentarias. ¡Guau!

Resumen

› El eje intestino-cerebro es un sistema de comunicación bidireccional entre el intestino y el cerebro.

› A grandes rasgos, el intestino y el cerebro se comunican por tres vías: los nervios, las hormonas y el sistema inmunitario.

› La composición de nuestros microbios intestinales, también conocidos como «microbiota», puede mediar y regular la comunicación entre el cerebro y el intestino.

› Existen pruebas de que una dieta mediterránea puede ayudar a combatir la depresión. Alto contenido en fibra, pescado graso rico en omega-3, probióticos, polifenoles y triptófano podrían contribuir a mejorar el estado de ánimo.

› El acto de cocinar es en sí mismo edificante para muchos de nosotros.

› Un trozo de chocolate negro de vez en cuando no le vendrá mal a tu estado de ánimo.

Salmón ahumado, aliño de limón con wasabi y jengibre encurtido

Para 4 personas

Hay tres tipos diferentes de grasas omega-3 en los alimentos: ALA, EPA y DHA. El ALA (o ácido alfa linolénico) no puede ser producido por el organismo y se encuentra en aceites vegetales, frutos secos y semillas (por ejemplo, en nueces, pacanas, avellanas y semillas de lino). Las otras dos grasas omega, conocidas como EPA (ácido eicosapentaenoico) y DHA (ácido docosahexaenoico), se encuentran en pescados grasos como las sardinas, el salmón, la caballa, el arenque, las ostras y las anchoas. El organismo también puede producirlos en pequeñas cantidades, a partir del ALA.

El salmón de esta receta se puede sustituir por cualquiera de los pescados anteriores, ya sea en su forma más fresca y cruda, o bien asado a la parrilla y chamuscado a la perfección.

Ingredientes

250 g de lonchas de salmón ahumado

½ a 1 cucharadita de pasta de wasabi (utiliza rábano picante si no tienes wasabi)

1 cucharada de mayonesa

1 cucharada de nata agria, nata espesa o yogur griego

2 cucharadas de zumo de limón

100 g de edamame cocido

75 g de hinojo marino (opcional), escaldado en agua hirviendo durante 1 minuto y enfriado a continuación

1 cebolleta, cortada finamente a lo largo

1 cucharadita de aceite de colza

1 cucharadita de semillas de sésamo

25 g de jengibre de sushi encurtido

Preparación

1. Extiende el salmón ahumado en forma de pliegues sueltos por toda una fuente plana grande.

2. Mezcla la pasta de wasabi con la mayonesa, la nata agria y el zumo de limón. Rocía el salmón con esta mezcla (añade más wasabi si lo deseas; la idea es obtener con él un poco de calor en la parte posterior de la nariz y la garganta).

3. Mezcla el edamame, el hinojo marino y la cebolleta en un bol aparte con el aceite de colza. Esparce esta mezcla de verduras sobre el

salmón aliñado y espolvorea una última capa de semillas de sésamo y el jengibre de sushi encurtido. Sírvelo a temperatura ambiente.

Sardinas especiadas con masala y ensalada de pepino al limón

Para 2 personas

La alegría de las sardinas en aceite no reside solo en su sabor, sino también por en su económico precio: ¡sí, me encantan las gangas! Aunque no tengo ningún reparo en comer la variedad en lata, hay algo maravilloso en este plato de sardinas frescas especiadas. Si no puedes conseguir sardinas frescas en tu pescadería, los espadines, los arenques pequeños y la caballa también funcionarían bien.

Ingredientes

2 dientes de ajo

1 trozo de jengibre del tamaño de un pulgar

1 cucharadita de pimentón picante o paprika en polvo

1 cucharadita de guindilla roja en polvo

1 cucharadita de semillas de comino

1 cucharadita de garam masala

1 cucharadita de curri en polvo

1 cucharada de yogur griego

Zumo de ½ limón

500 g de sardinas frescas (evisceradas y limpias)

200 g de tomates cortados en dados (sin semillas)

½ cebolla roja mediana, picada fina

Zumo 1 de limón

Aceite vegetal, para freír

3 cucharadas de harina normal

10 hojas de menta, cortadas en rodajas finas

Sal al gusto

Para servir:

Panes planos a elegir y chutney verde (véase la página 147)

Preparación

1. Machacar el ajo y el jengibre en un mortero hasta obtener una pasta. Añadir el pimentón, la guindilla en polvo, las semillas de comino, el garam masala, el curri en polvo, el yogur griego, el zumo de medio limón y la sal al jengibre y el ajo machacados y mezclar bien. Verter esta pasta picante sobre las sardinas y dejar marinar unos 15 minutos.

2. Mientras tanto, mezclar los tomates, la cebolla roja y el zumo del limón entero en un cuenco y sazonar generosamente con sal. Dejar reposar durante 15 minutos para que los sabores se desarrollen y las cebollas pierdan parte de su acritud.

3. Calentar unas cucharadas de aceite vegetal en una sartén antiadherente a fuego medio. Poner la harina en un plato llano y rebozar las sardinas marinadas en ella, eliminando cualquier exceso antes de colocarlas suavemente en el aceite. No limpies nada de la marinada antes de rebozarlas con harina, quieres mantener el sabor en las sardinas. Freír las sardinas en tandas de 3 o 4, dándoles la vuelta 1 vez. Estarán listas cuando tengan una corteza bien dorada (unos 3 minutos de fritura por cada lado).

4. Para servir, calentar panes planos y cubrirlos con las sardinas y la ensalada de kachumber. Acompañar con un chutney verde o cualquier otro encurtido/chutney de tu elección (por ejemplo, mango).

Costillas glaseadas con polifenol

Para 4-6 personas

Mucha gente no sabe que especias como el anís estrellado, el clavo, la canela, el comino y el jengibre son ricas en polifenoles, al igual que frutas como las uvas, las manzanas, las peras, las cerezas y otras bayas, y bebidas como el vino tinto, el té, el café y el cacao. Numerosas investigaciones los señalan como protectores contra el desarrollo de muchas enfermedades crónicas, gracias a sus propiedades «antioxidantes», además de tener efectos beneficiosos para las bacterias intestinales.

Estas costillas son un corte muy apreciado para la cocción lenta y están bañadas en un glaseado muy oscuro y pegajoso a base de especias ricas en polifenoles, sobre todo clavo. Abundantes, traviesas y fundentes, acompáñalas con una ensalada crujiente ligeramente aliñada y una guarnición de patatas fritas para disfrutar al máximo. Yo recomendaría comerlas con las manos en lugar de con cuchillo y tenedor. Y si te hace sentir mejor saber que estos bocados grasos y carnosos están glaseados con especias ricas en polifenoles, bueno, ¡supongo que esa es una pequeña gran ventaja de este plato! Si soy sincera, dejando de lado las propiedades polifenólicas, creo que saben divinamente.

Ingredientes

2 kg de costillas de ternera, cortadas transversalmente en trozos de 5 cm de grosor
40 clavos
10 anises estrellados
2 cucharadas de comino molido
2 cucharadas de semillas de hinojo
2 trozos de jengibre del tamaño de un pulgar, sin piel y cortados en trozos grandes

2 ramas de canela

Para el glaseado:
100 g de tamarindo, de un bloque
6 cucharadas de kétchup
6 cucharadas de azúcar moreno suave
1 cucharada de cacao en polvo
6 cucharadas de salsa de soja

Preparación

1. Para empezar, se colocan las costillas en una olla muy grande y se cubren con unos 3 litros de agua. Añadir el clavo, el anís estrellado, el comino, las semillas de hinojo, el jengibre y la canela en rama y llevar a ebullición. Tapar la olla y dejar hervir las costillas a fuego medio durante unas 2 horas. Las costillas deben estar blandas y bien cocinadas, pero sin llegar a desprenderse del hueso. Comprueba cada 20 minutos aproximadamente que el líquido no se haya secado (añade agua si es necesario). Cuando las costillas se hayan enfriado, retíralas del líquido de cocción con una espumadera y colócalas en una sola capa sobre una bandeja de horno antiadherente.

2. Ahora vamos a preparar el glaseado. Te quedará algo de líquido en la olla en la que cociste las costillas. La cantidad variará según cómo se hayan cocido las costillas, las dimensiones de tu olla, etcétera. Añade todos los ingredientes del glaseado al líquido restante y remuévelo todo bien. Si el líquido de la olla se ha secado por completo, es posible que tengas que volver a añadir un poco de agua (unos 300 mililitros) a la olla para que se ponga en marcha.

3. Deja que el contenido de la olla hierva a fuego lento hasta formar una salsa brillante y burbujeante con la consistencia de la nata espesa. El tiempo de cocción dependerá de la cantidad de líquido que haya en la olla. Pasa la salsa por un colador y

viértela sobre las costillas, asegurándote de que queden bien cubiertas.

4. Coloca las costillas bajo una parrilla caliente y observa cómo se caramelizan. Ten cuidado de que no se quemen. Da la vuelta a las costillas cada 2 minutos aproximadamente y sigue untándolas con el glaseado residual hasta que estés satisfecho con la consistencia de mermelada. Es posible que la grasa de la carne se separe de las costillas glaseadas y se acumule en la bandeja; esto es normal si las costillas tenían mucha grasa al principio. En la parrilla, las costillas tardan entre 4 y 8 minutos más o menos en estar completamente pegajosas y cubiertas de un glaseado oscuro e intenso. Retira las costillas de la parrilla y sírvelas inmediatamente.

Ensalada de fideos Nom Nom

Para 2 personas

Un amigo mío describe esta ensalada como «nom, nom, nom» que, creo, puede traducirse vagamente como ¡delicioso! Es picante hasta el punto de que se siente el calor en la boca, pero no tanto como para volarte los sesos. Yo uso salsa hoisin en lugar de salsa de ciruela, ya que es un poco más intensa, pero sin duda podrías utilizar sobras de salsa de ciruela como alternativa.

El pollo, el tofu y los anacardos utilizados en esta receta son fuentes fantásticas del aminoácido esencial triptófano, precursor de la serotonina. Y aunque no puedo garantizar que este plato cure la melancolía, tiene un sabor maravillosamente estimulante.

Ingredientes

350 g de tofu de seda firme
1 cucharadita de polvo de cinco especias chinas
2 cucharadas de aceite vegetal
2 nidos de fideos de huevo
500 g de pollo cocido desmenuzado
1 pepino turco (o ½ pepino normal)
2 cebolletas, finamente picadas

1 puñado de cilantro finamente picado
1 cucharada de aceite de guindilla
3 cucharadas de salsa hoisin
100 g de anacardos tostados

Preparación

1. Precalentar el horno a 200 °C con ventilador.

2. Sacar con cuidado el tofu de su envoltorio, de modo que tengas un bloque delante de ti. Cortarlo en rodajas de 1,5 cm de grosor y colocarlas en una bandeja de horno antiadherente engrasada. Espolvorea el polvo de cinco especias y rocía con el aceite vegetal. Mételo en el horno durante 10 minutos para que se cueza bien. Retirar del horno y dejar enfriar un poco.

3. Mientras tanto, preparar los fideos de huevo siguiendo las instrucciones del fabricante: normalmente hay que hervirlos durante unos 5 minutos y escurrirlos. Distribuye los fideos preparados en una fuente grande y cúbrelos con el pollo desmenuzado.

4. Cortar el pepino lo más fino posible y en diagonal, para obtener rodajas ovaladas. Esparcir las rodajas sobre los fideos y el pollo y añadir por encima la cebolleta y el cilantro.

5. En un bol aparte, mezclar el aceite de guindilla y la salsa hoisin para hacer el aliño de la ensalada. Rociarlo todo sobre los fideos, el pollo y las verduras y mezclarlo todo para cubrirlo uniformemente. La salsa hoisin es bastante salada, por lo que no es necesario añadir sal.

6. Completa el plato cubriéndolo con los trozos de tofu enfriados y un puñado de anacardos tostados, ligeramente picados. ¡Nom, nom, nom!

Nota: para una alternativa vegana, sustituye el pollo por champiñones salteados o duplica la cantidad de tofu.

Capítulo 9

PERDER LA HINCHAZÓN

Hasta ahora, nos hemos centrado principalmente en explicar lo que ocurre cuando el cuerpo interactúa con los alimentos. Hemos abordado la historia de la cocina, el sabor y la textura (centrándonos en algunos sabores especialmente interesantes), por qué sentimos hambre y saciedad, y cómo nuestro microbioma intestinal puede afectar a nuestras vidas de formas fascinantes que antes no habríamos esperado. En mi opinión, todo esto es muy valioso para sentar las bases sobre las que podemos construir nuestro sentido de bienestar digestivo y felicidad.

En los dos últimos capítulos, sin embargo, no nos centraremos en explicar lo que ocurre cuando el cuerpo funciona como debería, sino más bien en lo que ocurre cuando no. Comprender cómo y por qué las cosas van mal es, para mí, un conocimiento fundamental e igualmente importante en nuestra búsqueda de una relación más profunda con nuestra comida, porque nos permite reconocer con confianza cuándo nuestro cuerpo nos está diciendo que las cosas por dentro no van del todo bien. Además, me permite ofrecer a aquellos de vosotros que sufrís dolencias relacionadas con el intestino (y también a los que no) algunas recetas que podrían ayudaros a lograr un mayor bienestar digestivo.

Los pedos son un lenguaje universal. Hay personas que lo hablan con fluidez y confianza, y otras que preferirían que el mundo pensara que no hablan este idioma tan divisivo. Los estudios han demostrado que bebés de tan solo quince semanas se ríen de sus propios pedos (o de los de personas cercanas). Y es fácil entender por qué. Relaja el cuerpo, alivia el dolor y suena divertidísimo. Pero, si eres como mi buena amiga Delia, los gases también pueden ser un suplicio, un secreto incómodo que preferirías que nadie supiera.

Delia y yo somos amigas desde que comenzamos a caminar y, como ocurre con las amigas de ese calibre, no hay prácticamente nada que yo no sepa de ella. Tuvimos nuestras primeras menstruaciones al mismo tiempo, nuestros torpes cuerpos adolescentes cambiaron a la par, incluso nuestros peinados fluctuaron al compás entre lo pasable y lo desastroso. Delia era, y es, una prolongación de mi existencia.

Después de un agotador examen de selectividad, Delia y yo decidimos que nos habíamos ganado un capricho. Así que, en lugar de ir al cine, nos apuntamos a un masaje tailandés de cuerpo entero. Si alguna vez te han dado un masaje tailandés (y a pesar de lo que vas a leer, te lo recomiendo encarecidamente), sabrás que las masajistas están entrenadas para eliminar hasta el último gramo de estrés de tu cuerpo. Las cosas empezaron bien. Envueltas en suaves batas recién lavadas, con zapatillas de toalla en los pies, sentimos cómo se disipaba el estrés de los exámenes.

Mientras nos tumbábamos cubiertas de una toalla, las dos masajistas que nos habían asignado empezaron a trabajar. Sentía que me adentraba en un sueño profundo y sereno cuando, por el rabillo del ojo, vislumbré a Delia. Lejos de parecer relajada, su rostro mostraba una expresión que yo no reconocía: una especie de angustia que arrugaba su nariz, una gota de sudor que se formaba en su frente. De vez en cuando oía pequeños gemidos de incomodidad. No parecía sufrir exactamente, pero era evidente que algo le pasaba.

Cuando terminó el masaje de espalda, nos ordenaron darnos la vuelta y mirar al techo. Me di cuenta de su inquietud, pero decidí que la interrogaría más tarde; de momento, me aseguró que lo único que le hacía falta era cambiar de postura. Las masajistas empezaron a trabajar en nuestros estómagos. Es un poco extraño que te masajeen la barriga, pero la verdad es que fue muy agradable. Nos frotaban suavemente el vientre con aceite caliente, moviendo las manos en el sentido de las agujas del reloj.

«Oh, no», oí decir desde la cama de al lado.

Miré a Delia (normalmente tan fría bajo presión que una vez se olvidó de una presentación importante hasta que la llamaron por su nombre, pero la hizo de improviso y sin sudar, y obtuvo la nota más alta de la clase). Ahora estaba claramente angustiada. Mientras tanto, la masajista, concentrada en su arte y aparentemente ajena al malestar de Delia, le amasaba el vientre con una intensidad suave pero creciente, hasta que Delia, incapaz de aguantar más, cambió ligeramente de postura.

No fue un gran movimiento, pero fue suficiente. Un enorme pedo rasgó el tranquilo aire del balneario. Todos nos miramos, sin saber cómo proceder. Entonces, como un trueno que sigue a un relámpago, un olor a huevo se unió a las camillas de masaje, atravesando el relajante aroma de los aceites esenciales. Delia me miró horrorizada, con la gota de sudor en la frente cayéndole por la mejilla. Se quedó paralizada, insegura de cuál debía ser su siguiente movimiento.

Sin embargo, la masajista, una profesional consumada, no pareció inmutarse por el incidente. De hecho, empezó a frotar el vientre de Delia cada vez con más fuerza, y con cada movimiento circular de la mano sobre el vientre se escapaba otra ráfaga de viento. No contenta con los resultados que estaba obteniendo, en un último movimiento la masajista levantó las piernas de Delia y presionó su propia rodilla firmemente contra su abdomen, doblando y desinflando a Delia como un colchón de aire que se vuelve a colocar en el desván. Cada movimiento daba lugar a otra ráfaga de viento burbujeante.

Una vez satisfecha con su trabajo, la masajista abandonó la habitación, dejándonos a Delia y a mí procesando lo que acababa de ocurrir. Resulta que, desde que había empezado a repasar los exámenes, se había sentido cada vez más hinchada y con retortijones en el estómago que solo se aliviaban cuando podía expulsar aire o hacer caca. A veces tenía la barriga tan hinchada que había recurrido a llevar pantalones con cintura elástica.

La madre de Delia estaba comprensiblemente preocupada, no tanto por la vergüenza sino por cómo todo esto podría afectar su rendimiento en los exámenes. Cambió la dieta de Delia para que incluyera brócoli, coliflor o alubias cada noche en la cena. Evitar los lácteos y el pan no le ayudó mucho, pero por alguna razón sí el té de menta y el Pepto-Bismol rosa Barbie de su abuela. Con el tiempo, su médico de cabecera le diagnosticó «síndrome del intestino irritable», una enfermedad que, si no se trata con eficacia, puede causar estragos en la vida de quienes lo padecen. El estrés es un factor importante en la aparición del SII y, como era de esperar, una vez superados los exámenes, los intestinos de Delia volvieron a la normalidad con bastante rapidez. Unas cuantas salidas de compras, un par de noches de cine y algunas buenas comidas con la familia y los amigos iniciaron el proceso de curación, e incluso conoció a un dietista que, afortunadamente, le aconsejó que dejara de comer brócoli y alubias todas las noches. Su vientre se aplanó y los chándales con cintura elástica pasaron al fondo del armario.

Delia desarrolló los mismos síntomas de hinchazón en otras ocasiones cargadas de estrés: cuando estaba organizando su boda, cuando murió su perro y cuando tuvo que lidiar con los cólicos de su primogénito. Pero controlar la hinchazón puede ser todo un reto, como te dirá cualquier persona que padezca el síndrome del intestino irritable, y la gente tiende a encontrar sus propias maneras de afrontar los síntomas. Delia, por ejemplo, descubrió que la postura de yoga del «perro boca abajo» era muy eficaz para liberar rápidamente el aire atrapado (lo descubrió en un estudio de yoga abarrotado, pero bueno, al menos lo descubrió).

Delia probablemente se habría beneficiado de este capítulo, si lo hubiera podido leer cuando sus problemas de hinchazón se manifestaron por primera vez, allá por la época del colegio. Cuando se lo enseñé hace poco, me dijo que algo que hace que el síndrome del intestino irritable sea más estresante (y, por tanto, que provoque más síntomas) es que el tema de los gases intestinales, y otros síntomas abdominales, está rodeado de vergüenza y pudor, y ahora, cuando pienso en su viaje, me doy cuenta de por qué es tan importante para nosotros, como sociedad, entender el concepto de hinchazón y por qué existe.

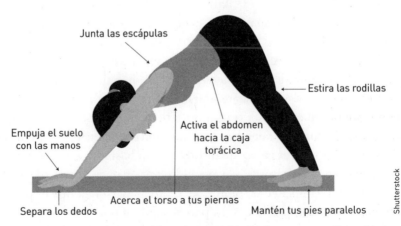

El «perro boca abajo», conocido en la comunidad del yoga como *adho mukha svanasana*, es un fantástico movimiento de yoga que ayuda a algunas personas a reducir la sensación de hinchazón.

Datos fascinantes sobre las flatulencias

El colon humano es esencialmente una pequeña fosa de estiércol y, como tal, las bacterias que viven en él fermentan nuestros residuos, creando una compleja mezcla de subproductos gaseosos como parte del proceso de descomposición de nuestros alimentos. La mayor parte de la comida se descompone y digiere en el intestino delgado, pero algunas cosas, como el sorbitol (presente en los edulcorantes artificiales), la fructosa (presente en la fruta), los alimentos ricos en fibra, como las legumbres, y los carbohidratos complejos (como los que se encuentran en los cereales) se descomponen en el intestino grueso. Es el gas que se libera durante el proceso de descomposición de estos alimentos lo que puede brotar de nuestros intestinos.

Pero, como siempre, la historia no es tan sencilla. El viento del tracto gastrointestinal procede de diversas fuentes, no solo del sándwich integral que comimos. Tragamos aire todo el tiempo, y nuestro cuerpo está siempre inmerso en procesos químicos que generan diversos gases. Se calcula que, en total, producimos entre 500 y 1800 mililitros de gases intestinales al día, tirándonos entre catorce y veintitrés pedos diarios. Esto es casi la mitad de lo que se necesita para inflar un globo medio, y si disfrutas de una dieta muy rica en fibra, podrías incluso ser capaz de llenar el globo hasta el final.

Los pedos son tan únicos como nuestras huellas dactilares. El nitrógeno, el oxígeno, el dióxido de carbono, el hidrógeno y el metano, todos ellos inodoros, representan más del 99 % de cada uno. Si alguna vez has estado en un manantial natural de azufre (o has abierto un huevo podrido), estarás familiarizado con el olor en cuestión.

Hay tres compuestos clave que contienen azufre en nuestros pedos: el ácido sulfhídrico, el metanotiol y el dimetilsulfuro. El sulfuro de hidrógeno se describe clásicamente como olor a huevos podridos, el metanotiol huele más a verduras en descomposición, mientras que el sulfuro de dimetilo tiene un tono más dulce y enfermizo. El sentido del olfato humano es capaz de distinguir con bastante fiabilidad entre estos tres olores sulfurosos, y a menudo las personas tienen su propia proporción reconocible de olores, su «marca» personal, que es probablemente la razón por la que tu pareja siempre puede decir si eres tú quien se ha tirado un pedo o si realmente ha sido el perro.

Las bacterias productoras de azufre están presentes en el intestino grueso en cantidades constantemente variables, pero la combinación más problemática se produce cuando colonizan el lado derecho del intestino grueso más cercano al recto. Cuando esto ocurre, los que se sientan cerca de la persona afectada experimentarán un olor nocivo y cálido, debido a la gran cantidad de abono que tiene lugar justo cerca de la salida del intestino. Qué agradable. Curiosamente, aunque te sientas abrumado por el olor de un pedo especialmente sulfuroso, es importante recordar que los pedos humanos más olorosos solo contienen entre 1 y 3 partes por millón (ppm) de ácido sulfhídrico. Bastarían 150 ppm para paralizar el sentido del olfato, y más de 1000 ppm para provocar parálisis respiratoria y asfixia. Afortunadamente, aunque parezca lo contrario cuando se está sentado junto a uno, ni siquiera el más activo trasero es capaz de producir suficiente gas sulfuroso para dañar permanentemente la salud de nadie. Sin embargo, sé que esto puede no ser un consuelo para cuando tu pareja se tira pedos a tu lado en la cama.

Si alguna vez has pensado que tus pedos cambian de aroma después de cenar un filete, en comparación con después de desayunar cereales y fruta, te alegrará saber que estarías en lo cierto. El olor ofensivo de nuestros gases es el resultado no solo de la composición de la microbiota colónica, sino también de los alimentos que introducimos en nuestras tripas para alimentar a esos bichos. Y, gracias a los estudios que analizan las dimensiones sociales de los pedos, sabemos que no es el acto de tirarse un pedo en público lo que nos molesta tanto como el olor persistente que se genera, así que supongo que muchos de vosotros querréis saber un poco más sobre qué alimentos disminuyen la producción de olores sulfurosos. ¡Información para un amigo, obviamente!

Como es lógico, muy pocos investigadores quieren pasarse el día oliendo los pedos de otras personas y, por eso, faltan datos sobre qué grupos de alimentos podrían reducir nuestras emisiones sulfurosas. Los pequeños estudios existentes sugieren que, si se toman las heces de voluntarios sanos y se mezclan con cisteína, un compuesto que se encuentra en grandes cantidades en la carne, los huevos y los lácteos, las emisiones de sulfuro de hidrógeno de las bacterias intestinales pueden multiplicarse más de siete veces. Esto podría explicar por qué los culturistas (que toman suplementos de proteína en polvo ricos en cisteína) o las personas con dietas ricas en carne roja son famosas por su marca de viento particularmente maloliente.

Sin embargo, los científicos también observaron que cuando los excrementos con olor a azufre se mezclaban con cuatro «carbohidratos de absorción lenta» diferentes, las bacterias intestinales fermentaban estos carbohidratos preferentemente antes que las proteínas, con lo que se producía hasta un 75 % menos de sulfuro de hidrógeno. Estos hidratos de carbono de absorción lenta, conocidos como almidones resistentes, se encuentran en las patatas, los plátanos, las legumbres y los cereales, así como en los fructanos (compuestos presentes en el trigo, las alcachofas y los espárragos). Si te preocupa el olor de tus pedos, probar estos grupos de alimentos no te hará ningún daño, y puede que acabes perjudicando un poco menos a los que te rodean.

La ciencia en torno a la dieta y su impacto en el olor de tus gases sigue estando poco desarrollada en el mejor de los casos, pero, en general, la comunidad científica está empezando a replantearse la idea convencional de que los pedos malolientes deben comer menos fibra. Aunque aumentar la ingesta de fibra puede aumentar la cantidad de gases que expulsas, las pruebas sugieren que cambia el olor de esos gases para mejor.

Los vientos del cambio

Si quieres experimentar la vanguardia del humor basado en pedos, visita el patio de recreo de una escuela primaria. Los niños, grandes conocedores de este arte, pueden tirarse pedos en cualquier momento, y los más ruidosos y malolientes pasarán a la infamia en las aulas. Cualquiera que haya experimentado este ambiente conocerá la vieja rima:

> Alubias, alubias, fruto sin igual,
> cuantas más comas, peor sonarás,
> pero cuanto peor suenes, mejor te hallarás,
> come siempre alubias y feliz estarás.

Hay algunos alimentos que son infames productores de gases, y las alubias entran de lleno en esta categoría. Otros alimentos infames productores de gases son las carnes rojas, verduras como la coliflor, el brócoli, la col y las coles de Bruselas, así como el ajo, los albaricoques secos, algunas especias aromáticas e incluso la cerveza.

El brócoli, las coles, las coles de Bruselas y las alubias tienen un alto contenido en un hidrato de carbono llamado rafinosa, que no se digiere muy bien en la parte superior del tubo digestivo. Cuando la rafinosa y otros azúcares poco digeribles llegan al colon, las bacterias que habitan esta parte final del tubo digestivo se alimentan de ellos, produciendo gases. La lactosa, la fructosa y el sorbitol son azúcares mal digeridos, y cada una de estas tres sustancias que pueden ser potencialmente formadoras de gases en los seres humanos merece un examen más detenido.

Lactosa

La lactosa y su «intolerancia» son una bestia difícil de entender. La lactosa es el principal azúcar presente en la leche. Para simplificar, las personas con deficiencia de la enzima «lactasa» en el intestino delgado no podrán digerir el azúcar de la lactosa. La incapacidad para digerir y/o absorber el azúcar de la lactosa en el intestino delgado se denomina «malabsorción de la lactosa». La intolerancia a la lactosa se produce debido a la mala absorción de la lactosa. La intolerancia a la lactosa provoca sensación de gases, luego una hinchazón dolorosa seguida de dolor de barriga con calambres y mucha flatulencia y diarrea. Si eres una bacteria del colon, darte un festín con la lactosa es como si todos tus cumpleaños vitales llegaran a la vez, así que cuando entra mucha lactosa en el colon, estas bacterias se ponen rápidamente a trabajar para fermentarla, produciendo diversos gases. El colon es un sistema bien sellado, por lo que cualquier gas que produzcan estas bacterias no tiene realmente a dónde ir, excepto a la salida obvia. Por lo tanto, las personas con intolerancia a la lactosa presentan todos esos molestos síntomas. En los países del norte de Europa, como el Reino Unido, Suecia, Holanda, Bélgica e Irlanda, se considera que la mayoría de la gente es capaz de absorber la lactosa, en parte debido a un clima que fomenta la cría de ganado lechero, lo que da lugar a una amplia gama de deliciosos productos lácteos que se ingieren desde una edad muy temprana. En las comunidades de Asia oriental y África, donde tradicionalmente la leche no forma parte de la dieta posterior al destete, la deficiencia de la enzima lactasa puede afectar a casi el 100 % de la población; aunque hay que decir que la deficiencia de la enzima lactasa no siempre se traduce necesariamente en los preocupantes síntomas de la intolerancia a la lactosa.

Nota: es importante recordar que la intolerancia a la lactosa solo debe ser diagnosticada por profesionales médicos cualificados. Evitar los lácteos a largo plazo puede repercutir en la salud, sobre todo en los huesos, ya que son ricos en calcio y pueden cultivar una serie de otras bacterias intestinales beneficiosas. Los productos lácteos son variados y tienen un sabor maravilloso, y evitarlos innecesariamente es, para mí, un sacrilegio culinario; y, en realidad, no es tan beneficioso para la salud (a menos que tu médico te diga lo contrario).

Así que, por favor, acude al médico si crees que los productos lácteos te están provocando síntomas desagradables.

Fructosa

La fructosa es un azúcar natural que suele encontrarse en la fruta (fresca y seca) y en concentraciones especialmente elevadas en peras, miel, uvas, melazas y cebollas. Tiende a absorberse en el intestino delgado, pero para quienes tienen problemas para absorber este compuesto, puede provocar sensación de hinchazón. Si consigue pasar el intestino delgado, viajará hasta el colon, donde las bacterias lo eliminarán rápidamente, liberando una serie de gases que provocarán hinchazón, calambres e incluso diarrea.

Pero más que la fructosa que se encuentra de forma natural en las frutas y otros alimentos saludables, es el jarabe de maíz con alto contenido en fructosa (JMAF, una sustancia muy utilizada en la fabricación de comida rápida) el que puede dar problemas. En la comunidad científica se debate si las dietas ricas en fructosa causan directamente diabetes y otros problemas de salud, pero el consenso parece ser que probablemente existe una relación bastante estrecha.

Existen dos tipos de JMAF: una mezcla de 55 % de fructosa y 45 % de glucosa que se utiliza principalmente en bebidas azucaradas, helados y otros postres congelados, y una mezcla de 42 % de fructosa y 58 % de glucosa que se emplea sobre todo en productos de panadería, galletas, frutas en conserva, salsas para pasta y condimentos. También puedes encontrar este último tipo de JMAF en aliños para ensaladas, así como en productos lácteos como yogures azucarados.

Pero ¿por qué utilizar fructosa? Como ocurre con todas las cosas en la vida, la respuesta está en los departamentos de contabilidad de las grandes empresas de la industria confitera. El jarabe de maíz con alto contenido en fructosa suele ser más barato que el azúcar de remolacha tradicional (y como el maíz es mucho más abundante que la caña de azúcar, su precio suele ser mucho más estable). Además, da un mejor dorado a los productos horneados y aumenta su vida útil.

Y si crees que el uso del JMAF se limita a los refrescos y los productos de bollería, prepárate para llevarte una decepción. Lo encontrarás al acecho en condimentos, pan integral, yogures desnatados, prácticamente cualquier barrita de desayuno, mantequilla de cacahuete e incluso en lonchas de carne procesada. Así que pisa con cuidado.

Sorbitol

El sorbitol es un azúcar presente de forma natural en algunas de mis frutas favoritas. Las moras, frambuesas, fresas, manzanas, cerezas, melocotones y ciruelas son todas ricas en este edulcorante natural, pero, aunque en su estado natural los niveles de sorbitol suelen ser manejables, la concentración aumenta cuando estas frutas se secan. El rábano picante y el wasabi también son fuentes ricas en sorbitol, lo que resulta sorprendente, ya que la mayoría de la gente no diría que el wasabi es especialmente dulce.

La forma artificial del sorbitol suele encontrarse en los productos *light* o «dietéticos», y figura como aditivo E420. Grandes cantidades de sorbitol pueden provocar síntomas digestivos importantes, como hinchazón, dolor y diarrea. El sorbitol se utiliza como edulcorante en una amplia gama de productos «sin azúcar», desde caramelos para diabéticos hasta chicles, y es la razón por la que algunos chicles llevan una advertencia en la etiqueta indicando que una cantidad excesiva puede actuar como laxante. A algunos productos de panadería también se les añade sorbitol para prolongar su vida útil y mantener el pan húmedo. Un exceso de sorbitol puede tener el mismo efecto que la intolerancia a la lactosa o la mala absorción de la fructosa, por lo que es aconsejable evitarlo si es posible.

Pan, hinchazón y enfermedad celíaca

La celiaquía es una enfermedad grave en la que el sistema inmunitario del organismo ataca sus propios tejidos cuando se lo expone al gluten, una proteína presente en el pan y en otros alimentos. Un revestimiento intestinal normal y sano tiene unos pequeños brazos llamados vellosidades que flotan alrededor, listos para absorber nutrientes en el torrente sanguíneo. Pero las vellosidades de los celíacos se aplastan y se cubren de células inflamatorias hasta que se elimina el gluten de su dieta, lo que les impide absorber otros nutrientes.

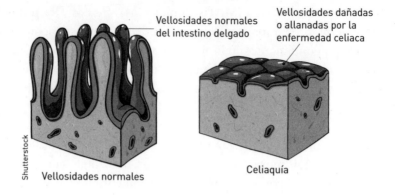

Vellosidades normales del intestino delgado

Vellosidades dañadas o allanadas por la enfermedad celiaca

Shutterstock

Vellosidades normales

Celiaquía

La enfermedad celíaca es diferente de la intolerancia al gluten, ya que en lugar de que el cuerpo tenga una deficiencia de una enzima concreta (una intolerancia), el gluten desencadena una respuesta autoinmune en el organismo (una enfermedad). En lugar de luchar contra los virus y otras cosas desagradables como debería, en los celíacos el sistema de defensa natural del cuerpo confunde el gluten con una amenaza y lanza un ataque muy doloroso contra el revestimiento de la pared intestinal. La enfermedad celíaca puede diagnosticarse mediante análisis de sangre o examinando muestras de la pared intestinal al microscopio. Puedes sospechar que la padeces si detectas flatulencias e hinchazón excesivas, calambres, náuseas, cansancio, diarrea y/o estreñimiento, pérdida de peso, carencias de hierro y otros nutrientes o incluso úlceras bucales. Desgraciadamente, la única forma de aliviar estos síntomas es evitar por completo el gluten, lo que en los tiempos que corren es bastante complicado.

La enfermedad celíaca no es un fenómeno nuevo, y las primeras descripciones que han descubierto los historiadores datan de hace casi dos milenios. El médico griego Aretaeus de Capadocia utilizó el término «celíaco» en el siglo I d. C., derivándolo de la palabra *koiliakos* (que significa «abdomen» en griego) para describir a un paciente con incapacidad para digerir el trigo. Con la llegada de las prácticas agrícolas, las plantas con gluten tardaron solo unos miles de años en extenderse por todo el planeta (un abrir y cerrar de ojos en términos históricos y evolutivos). Esta rápida propagación —acelerada aún más en los últimos siglos con la revolución agrícola y la formación de grandes pueblos y ciudades— ha hecho que el contenido de gluten de los cereales haya aumentado con respecto a sus niveles anteriores, más tolerables, y que nuestros sistemas inmunitarios hayan tenido muy poco tiempo para adaptarse.

Si tienes más de cierta edad, «sin gluten» es probablemente un término con el que no te habrías topado de niño. No existían pasillos sin gluten en los supermercados, ni alternativas sin gluten en los menús de los restaurantes. Pero en la última década, hemos asistido a una explosión en el número de productos disponibles para las personas que no pueden (o eligen no) consumir gluten. Desde pasta, pasteles y pan sin gluten hasta envoltorios teñidos de malva con remolacha, e incluso una cerveza de Stella Artois: la comida sin gluten es ahora una industria multimillonaria.

La popularidad de la dieta sin gluten puede atribuirse, al menos en parte, a su adopción por parte de varios personajes famosos. Novak Djokovic, cinco veces campeón de Wimbledon, fue uno de los primeros deportistas en dejar constancia de su nueva dieta sin gluten, lo que causó un gran revuelo en la comunidad deportiva. El icono del pop Miley Cyrus reveló su «alergia al gluten» en 2012, y la famosa actriz (y entusiasta de la salud intestinal) Gwyneth Paltrow publicó un libro de cocina sin gluten al año siguiente. La marca internacional de ropa Zara incluso sacó una camiseta adornada con el eslogan «¿Estás libre de gluten?». Poco después, se disculpó ante el gran número de celíacos, comprensiblemente disgustados, por aprovecharse de su problema, y retiró la prenda de la venta. Incluso Kourtney Kardashian dejó el gluten hace un tiempo, lo que sin duda provocó que varios cientos de miles de sus seguidores hicieran lo mismo. Parece que no consumir gluten se ha convertido en un fenómeno cultural.

Sin embargo, la realidad es que, aunque se cree que una de cada cien personas en el Reino Unido es celíaca, muchas de ellas no están diagnosticadas. También hay muchos que toman la decisión de evitar el gluten (sobre todo el pan y la pasta) sin pruebas objetivas de que les vaya a perjudicar en absoluto. Las personas que optan por una dieta sin gluten, pero no tienen pruebas médicas de enfermedad celíaca, se denominan «personas no celíacas con sensibilidad al gluten».

Aunque estas personas no celíacas con sensibilidad al gluten manifiestan síntomas desagradables similares a los de quienes padecen la enfermedad, no presentan anticuerpos anormales en sus análisis de sangre y sus vellosidades parecen perfectamente normales al microscopio. Ahora bien, lo más probable es que estas personas no estén inventando sus síntomas, así que ¿qué está en juego aquí? ¿Es la sensibilidad al gluten no celíaca, como creen algunos investigadores, un tipo de SII? ¿O algo totalmente distinto? ¿O hay algo en el pan que comemos hoy en día que pueda ser la causa de estos síntomas? Puede ser. La harina de pan ya no se muele de la misma manera que en el pasado, y la artesanía tan importante en la panadería a pequeña escala prácticamente ha desaparecido en la era del pan comercial, cuadrados perfectamente formados de pan blanco insípido. La lista de ingredientes de una barra de pan comprada hace unos siglos constaba de cinco ingredientes (agua, harina, levadura, azúcar y aceite), mientras que la lista de un pan blanco genérico incluye hoy en día no menos de veinticinco ingredientes.

Ahora bien, no vamos a cometer aquí el error cardinal de decir que un ingrediente que suena sintético es automáticamente malo para la salud, porque en cierto modo ese es un terreno resbaladizo. Sin embargo, sí nos empuja a hacernos la pregunta: ¿podrían otras moléculas similares al gluten, o un aditivo o un emulsionante en estos productos de panadería producidos comercialmente, causar síntomas digestivos en personas no celíacas con sensibilidad al gluten?

La triste verdad es que los investigadores no están ni mucho menos en condiciones de responder a esta pregunta, pero el número de personas que evitan el pan u otros productos a base de gluten en su dieta va en aumento. Obviamente, la gente no necesita una razón médica para alterar su dieta y la preferencia personal puede ser un gran motivador, pero en mi práctica clínica, he descubierto que aquellas personas no celíacas que tienen sensibilidad al gluten parecen tolerar el pan de masa madre más fácilmente que, por ejemplo, el pan blanco simple de corte cuadrado.

La masa madre es un pan que se ha dejado fermentar durante muchas horas, lo que le confiere su sabor y textura característicos. Gracias al cultivo vivo del fermento de masa madre, los cereales y otras proteínas habrán tenido el tiempo necesario para descomponerse bajo la influencia de las bacterias, lo que facilita enormemente su digestión. Algunos de mis pacientes han informado de que han cambiado los modernos cereales de trigo con alto contenido en gluten por variedades más antiguas, como la espelta, con resultados positivos. En este momento, con tan poca investigación real sobre el tema, mi consejo es que, si te hace sentir bien y ves cambios positivos, entonces por todos los medios ve a por ello, pero hazlo sabiendo que (a menos que tengas un diagnóstico de celiaquía o una enfermedad relacionada) los beneficios que sientas serán más probablemente basados en el estilo de vida que en la medicina.

Quítame el (mal) aliento

Algunas cosas provocan más eructos (o para darle su nombre médico, «eructación gástrica») que otras; para mí, las comidas persas consistentes en carnes a la parrilla y arroz mantecoso con azafrán son las peores, pero una vez que he tomado el habitual té de menta y un After Eight, las ganas de eructar se vuelven abrumadoras.

Los eructos se producen tanto de forma intencionada como involuntaria. Los eructos involuntarios suelen producirse después de las comidas para liberar el aire que tragamos con los alimentos, que estira el estómago. Ciertos alimentos, como la menta, el chocolate y las grasas, relajan el músculo esfínter en forma de anillo que rodea el extremo inferior del esófago, donde se une con el estómago, favoreciendo la emisión de un eructo satisfactorio. Probablemente sea esta la razón por la que en los restaurantes se sirven caramelos de menta o bombones de menta junto con la cuenta: un intento de que te sientas más cómodo liberando cualquier gas atrapado que se haya ingerido con la comida.

Junto a los eructos, otros gases tienen tendencia a salir de nuestra boca, y normalmente en los momentos más inoportunos. La halitosis, el término médico para el mal aliento, ha plagado los primeros besos y las conversaciones en el lugar de trabajo desde tiempos inmemoriales.

Algunos alimentos perduran en el aliento. El atún, el café y el ajo nos vienen inmediatamente a la mente, pero quizá te sorprenda saber que lo que comemos no es necesariamente lo que provoca el mal aliento. En realidad, las culpables son los miles de millones de bacterias microscópicas que habitan alrededor de nuestros dientes y encías. La mayor parte de su dieta se compone de los alimentos que ingerimos, pero también les gusta darse un festín con las secreciones que gotean desde la parte posterior de la nariz hasta la boca, pasando por la parte posterior de la garganta.

Ahora bien, aunque la mayoría de nosotros conseguimos controlar el olor de nuestra boca cepillándonos los dientes y la lengua, hay algunos desafortunados que siguen padeciendo halitosis, por mucho que se cepillen los dientes. Para algunos, el olor se origina en el estómago. Diversas afecciones, como la diabetes, pueden retrasar el ritmo de vaciado del estómago, dejando que los alimentos fermenten y produzcan gases picantes que suben por el esófago y salen por la boca. Pero para la mayoría de la gente, el mal aliento es el resultado de ciertas bacterias indeseables que se instalan en los recovecos de la boca. Estas bacterias emiten gases especialmente malolientes, como el sulfato de hidrógeno (que, como hemos aprendido antes, huele a huevos podridos), el metilmercaptano (que huele a col podrida) y el sulfuro de dimetilo (que huele a algas podridas).

Y no son solo estas emanaciones sulfurosas las que causan problemas a los enfermos de halitosis, aunque los compuestos antes mencionados constituyen la mayor parte del mal olor al respirar. Los científicos también han identificado cerca de ciento cincuenta compuestos moleculares presentes en las exhalaciones humanas que huelen, francamente, fatal. Por ejemplo, las sustancias químicas cadaverina y putrescina (¿percibes un patrón en sus nombres?) están presentes tanto en los cadáveres en descomposición como en el mal aliento.

La halitosis a través de los tiempos

Los antiguos egipcios inventaron una menta para el aliento a partir de un brebaje de hierbas y especias, e Hipócrates, el padre de la medicina, supuestamente aconsejaba a las jóvenes que se enjuagaran la boca con vino, semillas de eneldo y anís para eliminar los malos olores bucales. Tanto las tradiciones judías como las islámicas hablan de remedios contra el mal aliento masticando una goma de lentisco hecha de resina de árbol. Pero no fue hasta el siglo XV cuando los chinos inventaron los cepillos de dientes de cerdas, utilizando pelo de cuello de cerdo.

Hay dos familias de bacterias que viven en nuestra boca. Por encima de la línea de las encías, asentadas alegremente sobre nuestros dientes, solemos encontrar especies de bacterias «grampositivas» que viven en nuestra placa dental. Habrás oído hablar de la placa (la película viva de bacterias que recubre nuestros dientes) a tu dentista y también en todos los anuncios de dentífricos que han existido. A las bacterias grampositivas les encantan los azúcares, pero cuando los digieren liberan ácidos que descomponen el esmalte dental.

Sin embargo, si quieres llegar a la raíz del mal aliento, busca las bacterias gramnegativas que viven bajo la línea de las encías, en los huecos entre los dientes y en las profundidades de la lengua. Son las que producen esos olores desagradables. Pero estas comunidades de bacterias grampositivas no son inocentes. Algunas cepas de bacterias grampositivas segregan una enzima que corta las moléculas de azúcar de las proteínas de los alimentos, haciéndolas más digeribles para los organismos gramnegativos vecinos. Cuantas más proteínas digieran los gramnegativos, más olores desprenderán. Así pues, aunque las bacterias gramnegativas son las causantes del mal aliento, las grampositivas son las que lo favorecen.

Un aliento fresco refleja una boca sana, pero una boca sana no es necesariamente aquella que carece por completo de esas bacterias formadoras de gases malolientes. Por el contrario, es aquella en la que las colonias superpuestas de bacterias son capaces de controlarse unas a otras. La solución definitiva al mal aliento acabará siendo la capacidad de diseñar comunidades bacterianas, sembrando más de las que no generan malos olores y dirigiendo el tratamiento para deshacerse de las que sí lo hacen. Los científicos están tratando de encontrar la manera de hacerlo, pero hasta entonces, sigue los consejos de tu dentista (y lleva contigo un paquete de caramelos de menta y un poco de hilo dental).

Síndrome del intestino irritable

Si padeces SII, formas parte de un club muy bien poblado. Junto contigo y una de cada diez personas en el mundo, han pertenecido a este club personajes notables como John F. Kennedy, Tyra Banks, Kirsten Dunst y Marilyn Monroe.

El síndrome del intestino irritable fue mencionado por primera vez en 1849, por un desconocido Dr. Cumming en la Gaceta Médica de Londres, como una afección en la que «los intestinos están a la vez estreñidos y laxos en la misma persona». También añadió a esto la muy útil afirmación: «Cómo la enfermedad puede tener dos síntomas tan diferentes, no puedo explicarlo». Así que, gracias por eso, doc.

Hoy sabemos que las mujeres parecen ser más diagnosticadas que los hombres, y que la mayoría de las personas se ven afectadas en la tercera o cuarta década de su vida. Vivir con SII suele ser una batalla constante que deja a quienes lo padecen exhaustos y frustrados; puede afectar a todas las facetas de la vida cotidiana, desde las relaciones y la vida social hasta el rendimiento escolar y laboral (y la capacidad de sentarse a recibir un masaje tailandés sin gasear toda la sala; véanse las páginas 235-237).

Una de las principales características de este síndrome es que no existen problemas estructurales, bioquímicos o radiológicos consistentes que puedan demostrar su causa. Esto a menudo deja a los afectados un poco molestos, porque (por supuesto) quieren saber la razón subyacente de su malestar: un problema fisiológico que les haga sentirse como se sienten. Como gastroenteróloga, es desgarrador tener que decir a personas muy sintomáticas que todas sus pruebas son, bueno, normales.

Oficialmente, el SII es un diagnóstico que solo puede hacerse cuando se han excluido otras causas siniestras de los síntomas. Esto significa que, si acudes a tu médico de cabecera con síntomas similares a los del SII, se te realizarán una serie de pruebas, sobre todo si tienes más de cierta edad. Si, una vez concluidas estas investigaciones, no se ha encontrado nada definitivo, es posible que se te diagnostique uno de los tres subtipos de SII: SII-D (en el que la diarrea es el síntoma principal), SII-C (en el que el estreñimiento es el síntoma principal) o SII-M (mixto, si alterna entre los dos). Independientemente de la letra que acabe acompañando a tu diagnóstico, la hinchazón es el denominador común, y la padecen el 96 % de los pacientes con SII. Los médicos se fijan en tres criterios principales para diagnosticar el SII: dolor al empezar a hacer caca, cambios en la frecuencia de las deposiciones y cambios en el aspecto de las deposiciones, pero la hinchazón, a pesar de no figurar en los criterios de diagnóstico, suele ser considerada por muchos como el síntoma más molesto. De hecho, la circunferencia del abdomen puede aumentar hasta 12 centímetros en algunos pacientes con SII.

Alrededor de dos tercios de los enfermos de SII atribuyen directamente sus síntomas a lo que comen. Cuentan que pasan el tiempo probando diversas dietas de exclusión con la esperanza de descubrir las causas de su malestar, lo que puede tener un enorme impacto en su capacidad para llevar una vida normal. Imagina que cada vez que te enfrentas a la comida, ya sea el desayuno, la comida, la cena o incluso un pequeño tentempié, tienes que hacerse la pregunta: ¿me arrepentiré de comer esto? ¿Lo que estoy comiendo ahora me sentará mal dentro de unas horas? Desde el punto de vista de una ávida comedora, esta aflicción suena a tortura. De hecho, si lees los relatos personales de los enfermos de SII en los numerosos blogs de apoyo al SII, podrás hacerte una idea de lo incapacitante que puede llegar a ser esta enfermedad. He aquí el testimonio anónimo de una joven de dieciséis años:

Cada mañana me despierto con náuseas. Estas náuseas suelen durar varias horas, a veces todo el día. También van acompañadas de dolor abdominal extremo y diarrea. No suelo comer mucho, normalmente porque no tengo apetito o porque temo una crisis. Los brotes se producen con bastante frecuencia y en momentos aleatorios, aunque no haya comido nada que los provoque… A menudo no puedo hacer las mismas cosas que otras chicas de mi edad, y me siento bastante desgraciada por tener que vivir así día tras día.

¿Qué sabemos hasta ahora sobre las causas de esta enfermedad? Sabemos que, si uno de tus padres está afectado, las probabilidades de que padezcas SII son mucho mayores. Sabemos que hace que la forma en que los alimentos se desplazan por el aparato digestivo sea muy alterada e irregular. Sabemos que los enfermos de SII presentan microbiomas intestinales volátiles, lo cual, como vimos en el capítulo anterior, es sumamente importante para mantener la salud intestinal. Sabemos que los síntomas son mucho peores cuando los afectados viven periodos de estrés, ya que esto puede provocar la liberación de hormonas como el cortisol y la adrenalina, y esta respuesta podría ser exagerada en las personas con SII.

También sabemos, para colmo de males, que los pacientes con SII pueden presentar un fenómeno fascinante denominado «hipersensibilidad visceral», que consiste en un aumento de la sensación de dolor que experimentan los órganos internos. Por tanto, no solo duele el SII, sino que, además, cada episodio doloroso se amplifica en comparación con cómo se sentiría en el cuerpo de una persona sin SII. Es como darles una patada cuando ya están en el suelo.

¿Qué puedo comer para mejorar el SII?

En realidad, existe muy poca información para los enfermos de SII sobre los alimentos que podrían ayudarlos, lo cual es frustrante para ellos; pero tiene sentido si se tiene en cuenta que el SII no tiene realmente una causa definida. Los mensajes clave, según un colega dietista, son muy sencillos:

> Cocina tú mismo, siempre que puedas, e intenta hacer tres comidas regulares al día.
> Evita los alimentos procesados que puedan irritarte el estómago. En lugar de comprar una hamburguesa, por ejemplo, cocínala desde

cero en casa para evitar aditivos innecesarios que puedan provocar un brote.

> Come mucha fruta, verdura, frutos secos y semillas.
> Limita la ingesta de alcohol, sobre todo las borracheras, ya que el alcohol afecta a la eficacia intestinal.
> Reduce la cafeína y los edulcorantes artificiales (como los que se encuentran en las bebidas *light* y los chicles).
> Si tus síntomas de SII incluyen hinchazón, evita los alimentos que producen gases, como las alubias, las coles de Bruselas y la coliflor. La avena y el té de menta pueden ser beneficiosos.
> Si tus síntomas de SII incluyen estreñimiento, un aumento gradual del consumo de fibra puede ayudarte (pero ten en cuenta que los aumentos repentinos pueden empeorar mucho los síntomas).
> Al menos al principio, evita probar dietas sin lactosa o sin gluten, a menos que te lo indique su médico. Hay muy pocas pruebas que sugieran que estas dietas disminuyan los síntomas del SII.
> Prueba un suplemento probiótico y controla sus efectos. Si no funciona, prueba con otro después de finalizar la primera prueba. Nota: cada probiótico que se prueba debe continuarse sin interrupción durante al menos un mes.
> Si has sufrido hinchazón, dolor abdominal y diarrea durante más de un mes, prueba (con tu dietista) una dieta baja en FODMAP (véase la página siguiente). Si tras un mes de seguimiento estricto no se observan beneficios, debe interrumpirse la dieta.

Y ya está. La gente siempre está buscando un ingrediente mágico, un superalimento o una nueva dieta que revolucione su vida por completo, pero los mensajes dietéticos para controlar el SII se basan principalmente en el sentido común. Los frascos de vinagre de manzana rancio, los armarios llenos de bayas de goji y las infusiones que no saben a nada pero cuestan 2 euros la bolsita, lamentablemente, no van a cambiar mucho las cosas.

> **Fermentables:** las bacterias intestinales digieren estos hidratos de carbono para producir gases.
> **Oligosacáridos:** fructanos y galacto-oligosacáridos, por ejemplo, verduras como alcachofas, espárragos, coles de Bruselas, brócoli, remolacha, ajo y cebollas; cereales como trigo y centeno; garbanzos, lentejas, alubias y productos de soja.

FODMAP

FODMAP es el acrónimo de oligosacáridos, disacáridos, monosa-
cáridos y polioles fermentables, que son hidratos de carbono de
cadena corta resistentes a la digestión. En lugar de ser absorbidos
por el intestino delgado hacia el torrente sanguíneo, llegan al intestino grueso, donde residen la mayoría de las bacterias intestinales.
Allí se fermentan para producir gases, y también pueden provocar
diarrea y molestias abdominales en las personas que padecen el
síndrome del intestino irritable. En teoría, cuantas menos de estas
bacterias haya en el intestino, menos probabilidades habrá de sufrir los síntomas del síndrome del intestino irritable.

He sido muy cautelosa a la hora de incluir información sobre
la dieta baja en FODMAP por varias razones. Se ha utilizado para
aliviar el sufrimiento de personas con SII grave, pero cualquiera
que la siga debe hacerlo bajo la supervisión de un dietista titulado, según nuestras directrices nacionales. En la práctica clínica,
este tipo de dieta se reserva sobre todo para pacientes con SII con
síntomas graves, y no para la población en general, porque su uso
inadecuado puede privar al organismo de nutrientes esenciales. La
dieta baja en FODMAP también es muy restrictiva y está diseñada
para ser utilizada solo a corto plazo. Por lo tanto, no te lances a
nada sin consultar a tu médico o dietista.

Por todas estas razones, es una fuente de frustración para mí
ver a algunos autores alentando el uso de una dieta baja en FOD-
MAP en sus libros como una cura para la hinchazón. Pero —y no
me canso de repetirlo— no es tan sencillo.

No obstante, he creado algunas recetas que son compatibles
con los FODMAP para aquellos con SII que siguen la dieta, pero
también perfectamente deliciosas para las personas que no tienen
SII pero se encuentran ocasionalmente hinchados (o para cualquier persona).

> **Disacáridos:** lactosa presente en productos lácteos como la leche, el queso blando, el yogur y el helado.

> **Monosacáridos:** fructosa, como la que se encuentra en la miel, el néctar de agave, las manzanas, las peras, los melocotones, las cerezas, los mangos, las peras y la sandía, así como en los productos elaborados con jarabe de maíz rico en fructosa.

> **Polialcoholes**, en concreto el sorbitol y manitol, presentes en frutas como manzanas, albaricoques, moras, cerezas, nectarinas, peras, melocotones, ciruelas y sandías; verduras como coliflores, setas y tirabeques; edulcorantes como el sorbitol, manitol, xilitol, maltitol e isomalt (presentes en chicles y caramelos de menta sin azúcar) y medicamentos y pastillas para la tos.

Categoría de alimentos	Alimentos ricos en FODMAP	Alimentos bajos en FODMAP
Verduras	Alcachofa, espárragos, coliflor, ajo, guisantes, puerro, setas, cebolla, tirabeques	Berenjena, judías verdes, pak choi, pimiento, calabacín, lechuga, patata, tomate
Frutas	Manzanas, zumo de manzana, cerezas, fruta deshidratada, mango, nectarinas, melocotones, peras, ciruelas, sandía	Melón cantalupo, uvas, kiwi, mandarina, naranja, piña, fresas
Alternativas lácteas	Leche de vaca, natillas, leche evaporada, helado, leche de soja (hecha con habas de soja enteras), leche condensada azucarada, yogur	Leche de almendra, queso brie/camembert, queso feta, quesos curados, leche sin lactosa, leche de soja (hecha con proteína de soja)
Fuentes de proteínas	La mayoría de las legumbres, algunas carnes/pollo/mariscos marinados, algunas carnes procesadas	Huevos, tofu firme, carnes/pollo/mariscos cocidos sin aderezos, tempeh
Panes y cereales	Pan de trigo / centeno / cebada, cereales para el desayuno, galletas y productos de aperitivo	Copos de maíz, avena, copos de quinoa, pasta de quinoa / arroz / maíz, tortas de arroz (sin sabor), pan de espelta fermentado, pan de trigo, centeno, cebada
Azúcares, edulcorantes y confitería	Jarabe de maíz con alto contenido en fructosa, miel, confitería sin azúcar	Chocolate negro, sirope de arce, sirope de malta de arroz, azúcar de mesa
Frutos secos y semillas	Anacardos, pistachos	Macadamias, cacahuetes, semillas de calabaza, nueces

Resumen

1. Es esencial reducir el estigma que rodea a la hinchazón e iniciar una conversación sobre por qué nos tiramos pedos y de qué está compuesto nuestro aire.

2. En su mayor parte, son los compuestos sulfurosos los que producen los pedos con olor a huevo, que también contribuyen al mal aliento o halitosis.

3. Se sugiere que los «almidones resistentes» pueden ayudar con los pedos nocivos, y que reducir la fibra solo disminuirá su frecuencia, no su potencia.

4. Las tasas de intolerancia a la lactosa varían mucho según la geografía. Evitar los lácteos sin indicación médica puede tener consecuencias para la salud a largo plazo.

5. La fructosa (presente en alimentos procesados que contienen jarabe de maíz rico en fructosa) y el sorbitol (presente en productos edulcorados artificialmente) pueden provocar hinchazón y otros síntomas intestinales.

6. La celiaquía es una enfermedad autoinmune que muchas personas no se dan cuenta de que puede ser la causa de sus debilitantes problemas digestivos. Por el contrario, algunas personas que no son celíacas evitan el gluten y suelen notar algunos beneficios.

7. El mal aliento es el resultado de la falta de armonía entre las distintas especies de bacterias de la boca. Encontrar una forma de reequilibrar tus colonias bacterianas orales podría ser una solución.

8. El SII es difícil de diagnosticar, ya que las pruebas convencionales suelen ser normales o no concluyentes. Se cree que las

causas del SII son multifactoriales y muchos enfermos atribu-yen directamente sus síntomas a la comida.

9. El estrés y el SII son íntimos compañeros de cama.

10. La hinchazón es muy común en los enfermos de SII.

11. La dieta baja en FODMAP, cuando se utiliza bajo la supervi-sión de un profesional médico cualificado, puede ser útil para los síntomas graves del SII.

Karahi de pollo al jengibre y pepinos en escabeche

Para 2 personas

Muchas personas que he conocido siguiendo la dieta baja en FOD-MAP se sienten afectadas por lo restrictiva que puede llegar a ser. Comer curri puede ser una pesadilla, ya que contiene cebolla y ajo (que son notoriamente gasificantes). Incluso el curri en polvo y el garam masala pueden contener FODMAP ocultos.

Solo para que lo sepas, en esta receta utilizo las puntas verdes de las cebolletas y los puerros, ya que son bajos en FODMAPs, pero evito las raíces de ambos, que son notoriamente altas en estos compuestos.

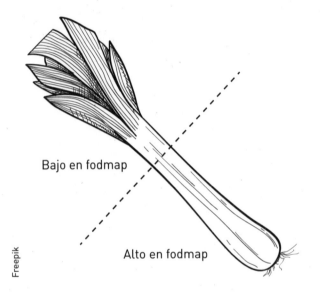

Bajo en fodmap

Alto en fodmap

Freepik

Ingredientes

400 g de puntas de puerro

4 cebolletas, solo las puntas verdes

4 cucharadas de aceite vegetal

75 g de jengibre

½ cucharadita de cúrcuma

¼ cucharadita de asafétida

1 cucharadita de guindilla roja en polvo

1 cucharadita de cilantro molido

5 tomates, cortados en trozos grandes

500 g de muslos de pollo deshuesados, cortados en dados

Sal al gusto

1 puñado de cilantro picado

Para el pepinillo

1 pepino turco mediano (o ½ pepino normal)

½ cucharadita de sal

½ cucharadita de azúcar

2 cucharaditas de vinagre blanco

Preparación

1. Cortar el puerro y las puntas de cebolleta en rodajas finas. Calentar el aceite vegetal en una cazuela antiadherente poco profunda y freír el puerro y las puntas de cebolleta a fuego medio durante unos 5 minutos hasta que se ablanden y se doren ligeramente.

2. Rallar el jengibre con un rallador fino. Así se podrá extraer la pulpa y el zumo y desechar los trozos fibrosos que quedan. Añadir el jengibre rallado a los puerros y las cebolletas, junto con la cúrcuma, la asafétida, la guindilla roja en polvo y el cilantro molido. Cuando las especias se hayan tostado durante aproximadamente un minuto en la sartén, añadir los tomates cortados en trozos grandes. Procurar que las especias no se quemen. Remover todo bien para que se deshaga y se mezcle hasta formar un «masala».

3. Cuando el contenido de la sartén se haya secado por completo (unos minutos) y el aceite parezca desprenderse, añadir los muslos de pollo cortados en dados. Mezclar el pollo con el masala y continuar haciéndolo con regularidad durante los siguientes 15 minutos aproximadamente; al principio, el contenido de la sartén parecerá bastante seco, pero resiste la tentación de añadir más agua, ya que el pollo soltará mucha mientras se cocina. En total, el pollo necesita unos 25 minutos de cocción en el masala para ablandarse por completo.

4. El plato estará listo cuando la mayor parte de la humedad creada por el pollo se haya evaporado y de nuevo el aceite empiece a desprenderse del masala. En este momento, sazonar con sal al gusto. Adornar con el cilantro antes de servir.

5. Para el pepino en vinagre: con un pelapatatas, cortar el pepino en tiras a lo largo y desechar el centro acuoso y sin semillas. Mezclar el pepino con la sal, el azúcar y el vinagre y frotar suavemente con las yemas de los dedos en el pepino. Servir el karahi de pollo al jengibre con arroz hervido y los panes sin gluten que prefieras.

Rosti de patata asada con queso cheddar y zaatar

Para 4 personas

No todos los quesos son iguales en lo que se refiere a la lactosa. Por regla general, son los madurados los que contienen menos cantidad de este azúcar. Tiene que ver, en parte, con la forma en que se producen, en la que se desecha el suero, y también porque las bacterias que contienen la enzima lactasa habrán eliminado cualquier resto de lactosa en el queso.

El queso azul, el brie y el camembert se consideran bajos en FODMAP en cantidades controladas. Una porción de 40 gramos de cheddar es baja en FODMAP, lo que hace que este pastel de patata estilo rosti sea fantástico como plato de picnic, *brunch* o guarnición.

Ingredientes

1,25 kg de patatas céreas
20 g de cebolleta picada fina
1 cucharada de harina sin gluten
1 huevo
Aceite vegetal, para engrasar

1 cucharadita colmada de zaatar
135 g de queso cheddar extrafuerte, rallado
Escamas de sal marina

Preparación

1. Precalentar el horno a 180 °C con ventilador.

2. Rallar las patatas y espolvorearlas con sal. Dejar reposar durante 15 minutos antes de exprimir el agua de las patatas tanto como sea posible. Hay que exprimir bastante; cuanto más líquido se exprima, más crujiente quedará el rosti final. Un pequeño consejo es colocar las patatas por tandas en un paño limpio y escurrirlas para eliminar la humedad.

3. Añadir la cebolleta, la harina y el huevo a la patata rallada y mezclar bien.

4. Engrasar abundantemente con aceite vegetal un molde para tartas de 23 centímetros. Verter la mitad de la mezcla de patatas y extenderla suavemente hasta cubrir la base del molde. Procurar no presionar demasiado, ya que se corre el riesgo de obtener un pastel de patata denso. A continuación, espolvorear todo el queso,

menos un puñado, sobre la primera capa de patata, seguido del zaatar. Completar el pastel colocando el resto de la patata sobre el queso. De nuevo, procura no presionar demasiado la patata. Cubrir con el queso restante, tapar, sin apretar, con un trozo de papel de aluminio y llevar al horno. Hornear durante 25 minutos, luego retirar el papel de aluminio y hornear sin tapar durante otros 25 minutos hasta que el rosti esté dorado y crujiente. Cómelo aún caliente.

La ensalada que no hincha

Para 4-6 personas
Muchas personas que padecen hinchazón excluyen la ensalada de su dieta por suponer que empeorará sus síntomas. Sin embargo, sabemos que algunas hojas de ensalada son bajas en FODMAP, mientras que otras son altas en FODMAP. Por ejemplo, la col blanca y la lombarda son bajas en FODMAP, mientras que otras variedades son altas. Así que, mi punto es este: no todas las ensaladas son iguales, y no porque tiendas a hincharte significa que debes excluir toda la ensalada de tu dieta.

Esta ensalada baja en FODMAP va acompañada de un aliño picante, pero también puedes utilizar una mayonesa baja en FODMAP u otro aliño cítrico de tu elección.

Ingredientes

Para el aliño:
25 g de jengibre fresco
1 cucharadita de pimentón en polvo
½-1 guindilla roja (según el picante que prefieras)
1 cucharadita de semillas de comino
1 cucharadita de semillas de cilantro
Zumo de 2-3 limas
1 cucharada de salsa de pescado
2 cucharadas de sirope de arce
3 cucharadas de aceite de oliva

Sal al gusto

300 g de col blanca, cortada en tiras finas
200 g de tomates, cortados en rodajas
75 g de judías verdes, cortadas finamente por la mitad a lo largo con un cuchillo afilado
3 zanahorias medianas, finamente ralladas
150 g de brotes de soja
1 puñado de cacahuetes tostados secos

Preparación

1. Mezclar todos los ingredientes del aliño en una batidora con unos 75 mililitros de agua templada. Triturar hasta obtener un puré fino. Sazonar el aliño con sal al gusto y reservar. Puedes añadir un poco más de agua si deseas diluirlo más.

2. Colocar la col, los tomates, las judías verdes, las zanahorias y los brotes de soja en un cuenco. Rociar el aliño picante y remover todo para asegurarte de que todas las verduras queden bien cubiertas. Pruébalo y añade sal si lo deseas. Cubrir la ensalada con cacahuetes crujientes antes de servir.

Sorbete de melón, lima y rosa

Para 6 personas

Un postre afrutado bastante sofisticado, con la ventaja añadida de ser bajo en FODMAP, lo que elimina el mito de que, como las frutas contienen el azúcar «fructosa», todas tienen un alto contenido en FODMAP. El melón cantalupo, el melón dulce y el melón Galia, los plátanos verdes, los arándanos, los kiwis, el maracuyá, la piña, las papayas, las frambuesas, las fresas, los limones, las limas y las naranjas tienen un bajo contenido en FODMAP y, por lo tanto, es poco probable que provoquen hinchazón.

Ingredientes

700 g de pulpa de melón Galia maduro, cortada en trozos grandes (desechar las semillas y la piel)

Zumo de 4 limas grandes o 6 pequeñas y ralladura de 3
150 g de azúcar glas
2 cucharadas de agua de rosas

Preparación

1. Poner el melón, el zumo y la ralladura de lima y el azúcar glas en una batidora y triturar hasta obtener un puré muy suave. Yo utilizo una NutriBullet, que proporciona un acabado muy suave. Añadir el agua de rosas y mezclar suavemente con un batidor antes de batir en una máquina de helados durante aproximadamente una hora (seguir las instrucciones del fabricante).

2. Si no tienes una máquina de helados, puedes hacer este sorbete, pero te costará un poco más de trabajo. Tendrás que sacar el sorbete del congelador cada 30 minutos durante 4 horas y batirlo con una batidora eléctrica para evitar que se formen cristales de hielo.

3. Dejar reposar el sorbete (unos 10 minutos para la versión batida; si no, hasta 30 minutos) antes de servirlo.

Espero no haberle dado demasiada importancia a la ciencia porque, al fin y al cabo, se trata de una lectura ligera sobre alimentación y no de un libro de texto de gastroenterología. Sin embargo, después de leer este capítulo, comprenderás que la hinchazón y la flatulencia son fenómenos complejos en los que influyen muchos alimentos e ingredientes.

Entender los procesos que tienen lugar en nuestro cuerpo, especialmente los que se desencadenan por ciertos alimentos, puede ayudar a cualquiera de vosotros lectores que, como mi amiga Delia, hayáis sufrido estos síntomas, pero no estéis seguros de cómo controlarlos. También puede ayudar a aquellos que simplemente quieren saber más sobre cómo funciona nuestro cuerpo, ya que la realidad es que todos sufriremos hinchazón y flatulencia excesiva en un momento u otro de la vida, es perfectamente normal.

Tu sistema digestivo te habla todo el día, enviando síntomas de tu cuerpo a tu percepción consciente. Parte del respeto a tu cuerpo consiste en escucharlo y estar en sintonía con los síntomas digestivos que puedas experimentar. Leer las señales físicas cuando te encuentres hinchado y elegir alimentos que respeten tu salud, satisfaciendo al mismo tiempo las papilas gustativas, es vital. Aceptar tus pedos y comprender mejor cómo te afectan los alimentos es un paso más en la búsqueda de un bienestar digestivo y de la felicidad.

Capítulo 10

ESTREÑIMIENTO, O CUANDO SIMPLEMENTE NO PUEDES ALIVIARTE

Quizá algunos de vosotros os sintáis identificados, o quizá simplemente acabéis este libro pensando lo rara que puedo llegar a ser, pero cuando estoy estreñida, mi mente hace algo muy curioso: empieza a rememorar todas esas veces en las que podía ir al baño cómodamente y sin problemas, y cómo nunca llegué a valorar lo maravillosa que es esa experiencia.

Este capítulo, al igual que el anterior, se centra en las cosas del cuerpo que no salen del todo bien. Anteriormente, nos ocupamos de la hinchazón y de lo que ocurre cuando se acumulan gases en nuestro interior; ahora, echaremos un vistazo al estreñimiento, porque por mucho que no queramos que nos lo recuerden, nuestra caca es una parte intrínseca de nuestra relación con la comida, y el tramo final del sistema digestivo puede hacer o deshacer esa relación, consolidando o demoliendo una sensación de salud y felicidad digestivas. Por ello, creo que sería prudente explorar el funcionamiento interno del intestino (y espero que esto no te desanime demasiado a la hora de cenar). Una advertencia: obviamente, se hablará mucho de caca.

Discurso sobre la defecación

Cuando eres médica, tus amigos y familiares suelen tratarte como a una máquina de diagnóstico andante. Puedes olfatear al primo que quiere hablar de su bulto en el trasero, a la tía llena de lunares que está segura de que uno en particular no estaba allí el mes pasado, o al amigo cuyos pies huelen diferente a lo habitual y que pide si los podrías olfatear. Empiezan con una charla normal y luego cambia el tono de la conversación. Es difícil caminar por la cuerda floja entre la decencia común y recordar que las personas en cuestión no son realmente tus pacientes, pero suelo darles algunos consejos básicos y luego los animo encarecidamente a que consulten a sus médicos de cabecera. Pero hay veces en que ni siquiera la estrategia de salida más diplomática funciona.

Era la fiesta de cumpleaños de mi amiga Hannah, que en realidad era una excusa para presentarnos a todos a su nuevo novio, Oscar. Oscar parecía un tipo encantador y la fiesta estaba en su apogeo, con todo el mundo disfrutando de la alegría. De repente, Hannah me cogió del brazo y me llevó a un rincón de la sala.

—Oscar tiene problemas yendo al baño —dijo.

Ya veía a dónde quería llegar.

—Dile que vaya al médico de cabecera —le dije—. No quiero saber nada sobre los problemas del culo de tu novio.

—Lo siento, no tienes escapatoria —dijo Hannah, con auténtica cara de angustia—. Intentamos hablar con su médico de cabecera, pero no conseguimos nada. Necesito que me ayudes.

Tuve una repentina sensación de desánimo cuando Oscar vino y se sentó en la silla frente a mí, y parecía que él también la tenía. Oscar, un tipo guapo de rostro cincelado y porte amable —el tipo de hombre por el que se desmayaría la mayoría de las mujeres—, se veía obligado por su nueva novia a hablar de sus problemas intestinales con una desconocida que resultaba ser médica, en una sala llena de gente a la que no conocía de nada. Estaba sentado, bastante incómodo, en el borde de su asiento, con las piernas cruzadas, la mirada fija en un punto del suelo a mi izquierda y los brazos agarrándose firmemente el abdomen. Tenía los puños apretados y un pie golpeaba el suelo rítmicamente.

Oscar se esforzó:

—Básicamente, cuando hago mis cosas… ya sabes… la naturaleza de eso ha cambiado.

La incomodidad de la situación no pasó desapercibida para ninguno de los dos, aunque quizá sí para Hannah, que iba por su quinto prosecco y se estaba impacientando claramente con su reticencia.

—Solo dile de una maldita vez que haces caca una vez cada quince días y que te sale como si fueran Mentos —dijo, cansada de esperar a que me lo dijera él mismo. Se volvió hacia mí—. Se dobla de dolor en el inodoro; lo vi el otro día. Me preocupa.

La frente de Oscar se ruborizó. Estaba a punto de levantarme de mi asiento, incapaz de soportar más incomodidades, cuando Oscar miró a Hannah con una sonrisa irónica y gritó:

—Gracias, Hannah, por hacer un resumen ejecutivo de mis problemas. —Su atención se volvió entonces hacia mí—. Y Saliha, ya que claramente no tengo escapatoria, Hannah tiene razón. Últimamente, ha sido bastante difícil cagar, y si puedo hacerlo, parecen excrementos de conejo.

Como trabajaba en una oficina, Oscar pasaba hasta dieciséis horas al día pegado a su silla en una habitación con aire acondicionado. Le quedaba poco tiempo para hacer ejercicio, cocinar o incluso tomar agua, y sus comidas solían ser para llevar. Quería una alternativa que no implicara las náuseas y los gases que le producía su actual mezcla de laxantes. Al final, tuvimos una charla bastante larga sobre los alimentos que, en el futuro, podrían ayudarle.

Esta conversación con Hannah y Oscar transformó mi forma de pensar sobre el estreñimiento en muchos sentidos. Me di cuenta de lo avergonzada que puede sentirse la gente al hablar del acto de defecar y de que, como sociedad, tenemos la responsabilidad ante los Oscar que nos rodean de eliminar ese sentimiento de vergüenza. Hay que dejar de lado actitudes ancestrales; la defecación es una función corporal normal y aplazar la conversación sobre nuestros movimientos intestinales solo significará un retraso en la obtención de la ayuda que algún día podamos necesitar.

También me he dado cuenta de que mucha gente preferiría un cambio en el estilo de vida o en la dieta para tratar el estreñimiento en lugar de tomar pastillas o laxantes, pero no muchos saben cuáles deberían ser esos cambios. Incluso hablar de caca y comida en la misma frase puede resultar incómodo para algunos, e internet —nuestra fuente de información más popular— puede agravar el problema al ofrecer cien puntos de vista diferentes de cien personas distintas.

Para sacar el máximo provecho de este capítulo, espero que seas capaz de dejar en la puerta cualquier complejo sobre la caca y te permitas emprender conmigo un viaje científico y culinario. Si después de leer este capítulo descubres que eres capaz de (o al menos aceptas que está bien) hablar libremente sobre la función intestinal y la comida juntos, ese sería el mejor regalo que podrías hacerme. Mucha gente utiliza el término a la ligera, pero en este capítulo quiero adentrarme en lo que realmente significa estar estreñido. También hablaré un poco sobre las fuentes y los beneficios de la fibra dietética y te ofreceré algunas formas prácticas (y espero que agradables) de incorporarla a tu dieta.

Cuando la caca no pasa, hagas lo que hagas

Alrededor del 14 % de la población mundial padece estreñimiento en algún momento de su vida (es decir, una de cada siete personas que te cruzas por la calle). El estreñimiento es más frecuente en las mujeres y en los adultos mayores, pero, como te dirá Oscar, los hombres también se ven afectados, al igual que los niños y los bebés. Los datos son un poco escasos, pero parece que es más probable sufrir estreñimiento si se vive en el mundo occidental (esto incluye Australia), en comparación con las comunidades asiáticas, africanas o sudamericanas.

Como concepto, el estreñimiento significa muchas cosas diferentes para cada persona. Esto dificulta su definición. Por ejemplo, ¿estar estreñido significa hacer cacas duras y grumosas? ¿O es significa hacer las mismas cacas que antes, pero con menos frecuencia? ¿Estás estreñido si siempre tienes la sensación de que aún te queda algo de caca por salir, por mucho que te esfuerces? ¿Hay hinchazón y dolor de barriga a la vez, o son problemas separados?

Como gastroenteróloga, esta ambigüedad significa que cuando un paciente me dice que está estreñido, en realidad no puedo hacer mucho hasta que esté dispuesto a entablar conmigo una conversación franca sobre sus cacas. Necesito conocer todos los detalles: desde la textura hasta el color, desde el olor hasta el sabor (vale, el sabor no). Necesito saber cómo definen el estreñimiento y cómo afecta a su vida. La gente también confunde el estreñimiento con un diagnóstico, cuando en realidad suele ser un síntoma de algún otro problema que debe ser identificado y comprendido por un médico.

Una herramienta muy útil para ayudar a describir la consistencia de las heces es el «cuadro de heces de Bristol», una fantástica herramienta visual para iniciar la conversación. La versión original solo contiene imágenes de los tipos de heces del 1 al 7, siendo el 1 el más firme y el 7 el más blando. Sin embargo, esta tabla es bastante estéril y no resulta fácil de entender para la mayoría de los pacientes. La versión alternativa parece funcionar mucho mejor:

Tipo 1: Maltesers o bombones
(grumos duros separados)

Tipo 2: barrita Lion
(con forma de salchicha, pero con tropezones)

Tipo 3: Twix
(como una salchicha, pero con hendiduras
en la superficie)

Tipo 4: barquillo de chocolate
(como una salchicha o serpiente, liso y suave)

Tipo 5: rocas de chocolate
(masa blanda con bordes bien definidos
que sale con facilidad)

Tipo 6: Milka Bubbly
(trozos esponjosos con bordes irregulares,
un excremento blando)

Tipo 7: chocolate caliente
(aguado, sin trozos sólidos)

La tabla de heces de Bristol (/chocolate) es un buen punto de partida, ya que ayuda tanto a médicos como a pacientes a comprender qué es lo «normal» para el paciente. Digo «normal», pero en realidad no lo es cuando se trata de nuestros intestinos. Por ejemplo, la suposición de que todos deberíamos hacer caca una vez al día es intrínsecamente errónea, al igual que la teoría de que las heces de todo el mundo deberían ser del tipo Bristol 3 o 4 (*Toffee Crisp* o *Ripple*, por utilizar la terminología médica). He conocido a muchas personas que, durante décadas, han hecho caca una vez cada cinco días, por lo que, para ellos, estar estreñido significaría una frecuencia aún menor que esta; mientras que otros, que hacen caca dos veces al día, consideran que cualquier cosa inferior a esto está fuera de su normalidad.

Entonces, ¿cuántas cacas hay que hacer? El paso de las heces por el colon dura entre veinte y treinta horas para la mayoría de nosotros, lo que se compone de unas seis horas en el colon derecho, diez horas en el colon transverso y entre diez y dieciséis horas en el colon izquierdo. Haciendo cuentas, esto equivale a una caca al día de media (más o menos). Y, de hecho, esto parece reflejarse en los datos; se estima que alrededor de un tercio de nosotros hace caca más de una vez al día, un tercio hace caca una vez al día y el último tercio abre los intestinos menos de una vez al día. Y para quien le interese, alrededor de la mitad de nosotros tiene una caca parecida a la Bristol 3 o 4, mientras que una cuarta parte suele ser un poco más grumosa y la última cuarta parte está más suelta.

¿Cómo se hace la caca?

Te he dado algunos antecedentes sobre el estreñimiento, pero este libro se llama *Foodology*, no *Cacology*, y necesitamos saber cómo se relaciona el estreñimiento con los alimentos que comemos. ¿Qué ocurre entre la boca y el inodoro? Digamos que te acabas de sentar a comer un buen plato de ensalada. Cuando te comes la ensalada, pones en marcha un proceso exquisitamente intrincado. En capítulos anteriores ya hemos repasado con mucho detalle lo que ocurre en la boca y el estómago, así que vamos a saltarnos ahora esos dos pasos y para pasar directamente a los intestinos. La ensalada (transformada por el estómago en una papilla móvil) es empujada hacia delante por las paredes del intestino delgado mediante una serie de contracciones musculares ondulatorias denominadas «peristalsis». Se trata de un sofisticado proceso responsable de que todo siga moviéndose en la misma dirección. Puedes imaginártelo como el movimiento de una lombriz de tierra por el sendero de un jardín.

En el intestino grueso (el colon) se producen algunos movimientos peristálticos, al igual que en el esófago y el intestino delgado. Sin embargo, el peristaltismo por sí solo no basta para desplazar la materia fecal por todo el intestino grueso. Se necesitan otros dos movimientos colónicos —contracciones de propagación de baja amplitud (CPBA) y contracciones de propagación de alta amplitud (CPAA)— para desplazar la materia fecal.

Las CPBA se producen unas cien veces al día sin que ni siquiera nos demos cuenta; sirven para mover el líquido a través del colon y asisten el paso lento de los gases. Por el contrario, las CPAA son movimientos colónicos grandes y de alta presión que ocurren con mucha menos frecuencia, quizá solo seis veces al día. Son las CPAA las que empujan la caca hacia el recto y nos dan las ganas de ir corriendo al baño. Esta «urgencia» (a menos que se esté muy en sintonía con el cuerpo) es la primera ocasión en la que percibimos el movimiento de la caca a través del cuerpo a nivel consciente (hasta este momento estaba casi exclusivamente bajo nuestro control subconsciente) y una vez que nos damos cuenta de ello, una serie de nervios especializados entran en acción.

El resultado neto de todos estos nervios activados es que nuestro cuerpo genera una presión que nos hace sentir la necesidad de hacer caca: el suelo muscular de la pelvis se relaja hacia abajo y un músculo llamado «músculo puborrectal», que normalmente rodea el recto y lo mantiene apretado, se afloja, permitiéndonos expulsar las heces. Cuando terminamos, todo el proceso se invierte: el suelo pélvico se eleva, los músculos abdominales se relajan y el músculo puborrectal vuelve a levantarse, evitando así cualquier fuga o patinazo entre deposiciones.

Nota: si experimentas algún cambio en la función intestinal respecto a la normal (diarrea o estreñimiento), o notas sangre o mucosidad por el conducto posterior, dolor al evacuar las heces, cansancio inexplicable y pérdida de peso, un dolor o un bulto en el vientre, consulta inmediatamente a tu médico, ya que estos síntomas pueden ser una señal de alarma de que están ocurriendo cosas más siniestras.

Algo de lo que hablar

Resulta un poco extraño que, aunque el estreñimiento es algo que podemos tratar con bastante eficacia, también sea un tema que a muchas personas les da mucha vergüenza tratar. ¿Has visto alguna vez esos anuncios de televisión dirigidos a las mujeres, en los que aparece una guapa y exitosa mujer de negocios que tiene retortijones de estómago mientras almuerza con sus amigas? ¿Por qué tiene que ocultarlo? ¿Por qué no puede simplemente decirles a sus sonrientes y perfectas amigas: «Lo siento, chicas, mi barriga está haciendo *eso* otra vez, voy a hacer caca, ahora vuelvo»?

Y el problema no es en absoluto exclusivo de las mujeres. Según un estudio, la mitad de las personas no pueden hacer caca si no es en completa intimidad. Algunos incluso tienen problemas para hacer caca si saben que hay alguien más en casa, aunque estén solos en un retrete cerrado con llave. (Por el contrario, otros son de la creencia de que no entras realmente en confianza con alguien hasta que haces caca delante de él o ella).

Esta afección tiene un nombre: «parcopresis», que es la incapacidad física, desencadenada psicológicamente, de hacer caca sin un cierto grado de intimidad. Los enfermos de parcopresis están un paso por encima de los que simplemente se avergüenzan de hacer caca en público, ya que sus cuerpos son físicamente incapaces de relajar los músculos necesarios cuando no están en un entorno familiar de aseo.

¿Todos los estreñimientos son iguales?

En el caso de las personas que sufren estreñimiento y en las que los profesionales sanitarios no han identificado ninguna patología preocupante (que será la mayoría de las personas), el estreñimiento se dividirá a grandes rasgos en tres subgrupos:

1. **Estreñimiento de tránsito normal:** es la forma más común de estreñimiento y, lamentablemente, no está claro por qué se produce. El tiempo que tarda la caca en transitar por el intestino es totalmente normal. Sin embargo, se cree que los cambios en la microbiota del colon, así como los factores dietéticos, de estilo de vida, psicológicos y de comportamiento, probablemente influyen en que las heces, antes blandas, se vuelvan duras y con gránulos. Afortunadamente, este tipo de estreñimiento responde bien a los cambios dietéticos, sobre todo a un aumento gradual de la ingesta de fibra.

2. **Estreñimiento de tránsito lento:** no se producen los movimientos peristálticos normales a través del colon, ni tampoco los movimientos de propagación de alta frecuencia mencionados anteriormente. El resultado neto es un retraso en el tiempo de tránsito de las heces por el colon. Si se observan al microscopio muestras celulares de personas con estreñimiento de tránsito lento, a veces presentan reducciones en un tipo de células denominadas «células intersticiales de Cajal», responsables de la comunicación entre el músculo de las paredes del intestino y el sistema nervioso.

3. **Estreñimiento disinérgico:** como ya sabes, para evacuar el intestino es necesaria la coordinación de una serie de músculos a través de los nervios. En esta forma de estreñimiento, existen anomalías en la contracción del recto y relajación inadecuada del ano, que conducen a una evacuación y expulsión deficientes de las heces.

Los enfermos de parcopresis a veces pueden superar su aflicción insensibilizándose ante el estigma social de la caca. Nuestro viejo amigo Oscar superó el suyo viendo el canal «Historias embarazosas de caca» en YouTube con Hannah, en un intento por normalizar su percepción del proceso. Si te gusta escuchar a otras personas contar sus experiencias personales más mortificantes, te recomiendo que lo veas. Como descubrí durante la investigación de este libro, definitivamente es lo mío.

Qué hacer para hacer caca

La vida moderna es, por desgracia, un poderoso factor de estreñimiento. Muchas personas tienen trabajos sedentarios y permanecen sentadas mucho tiempo, a menudo durante horas, sin moverse ni estirarse. Los intestinos han evolucionado dentro de cuerpos que vagaban, cazaban y buscaban comida, y como tales, necesitan moverse para hacer avanzar su contenido. El trabajo de oficina hace que no se muevan tanto como quisiéramos, lo que hace que nuestra digestión parezca lenta, retrasada. De hecho, durante el periodo de bloqueo debido a la pandemia del coronavirus (como mencioné en un capítulo anterior, si estás leyendo esto en el futuro, 2020 no fue el mejor año de la humanidad), muchas personas que anteriormente habían disfrutado de movimientos intestinales regulares se sorprendieron de lo estreñidos que se habían vuelto debido a su incapacidad para hacer ejercicio, practicar deporte o incluso salir de casa.

Resulta que ya ni siquiera hacemos caca en la posición correcta. Si has viajado alguna vez por la India, te habrá sorprendido descubrir que existen dos tipos de retretes: los occidentales y los orientales. Los occidentales son fácilmente reconocibles, mientras que los orientales son simplemente un agujero de porcelana en el suelo con lugares a ambos lados de la bandeja para poner los pies en cuclillas. En términos anatómicos, la posición óptima para hacer caca es en cuclillas (no sentado) con las rodillas colocadas en un ángulo inferior a 90 grados respecto a la cintura, lo que significa que, para aliviar cómodamente los intestinos, hay que optar siempre por el inodoro oriental.

Ahora bien, los retretes orientales requieren acostumbrarse y también una reserva no despreciable de fuerza y resistencia en los muslos. No es realmente una posición que se preste a la lectura o a revisar el

móvil. Sin embargo, si te interesa una nueva postura para hacer caca, pero quieres seguir mirando el móvil en el váter, considera la posibilidad de invertir en un taburete ergonómico (o cualquier banqueta de 15 centímetros de alto, incluso sirve colocar un par de libros apilados), ya que ayuda a elevar los pies, mejorando el ángulo entre las caderas y las rodillas, lo que facilita la salida de la caca.

Pero, aparte del ejercicio, el orinal en cuclillas y la lucha contra los estigmas sociales que rodean a la caca, una de las formas de combatir el estreñimiento es analizar detenidamente los alimentos que ingerimos. La fibra dietética, o para ser más específicos, la fibra dietética insuficiente, es un factor que contribuye enormemente al estreñimiento, y las dietas modernas ricas en alimentos procesados y carbohidratos carecen de este nutriente vital. A menudo, los envases y los ingredientes de los alimentos modernos pueden ser tan engañosos que no nos damos cuenta de la falta de fibra en nuestros intestinos hasta que un especialista examina nuestra dieta.

Postura incorrecta   Postura correcta

La fibra dietética se encuentra actualmente en pleno resurgimiento, ya que la comunidad científica ha vuelto a interesarse por ella. Hubo un tiempo en el que los gastroenterólogos pensaban que la fibra era una sustancia inerte, cuyos beneficios se limitaban a añadir volumen a las heces y, tal vez, a ayudar a impulsarlas a través del intestino. Pero esta noción parece haberse invertido por completo en la última década. La fibra dietética no es solo la escoba de la naturaleza, también es el relleno y una ayuda esencial.

Breve historia de la fibra dietética

Las pruebas demuestran que nuestros antepasados comían mucha más fibra de la que muchos de nosotros comeremos jamás. En unas excavaciones arqueológicas realizadas en el sur de España se han descubierto fósiles de caca de hace cincuenta mil años, conocidos como «coprolitos», que demuestran que nuestros antecesores neandertales comían una gran variedad de vegetales fibrosos y alimentos de origen vegetal. Aunque el análisis químico no pudo especificar exactamente con qué plantas les gustaba a los neandertales acompañar un filete semicrudo, el análisis del polen sugiere que en la región crecían bayas, frutos secos y tubérculos, por lo que habrían constituido una parte sustancial de su dieta.

Hay muchos otros ejemplos de nuestros antepasados prehistóricos. Los restos dentales de neandertales hallados en Irak y Bélgica también muestran rastros de almidones, lo que sugiere que su dieta era rica en hierbas, tubérculos y otras plantas fibrosas. En el cañón del Antílope, en el noroeste de Arizona, se encontraron veinte coprolitos humanos que demuestran que sus habitantes comían harina de maíz, girasol silvestre y otras semillas, así como plantas suculentas fibrosas como la yuca y el higo chumbo.

Esta dieta era mucho más rica en fibra que cualquier cosa que tú o yo comamos hoy en día. De hecho, las cacas fosilizadas encontradas en el cañón del Antílope contenían alrededor de tres cuartas partes de fibra en volumen, lo que indica que podrían haber comido entre 200 y 400 gramos de fibra al día (para ponerlo en perspectiva, las directrices actuales recomiendan 30 gramos de fibra al día para los adultos; o, dicho de otro modo, 300 gramos de fibra es como comer treinta boles de cereales Fitness al día). Estos descubrimientos cuestionan la opinión popular de que nuestros antepasados neandertales se extinguieron porque dependían demasiado de las proteínas animales. Ahora se sugiere que eran mucho más omnívoros y menos carnívoros de lo que se pensaba. Avancemos unos cuantos miles de años hasta la década de 1830, cuando el reverendo Sylvester Graham, ministro presbiteriano (y defensor de la reforma dietética), decidió que el salvado era la cura para una dieta pobre. El reverendo detestaba la harina y el pan producidos comercialmente. En su opinión, el trigo en su estado integral era una fuente de alimento dada por Dios, mientras que la versión procesada utilizada para hacer harina panificable había sido «torturada» y separada de sus nutrientes para convertirla en una «miserable basura» (nadie sabe qué opinaría de una Big Mac).

Graham respondió creando su propia forma de harina de trigo integral gruesa, sin tamizar y rica en fibra, que se convirtió en un alimento básico para él y su rebaño. Quizá conozcas uno de sus inventos, con el que se elaboraba el pan Graham y las galletas Graham. La receta original no contenía edulcorantes ni aditivos, no se utilizaba para hacer crujientes bases de tartas de queso y, desde luego, no se empleaba para rellenar malvaviscos tostados y chocolate fundido en un smore.

Ya en 1954 se llevaban a cabo investigaciones científicas sobre la ingesta de fibra. El primero en arrojar algo de luz sobre el tema fue el epidemiólogo Dr. A. R. P. Walker, que estudió a las tribus bantúes de Sudáfrica. Se dio cuenta de que hacían caca a menudo, y mucho. Para adentrarse en las entrañas (lo siento) de este fenómeno, realizó un experimento en el que pidió a varios bantúes que tragaran bolitas radiopacas (que aparecen blancas en las imágenes radiográficas) y luego evacuaran las heces en bolsas de plástico que etiquetó con fechas y horas. Las bolsas se radiografiaron y Walker calculó el tiempo que tardaron los gránulos en recorrer el intestino. Los resultados fueron reveladores. La mitad más lenta de los bantúes tenía un tiempo de tránsito más rápido que el tercio más veloz de los caucásicos sometidos a la misma prueba. Lo atribuyó al hecho de que la dieta bantú era rica en fibra, con gachas de mijo y maíz. Por lo tanto, comer mucha fibra, como en la dieta tradicional africana, prevenía el estreñimiento. A finales de la década de 1960, la palabra «fibra» había dejado de ser algo de lo que hablaban los magnates de las galletas y, por cortesía de un carismático irlandés, el Dr. Denis Burkitt, se hizo cada vez más común en el vocabulario convencional. Mientras estudiaba los hábitos alimentarios de grupos de personas en Uganda, Burkitt observó que las personas de mediana edad de ese país tenían una incidencia mucho menor de enfermedades que las personas de edad similar que vivían en Inglaterra. No se trata de dolencias insignificantes; su lista incluía cáncer de colon, diverticulitis, apendicitis, hernias, obesidad, varices, diabetes, caries dentales y aterosclerosis. Intentó identificar la diferencia significativa entre los dos estilos de vida y, en 1969, publicó un polémico artículo titulado «¿Causa relacionada con la enfermedad?» en el que afirmaba que la falta de fibra alimentaria en la dieta británica (y su prevalencia en la dieta ugandesa) era la culpable.

Basándose en sus observaciones, Burkitt recomendó que las personas incluyeran al menos 50 gramos diarios de fibra alimentaria en su dieta, aunque la ingesta en los países de renta alta es solo de unos 15 gramos al día. (Hay unos 2 gramos de fibra en una rebanada de pan integral y 7 gramos en 100 gramos de mezcla de frutos secos, así que recomendaba mucha fibra al día). Desde la muerte de Burkitt en 1993, varios estudios epidemiológicos a gran escala han demostrado sus numerosos beneficios para la salud.

¿Qué es exactamente la fibra alimentaria y por qué es buena para mí?

En términos de nutrición, aunque la fibra se considera una parte esencial de un plan de alimentación saludable, en teoría no es un «nutriente esencial». Esto se debe a que, técnicamente hablando, la deficiencia de fibra no existe.

En realidad, la fibra dietética se compone de varios componentes diferentes, cada uno con efectos biológicos ligeramente distintos. Sin embargo, para la mayoría de nosotros, es suficientemente preciso dividir la fibra en dos grupos clave: soluble e insoluble. Las fibras solubles se disuelven en agua e incluyen las pectinas y gomas vegetales. Por el contrario, las fibras insolubles (normalmente la celulosa vegetal) no se disuelven en agua. La mayoría de las plantas contienen componentes de fibra soluble e insoluble en distintas cantidades, pero la avena, las alubias y las frutas son fuentes más abundantes de fibra soluble, mientras que el trigo, los frutos secos, las semillas, el salvado, la piel de las frutas y las legumbres son más ricos en fibra insoluble.

La fibra (soluble e insoluble) no puede digerirse en la boca, el estómago o el intestino delgado. Por ello, entra entera en el colon, lo que significa que algunas fibras enteras pasarán a formar parte de nuestras cacas (no mires adentro después de comer maíz o pieles de tomate). Sin embargo, los microbios anaeróbicos del colon pueden descomponer parte de la fibra, fermentándola para formar ácidos grasos de cadena corta que proporcionan energía, regulan nuestro sistema inmunitario y participan en la señalización intestino-cerebro de la que hablamos en el capítulo 8 (véanse las páginas 211-224). La fibra también ejerce un efecto probiótico sobre las bacterias intestinales, alimentándolas y ayudándonos a cultivar una ecología microbiana saludable en nuestras regiones inferiores.

Por si fuera poco, el consumo de fibra se ha relacionado incluso con un alto grado de confianza, con una reducción de las enfermedades coronarias, la diabetes de tipo 2, los accidentes cerebrovasculares y el cáncer colorrectal. Algunos estudios llegan a sugerir que, por cada aumento de 8 gramos de fibra dietética al día, el riesgo de muertes totales y la incidencia de cardiopatías coronarias, diabetes de tipo 2 y cáncer colorrectal pueden disminuir hasta un 19 %.

Así pues, parece bastante claro que la fibra es buena para nuestros intestinos y, por extensión, para toda nuestra sensación de bienestar. Pero ¿qué efecto tiene sobre nuestro apetito? Bueno, la fibra tiene la capacidad de afectar a la viscosidad de lo que circula por nuestro sistema gástrico. Las fibras solubles forman un contenido intestinal espeso y gelatinoso que retrasa la descomposición de los nutrientes y su absorción en el torrente sanguíneo. Por lo tanto, el resultado de una dieta rica en fibra es triple: disminuye la absorción de glucosa y colesterol, el estómago se vacía más lentamente (lo que hace que nos sintamos llenos durante más tiempo) y se reduce el apetito en general. Esto significa que el control glucémico (la rapidez con la que los alimentos provocan cambios en los niveles de azúcar en sangre) se optimiza gracias a los alimentos ricos en fibra de la dieta.

Intuitivamente, esto tiene sentido para muchos de nosotros. Un desayuno rico en fibra como Shreddies se comercializa literalmente como el cereal que puede «mantener el hambre bloqueada hasta el almuerzo», y en términos generales, lo hace. Los sándwiches de pan de centeno me sacian durante mucho más tiempo que sus equivalentes de pan blanco, debido casi exclusivamente al alto contenido en fibra del centeno.

Teniendo en cuenta que solo el 9 % de los adultos del Reino Unido cumplen las directrices actuales de 30 gramos de fibra al día, está claro que hay mucho margen de mejora. Sin embargo, si alguien se siente intimidado por la idea de aumentar su ingesta o no sabe cómo hacerlo, aquí encontrarás muchos consejos y trucos sencillos para conseguirlo sin que parezca una tarea pesada. El viejo dogma de que fibra es igual a salvado (u otro alimento marrón acartonado) está totalmente desfasado. Los alimentos ricos en fibra se presentan en un arcoíris de colores, texturas y sensaciones gustativas, lo que hace que cocinar con ellos sea todo un placer y no un aburrimiento total. Recuerda que esta es una de las formas más eficaces de acercarse al bienestar digestivo y a la felicidad, independientemente de si alguna vez has sufrido estreñimiento o no. Y para ayudarte en tu viaje hacia un mayor consumo de fibra, he diseñado unas cuantas recetas ricas en fibra que gustarán incluso a los más escépticos (véanse las páginas 286-294).

Un factor clave que hay que recordar es que un aumento lento y constante de fibra en la dieta tiene muchas más probabilidades de éxito que uno repentino, que podría provocar una molesta hinchazón, calambres abdominales o un aumento de las flatulencias, todo lo cual intentamos evitar, en la medida de lo posible.

Dale a la fibra el aumento que se merece

La fibra es como un departamento de recursos humanos: trabaja en segundo plano, haciendo que las cosas funcionen sin demasiado alboroto. Nunca ganará ningún premio glamuroso, pero sin su ayuda toda la organización se desintegraría rápidamente, y cuando las cosas van mal, ¡ya sabes a quién llamar!

Con la fibra pasa lo mismo. No te das cuenta cuando las cosas funcionan porque la fibra opera entre bastidores. Pero tenemos que sacarla de la trastienda y ponerla en el punto de mira, celebrar su trabajo y asegurarnos de que recibe el premio al «empleado del mes» un poco más a menudo.

En resumen, no es difícil aumentar el consumo de fibra. Sin embargo, requiere una buena dosis de compromiso y motivación, y tendrás que mantener el aumento durante un tiempo antes de que los beneficios sean realmente evidentes. Pero cuando lo hagas, te preguntarás cómo has podido vivir sin ella.

Desayuno

Uno de los lugares más fáciles para incorporar más fibra a tu dieta es la mesa del desayuno. Los alimentos del desayuno están diseñados casi de forma natural para que se pueda aumentar su contenido en fibra. Por ejemplo, puedes optar por un cereal de desayuno bajo en azúcar y rico en fibra como Weetabix, y añadirle más semillas de lino y un puñado de frutos secos ricos en fibra para obtener un aporte de fibra aún mayor. Mi favorito es el kéfir con higos, dátiles y pipas de girasol, que tomo a primera hora de la mañana mientras veo las noticias.

El muesli Bircher, inventado por el médico suizo Maximilian Bircher-Benner, se prepara remojando avena y semillas en agua o leche para hacerlas más apetecibles, y combinándolas después con trozos de manzana crujiente, nueces picadas y miel. Últimamente se ha hecho muy popular, pero en realidad la versión original era más de manzana que de avena, y se llamaba Apfeldiätspeise, o «el plato dietético de manzana». En cualquier caso, tanto si se prepara con manzana como con avena, sigue siendo un desayuno versátil, económico y rico en fibra.

Almuerzo

Pasando a la comida, unos sencillos cambios pueden suponer una gran diferencia. Cambiar el pan blanco procesado por pan integral o pan integral con semillas (o incluso pan de centeno con semillas, si realmente quieres ir a por todas) es una forma estupenda de aumentar el consumo de fibra. La harina de mijo y la espelta son ricas en fibra y pueden convertirse fácilmente en parte de tu repertorio culinario: yo utilizo harina de mijo para hacer una tortita esponjosa, sabrosa y especiada en la que la masa se mezcla con nabos ricos en fibra y se sirve junto con una raita de nabos (véase la receta en la página 291).

Sustituye el zumo de naranja procesado por dos naranjas enteras y cambia la tableta de chocolate por unos cuantos dátiles o albaricoques. Incluso puedes bañarlos en chocolate negro si realmente quieres darte un capricho. Como tentempié, cambia las patatas fritas por palomitas de maíz, una fuente sorprendentemente buena de fibra dietética: mi receta de palomitas de maíz con sabor a mezcla de Bombay, que incluye nueces y pasas, demuestra lo adictivas que son las palomitas ricas en fibra (véase la página 286).

Cena

Para aumentar la fibra a la hora de cenar, puedes sustituir la pasta normal por pasta integral. Su sabor es prácticamente el mismo, y lo más probable es que ni siquiera tus hijos noten la diferencia. El arroz integral también es delicioso por su sabor a frutos secos y su textura ligeramente masticable, perfecta para una ensalada de arroz con verduras y un aliño cítrico. Y no nos olvidemos del trigo bulgur, ese grano perfumado que actúa como una esponja para las especias y los sabores fuertes, y que se puede preparar de muchas maneras interesantes. Consumir alubias, ricas en fibra, es muy fácil gracias a la amplia disponibilidad de alubias en conserva. Mi ensalada de alubias a la turca, muy sexy gracias a algunos sugerentes condimentos, se prepara en cuestión de minutos y es un método fantástico para aumentar de forma creativa la ingesta de fibra (véase la página 288).

Si eres un entusiasta de las patatas (¿quién no?), comer las crujientes pieles asadas en lugar de tirarlas a la basura aumenta sustancialmente tu ingesta de fibra, mientras que recalentar las patatas precocinadas y enfriarlas aumenta el número de almidones resistentes en su superficie, lo que te proporciona un menor pico de azúcar cuando las comes. Por lo tanto, para obtener un mayor aporte de fibra, elige la ensalada de patata en lugar de las patatas fritas (la ensalada de patata se ha cocido y enfriado, por lo que desarrolla almidones resistentes).

Yo lleno el congelador de verduras congeladas y la alacena de lentejas o garbanzos en conserva. Te animo a que no te limites a pensar que las lentejas solo sirven para hacer curri o sopa de lentejas. Son muy apreciadas en muchas culturas gastronómicas de todo el mundo y merece la pena tener unas cuantas recetas diferentes a mano. He incluido aquí mi receta de lentejas al estilo «salata adas» de Medio Oriente con pechuga de pato (véase la página 289), un plato con un toque muy distinguido, que puedes preparar para agasajar a tus invitados y, al mismo tiempo, disfrutar del hecho de haber mejorado la ingesta de fibra de tus comensales.

A la hora del postre, también hay algunos trucos y consejos que pueden ayudarte a incorporar más fibra. Puedes optar por fruta en conserva en lugar de helado una noche (los melocotones en conserva resbaladizos nunca pierden su atractivo para mí). Algunas frutas son especialmente ricas en fibra, como las frambuesas, las manzanas (con piel), el mango, el maracuyá, el caqui, las guayabas, las granadas, los plátanos, las naranjas, los arándanos y las fresas. Incorporar porciones generosas de estas frutas a tus postres puede ser la clave. ¿Y si además duplicas las cantidades de fruta en tu receta de trifle o clafoutis? ¿O cubres el helado de yogur con frutas y semillas para crear rápidas láminas frutales en tu postre? Comparto mi receta de tarta de caqui y franchipán en la página 292, pero puedes utilizar la misma receta para rellenar cualquier tarta de hojaldre con más fruta rica en fibra que la que yo he utilizado.

Pequeños cambios como los que he descrito anteriormente se irán sumando con el tiempo y, si los sigues, pueden suponer una gran diferencia para tu salud y bienestar general. Además, te ayudarán a hacer caca libremente y en grandes cantidades, ¿y a quién de nosotros no le gusta hacer caca libremente y en grandes cantidades?

Kiwis al rescate

No, no me refiero a los neozelandeses (aunque seguro que son gente encantadora). Me refiero al kiwi, la baya de la vid *Actinidia*. Hay dos variedades: el verde Hayward (*Actinidia deliciosa*) y el dorado (*Actinidia chinensis*). Dos kiwis de unos 300 gramos contienen 12 gramos de fructosa, 12 gramos de glucosa y 9 gramos de fibra alimentaria (de la cual un tercio es soluble y el resto insoluble). Y lo que es mejor, las paredes celulares de los kiwis son esponjosas y tienen una enorme capacidad de retención de agua. Pueden hincharse hasta tres veces su volumen original, es decir, hasta seis veces más que una manzana y el doble que el laxante *psyllium* (un remedio de venta libre contra el estreñimiento).

Estas propiedades hacen del kiwi un remedio natural muy útil para el tratamiento del estreñimiento. Cuando se pidió a voluntarios sanos que comieran kiwi antes de escanear sus intestinos en una máquina de resonancia magnética, los resultados mostraron que la fruta aumentaba drásticamente la retención de agua en el intestino delgado y el colon de los participantes. Una mayor retención de agua en el intestino significa, en términos reales, visitas más frecuentes al baño, con heces de consistencia más blanda. Como resultado, el creciente consenso en la comunidad científica es que estas propiedades hacen del kiwi la alternativa natural perfecta a los laxantes en la mayoría de los estados de estreñimiento leve a moderado. Si Te cuesta cocinar con ellos, ¿por qué no probarlos como parte de un plato perfumado de cítricos y kiwi, para un postre veraniego ligero y refrescante? (Ver página 294).

Ciruelas pasas

Las ciruelas pasas son esencialmente ciruelas secas, deshidratadas en aire caliente a 85-90 grados durante algo menos de un día. Desgraciadamente, a lo largo de los años han tenido mala prensa y no han alcanzado el estatus culinario que parecen haber adquirido los albaricoques secos, las pasas o los higos. Personalmente, me encanta el sabor dulce, terroso, a mermelada y a melaza de las ciruelas pasas, y a menudo las acompaño con cordero o las utilizo para preparar dulces. Incluso tienen una especie de hogar espiritual, Yuba City, en California (Estados Unidos), considerada por muchos su capital mundial por celebrarse históricamente allí un festival anual de ciruelas pasas.

Cien gramos de ciruelas pasas al día aportan unos 6 gramos de fibra. Pero las ciruelas pasas no solo son ricas en fibra, sino que también contienen azúcares como el sorbitol y compuestos fenólicos, que se cree que ejercen una serie de efectos beneficiosos sobre nuestro sistema digestivo.

Aunque no es ningún secreto que las ciruelas pasas poseen un efecto laxante bastante activo, resulta que los estudios sobre los efectos de las ciruelas pasas en el intestino siguen siendo bastante escasos. Sin embargo, los datos disponibles sugieren que las ciruelas pasas actúan sobre el intestino de varias maneras: las fibras insolubles, como la celulosa, aumentan el volumen de las cacas, mientras que las fibras solubles, como la pectina, son fermentadas por la microbiota colónica, alimentando y proliferando las poblaciones bacterianas del intestino, lo que conduce a la producción de los beneficiosos ácidos grasos de cadena corta y, en consecuencia, aumentando el volumen de las cacas. En general, se sugiere que 100 gramos de ciruelas pasas son probablemente tan eficaces como el laxante *psilio* (si no más) y mejoran tanto la consistencia como la frecuencia de las deposiciones. Si te cuesta comer ciruelas pasas enteras o en zumo, mi receta de panecillos de ciruelas pasas, linaza, Earl Grey y cardamomo te vendrá como anillo al dedo (véase la página 287). Las semillas de lino contienen 27 gramos de fibra por cada 100 gramos de semilla, lo que las convierte en el compañero perfecto de las ciruelas pasas en este pan artesano.

Café

Después de tomar una taza de café, alrededor del 30 % de nosotros siente la necesidad de hacer caca. Para algunos, puede ser simplemente el olor del café lo que desencadene un estruendo en los intestinos, y en algunas almas especialmente sensibles, la sola imagen puede hacer que se les revuelvan las tripas. De hecho, en pacientes que han sufrido lesiones medulares o que tienen seccionados los nervios necesarios para abrir los intestinos, una taza caliente de café fuerte puede estimular la acción intestinal con bastante eficacia.

Durante muchos años se pensó que la cafeína era la responsable de los efectos laxantes de una taza de café, pero con el tiempo nos hemos dado cuenta de que el café descafeinado tenía efectos similares, mientras que los refrescos con cafeína no hacían nada por estimular nuestros intestinos. El café es un brebaje de literalmente miles de compuestos químicos diferentes, por lo que determinar cuál de ellos provoca efectos laxantes puede resultar complicado. Ahora se cree que la naturaleza ácida del café puede hacer que nuestros estómagos segreguen más ácido gástrico de lo normal, haciendo que viertan su contenido más rápidamente en nuestros intestinos. Esto podría ayudar a explicar por qué el café parece acelerar el proceso digestivo en algunas personas.

Pero el café también influye en el colon, sobre todo en el último segmento situado en la parte izquierda del abdomen. Se cree que el café aumenta los niveles de una serie de hormonas liberadas en el torrente sanguíneo, una de las cuales se llama «gastrina». La gastrina es la encargada de iniciar los movimientos peristálticos del intestino descritos anteriormente, y también desencadena lo que se conoce como «reflejo gastrocólico», un reflejo fisiológico que controla el colon haciendo que se contraiga en respuesta al estiramiento del estómago. Si has tenido un bebé, habrás observado que a veces ensucian los pañales al mismo tiempo que se alimentan; se trata del reflejo gastrocólico.

La idea de que las cosas que tienen que ver con las heces son de alguna manera tabú, inadecuadas para el debate público, es probablemente una de las cosas más desalentadoras para mí como médica gastroenteróloga. Superar esta barrera y fomentar una relación más sana con la caca, que está tan íntimamente influenciada por lo que comemos, es un paso necesario para alcanzar el bienestar digestivo y la felicidad.

En cierto modo, querer estar en paz con tu cuerpo y feliz con tu relación con la comida sin entender o incluso sin ser capaz de hablar libremente y con franqueza de lo que ocurre cuando las cosas van mal (por ejemplo, el estreñimiento) es como intentar entender la política mundial, pero negarse a hablar de la guerra porque es un tema de conversación desagradable.

Es cierto, puede que la guerra no sea el tema más agradable del que hablar, pero te engañas a ti mismo si crees que serás capaz de obtener una comprensión holística de la política mundial sin hablar de ella. Del mismo modo, te engañas a ti mismo si crees que puedes comprender mejor la relación de tu cuerpo con la comida sin hablar de lo que pasa cuando haces caca (o cuando no puedes hacer caca).

Resumen

> El estreñimiento afecta a una gran parte de la población mundial y es de naturaleza multifactorial. La vergüenza de la caca es muy real; muchas personas sienten vergüenza al abordar su estreñimiento.

> Las dietas pobres en fibra contribuyen al estreñimiento.

> Las directrices británicas recomiendan actualmente 30 gramos de fibra al día y la mayoría de las personas no alcanza este objetivo.

> La fibra no es una sustancia, sino un grupo de ellas; estas no pueden ser digeridas por el intestino delgado y pasan al intestino grueso, donde son descompuestas en parte por las bacterias intestinales.

> Aumentar la ingesta de fibra está relacionado con una multitud de beneficios para la salud, según las pruebas que se desprenden de estudios epidemiológicos a gran escala.

> Añadir 100 gramos de ciruelas pasas y dos kiwis o una cucharada de semillas de lino a la dieta es una forma útil de aumentar la ingesta de fibra y hacer frente a los estados leves de estreñimiento.

> Los alimentos ricos en fibra no son todos de color marrón. Los alimentos ricos en fibra tienen un sabor delicioso y pueden asimilarse de forma creativa en los alimentos que comemos a diario.

Palomitas de maíz al estilo Bombay

Para 4 personas

Quizá te sorprenda saber que las palomitas de maíz son una excelente fuente de fibra dietética, con 13 gramos por cada 100 gramos. Al fin y al cabo, son 100 % integrales. Lo ideal es cocer las palomitas al aire, pero yo utilizo un toque de aceite y azúcar. Su poder adictivo es tal que puede que te veas obligado a sacar la mano del cubo. Y compartirlas con un ser querido también resulta problemático.

Ingredientes

100 g de granos de maíz
1 cucharada de aceite vegetal
1 cucharadita de guindilla roja en polvo
1 cucharadita de chaat masala

½ cucharadita de sal de mesa
150 g de cacahuetes tostados salados
150 g de pasas
100 g de azúcar en polvo

Preparación

1. Coloca los granos de maíz y el aceite vegetal en una cacerola grande de fondo grueso. Cubre y calienta a fuego medio. Espera a que salten los granos; los oirás saltar al cabo de 1 o 2 minutos. Mueve la olla cada 30 segundos aproximadamente para distribuir el calor y ayudar a que los granos estallen. Cuando los granos dejen de saltar, o hayan dejado de hacerlo significativamente, retíralos del fuego y viértelos con cuidado en un bol grande para servir. Esparce por encima la guindilla en polvo, el chaat masala y la sal. Pica los cacahuetes y las pasas y añádelos a las palomitas.

2. Calienta el azúcar en una sartén hasta que se derrita y se forme un caramelo dorado. Rápidamente, echa las palomitas, las pasas y los cacahuetes en el caramelo y remueve bien con una cuchara de madera. La idea es que el caramelo cubra la mayor parte posible de las palomitas y haga que estas, las pasas y los frutos secos se peguen formando pequeños racimos. Extiende las palomitas en una bandeja ancha y plana y deja enfriar un poco antes de servir. El caramelo las habrá hecho más crujientes, y la yuxtaposición de sabores dulce, salado y picante es bastante espectacular.

Panecillos de ciruela pasa, linaza, Earl Grey y cardamomo con mantequilla de ciruelas pasas

Para 8 bollos

Tanto la harina integral como las ciruelas pasas son una excelente fuente de fibra dietética y un remedio natural para los que sufrimos estreñimiento. Estos panecillos son una delicia para el desayuno y convertirán incluso al más acérrimo odiador de las ciruelas pasas en un entusiasta. La mantequilla de ciruelas pasas, a veces llamada «lekvar» en Europa del Este, es más parecida a la mermelada y, aunque se llama «mantequilla», no contiene nada de grasa.

Ingredientes

250 g de ciruelas pasas deshuesadas
1 bolsita de té Earl Grey
250 g de harina de fuerza de trigo
250 g de harina integral
100 g de semillas de lino doradas enteras
½ cucharadita de sal
½ cucharadita de azúcar
Semillas de 6 vainas grandes de cardamomo, ligeramente machacadas en un mortero y maja

1 sobre de levadura de 7 g
375 ml de agua caliente a mano

Para la mantequilla de ciruelas pasas:
400 g de ciruelas pasas, cortadas en trozos
700 ml de agua
50 g de azúcar moreno suave

Preparación

1. Precalentar el horno a 180 °C con ventilador.

2. Para empezar, poner las ciruelas pasas en un cuenco, junto con la bolsita de té, y cubrirlas con agua tibia. Dejar las ciruelas pasas en remojo durante 30 minutos.

3. Añadir las harinas a un bol junto con 80 gramos de semillas de lino, la sal, el azúcar, las semillas de cardamomo molidas y la levadura. Mezclar todo bien con una espátula. Hacer un hueco en el centro y verter el agua. Mezclar poco a poco hasta formar una masa; la cantidad exacta de agua necesaria dependerá un poco del tipo de harina que se utilice.

4. El objetivo es conseguir una masa lisa que deje limpio el lateral del bol. Una masa ligeramente húmeda en esta fase es probablemente mejor que una masa seca y firme. Transferir la masa a una superficie ligeramente enharinada y comenzar a trabajarla. La idea es desarrollar el gluten de la harina, que le proporciona estructura. Tratar de no golpearla con el talón de las manos; más bien, deslizar los dedos por debajo como si fueran un par de tenedores, con los pulgares hacia arriba, y llevarla hacia atrás sobre sí misma, lejos de ti, sobre la encimera de la cocina. Así incorporarás el máximo de aire al pan.

5. Tras 5 minutos de amasado de esta forma, escurrir las ciruelas pasas y desechar la bolsita de té. Cortar las ciruelas pasas en cuartos e incorporarlas a la masa para que se distribuyan uniformemente. Formar con la masa 8 bolas del mismo tamaño y colocarlas en una bandeja de horno ligeramente enharinada. Espolvorear por encima los 20 gramos restantes de semillas de lino. Cubrir con film transparente ligeramente engrasado y dejar reposar durante una hora aproximadamente, o hasta que los bollos hayan doblado su tamaño. Poner los bollos en el horno y hornear durante 25-30 minutos. Sabrás que están listos cuando hagan un ruido hueco al darles unos golpecitos por debajo. Sacar del horno y dejar enfriar sobre una rejilla.

6. Para la mantequilla de ciruelas pasas: poner las ciruelas pasas y el agua en una cacerola y llevar a ebullición. Dejar que las ciruelas pasas se ablanden por completo, a fuego lento y sin tapar, durante unos 20 minutos. Cuando la mezcla se haya secado por completo y solo queden 3-4 cucharadas de agua en la cacerola, añadir el azúcar moreno hasta que se disuelva por completo (unos 3-4 minutos). Llegados a este punto, puedes elegir: si prefieres una textura gruesa, machacar el contenido de la cacerola con un pasapurés o un tenedor. Si prefieres una consistencia suave, tipo puré, utilizar una batidora para conseguir la textura deseada. Enfriar la mezcla antes de transferirla a un tarro esterilizado y guardar los restos en el frigorífico.

Ensalada de judías Toot

Para 2 personas (y algo de sobras para el almuerzo del día siguiente) Llamada cariñosamente ensalada «Toot» por mi familia (dadas las propiedades de formación de gas de las judías), los condimentos de este plato transforman las aburridas latas de judías mixtas en algo fresco y espectacular.

Ingredientes

480 g de judías verdes escurridas (2 latas de tamaño estándar, escurridas)

1 pepino mediano, sin pepitas y cortado en dados

2 cebolletas, cortadas en rodajas finas

200 g de tomates cherry

250 g de pimientos rojos asados de bote

25 g de perejil de hoja plana

Zumo de 1 limón grande

2 cucharadas de aceite de oliva virgen extra

1 cucharada de melaza de granada

1 cucharadita de copos de guindilla roja

½ cucharadita de orégano seco

½ cucharadita de menta seca

Sal al gusto

Preparación

1. Colocar las judías en un bol amplio, junto con el pepino y la cebolleta. Cortar los tomates cherry en cuartos y picar los pimientos rojos y el perejil, añadirlos al bol y remover bien para mezclar. Para aliñar la ensalada, añadir a las judías el zumo de limón, el aceite de oliva, la melaza de granada, los copos de guindilla, el orégano y la menta. Sazonar con sal, remover bien y servir.

Nota: no dejes de preparar esta ensalada si te faltan algunos ingredientes. Por ejemplo, se puede utilizar tamarindo en lugar de melaza de granada, y el queso feta y los pistachos picados también serían unas adiciones estupendas.

Pato con lentejas «salata adas» y pasas sultanas doradas

Para 4 personas

Este plato tiene un toque muy *adulto*. Es el tipo de comida que se puede preparar para una cena con amigos. «Salata adas» es un plato de lentejas con ajo de Medio Oriente. Sus notas herbáceas y a nuez son perfectas con la dulce carne rosada del pato. Las lentejas verdinas son, por supuesto, una rica fuente de fibra dietética.

Ingredientes

250 g de lentejas verdinas secas

4 pechugas de pato con piel, sin el exceso de grasa

75 g de mantequilla

3 dientes de ajo, cortados en láminas finas

5 anchoas (de lata)

1 cucharadita colmada de pimienta de Jamaica

1 cucharadita de copos de guindilla roja

Zumo de 1 limón grande

30 g de perejil de hoja plana picado

50 g de pasas doradas, remojadas en agua caliente durante 30 minutos y escurridas

Escamas de sal marina

Preparación

1. Empieza preparando las lentejas según las instrucciones del paquete; necesitarán unos 20-30 minutos de ebullición en abundante agua. Procura no hervirlas demasiado para que no queden blandas, ya que el plato final tendrá una textura pastosa. Es mejor mantenerlas firmes pero cocidas en esta fase. Escurre las lentejas y reserva.

2. Saca el pato del frigorífico y deja que alcance la temperatura ambiente. Corta las pechugas en forma de cruz a través de la piel, teniendo cuidado de no cortar hasta la carne. Sazona generosamente con sal marina en escamas.

3. Coloca las pechugas con la piel hacia abajo en una sartén fría y calienta la sartén poco a poco; esto permite que parte de la grasa se derrita lentamente y produzca una piel de pato deliciosa y crujiente. Sigue friendo el pato en la grasa que has fundido hasta que se haya derretido toda grasa blanca visible de la piel posible, y la piel tenga un color marrón intenso, dorado y crujiente. Puede tardar entre 10 y 15 minutos. Da la vuelta a las pechugas y cocínalas durante 3-4 minutos más hasta que la carne esté dorada por todas partes. Retira las pechugas de la sartén y déjalas reposar mientras preparas las lentejas.

4. Derrite la mantequilla en la grasa de pato fundida y, cuando esté burbujeando, añade el ajo y las anchoas. Cuando el ajo esté dorado y las anchoas derretidas, añade las lentejas. Remueve la grasa

por las lentejas y añade un chorrito de agua seguido de la pimienta de Jamaica, los copos de guindilla y el zumo de limón.

5. Para completar el plato, apaga el fuego, comprueba la sazón y mezcla el perejil con las lentejas. Corta las pechugas de pato en lonchas de 1 centímetro de grosor, siguiendo la veta de la carne y no en contra. Esparce las lentejas en el fondo de una fuente grande y coloca encima las lonchas de pato rosado. Esparce por encima las pasas doradas y sirve.

Tortitas de harina de mijo, cebolleta y nabo con raita de nabo

Para 4 personas

El mijo es un cereal que pertenece a la familia de las gramíneas *Poaceae*. Es uno de los primeros cereales cultivados y existen miles de variedades en todo el mundo. Su harina es densa en fibra, suave, con sabor a nuez y dulce. Se puede hacer pan plano solo, pero la textura puede ser más bien corta, por lo que esta receta, al ser un cruce entre un pan plano y una tortita, es el tratamiento perfecto para la harina de mijo.

¡Te espera el almuerzo!

Ingredientes

600 g de nabos
150 g de harina de mijo
100 g de harina común
1 cucharadita de bicarbonato de sodio
1 cucharadita de levadura en polvo
2 huevos medianos
1 cucharadita de cúrcuma
1 cucharadita de guindilla roja en polvo

1 cucharadita de semillas de comino
4 cebolletas, finamente picadas
2-4 guindillas verdes, finamente picadas
500 g de yogur natural
250 ml de agua tibia
1 cucharadita de chaat masala
Aceite vegetal, para freír
Sal al gusto

Preparación

1. Pelar los nabos y cortarlos en trozos grandes y del mismo tamaño. Hervirlos en agua con sal durante unos 15 minutos, o

hasta que un cuchillo penetre fácilmente en la pulpa. Escurrirlos y dejarlos enfriar completamente. Rallar los nabos cocidos y reservar.

2. Preparar la masa de las tortitas combinando los dos tipos de harina, el bicarbonato de sodio, la levadura en polvo, los huevos, la cúrcuma, la guindilla roja en polvo, las semillas de comino, las cebolletas, las guindillas verdes, 100 g de yogur y un tercio de los nabos rallados en un bol grande. Batir con una cuchara de madera para mezclar y añadir el agua suficiente para formar una masa espesa (yo suelo necesitar algo menos de 250 mililitros). Sazonar generosamente con sal.

3. Para hacer las tortitas, rociar una cucharadita de aceite vegetal en una sartén antiadherente a fuego medio-bajo y verter un cucharón grande de la masa de las tortitas en el centro de la sartén. Cuando aparezcan burbujas en la superficie, es el momento de darle la vuelta con una espátula. Normalmente tardan 2 minutos en hacerse por cada lado. Continúa preparando las tortitas hasta que hayas utilizado toda la masa.

4. Preparar la raita de nabo mezclando el yogur restante con los nabos restantes y el chaat masala.

5. Servir las tortitas con la raita de nabo y devorar inmediatamente.

Tarta de caqui y franchipán

Para 4 personas

El caqui, también conocido como «fruta de Sharon», es un fruto denso en fibra, de color amarillo anaranjado, parecido al tomate. Su glorioso sabor dulce como la miel y ligeramente tánico llevó a los antiguos griegos a llamarla «la fruta de los dioses».

Su popularidad ha aumentado en los últimos años y ya es habitual encontrarlo en los estantes de nuestros supermercados. Lo he disfrutado muchas veces como complemento dulce de ensaladas con berros y un toque de zumo de lima, o con queso feta, guindillas encurtidas, cilantro y menta. Sin embargo, el caqui brilla con luz propia cuando se combina con almendras en forma de franchipán.

Ingredientes

1 lámina de hojaldre
3 caquis cortados en rodajas de 1
cm de grosor
1 cucharada colmada de azúcar
glas
2-3 cucharadas de mermelada de
albaricoque
1 puñado de almendras laminadas
tostadas

Para el franchipán:
50 g de mantequilla
50 g de azúcar en polvo
1 huevo batido
60 g de almendras molidas
1 cucharada colmada de harina
común

Preparación

1. Precalentar el horno a 180 °C con ventilador. Colocar el hojaldre en una bandeja de horno plana forrada con papel sulfurizado. Con un cuchillo afilado, hacer un corte en el hojaldre a 2 cm del borde, asegurándote de no cortarlo del todo.

2. Para hacer el franchipán, batir la mantequilla y el azúcar con una cuchara de madera hasta que la mezcla quede ligera y esponjosa. A continuación, añadir el huevo y batir bien para mezclar. Añadir las almendras y, a continuación, la harina.

3. Con una espátula, extender el franchipán por toda la masa de hojaldre, evitando el borde marcado. Colocar las rodajas de caqui sobre el franchipán, superponiéndolas ligeramente. Espolvorear una cucharada colmada de azúcar sobre el caqui. Introducir en el horno y hornear durante 25-35 minutos, o hasta que el franchipán esté dorado y los bordes de la masa tengan un color marrón dorado intenso.

4. Introducir la mermelada de albaricoque en el microondas durante 20 segundos. Esto hará que su textura sea más suelta. Untar suavemente los caquis con la mermelada para crear un glaseado. Volver a meter en el horno durante 2 minutos más para que el glaseado se adhiera a la fruta de manera uniforme. Retirar la tarta del horno y dejarla enfriar antes de servirla, cortada en porciones individuales. Si lo deseas, puedes cubrirla con almendras tostadas laminadas.

Kiwi y naranja perfumados con canela, miel y agua de azahar

Para 2 personas

Aunque el kiwi no se considera una tendencia gastronómica, comer dos porciones al día puede ayudar significativamente a los estreñidos. Se utiliza sobre todo en batidos y yogures, o congelado en paletas de helados, pero la adición de cítricos, agua de azahar, miel y canela en esta perfumada ensalada de frutas hace que el kiwi se luzca como postre.

Ingredientes

4 kiwis

2 naranjas grandes

1 cucharada de miel líquida

½ cucharadita de canela molida

1 cucharada de agua de azahar

1 puñado de pistachos picados

Unas hojas de menta, cortadas en rodajas finas (juliana)

Preparación

1. Pelar los kiwis y cortarlos en rodajas de 1 cm de grosor. Colocarlos en una fuente plana.

2. Cortar la parte superior e inferior de las naranjas y colocarlas sobre la superficie de trabajo. Con el cuchillo, cortar hacia abajo, con movimientos uniformes, separando la piel de la pulpa. Desechar la piel y retirar los restos de médula blanca. Cortar las naranjas en rodajas de 1 cm de grosor (en lugar de segmentarlas) y disponerlas en la fuente con los kiwis. Procurar que las naranjas y los kiwis tengan un grosor similar y formen una sola capa en la fuente.

3. Desde cierta altura, rociar la fruta con la miel y luego espolvorear por encima la canela. Salpicar con el agua de azahar, procurando que toque la mayor parte posible de la fruta. Para completar el plato, esparcir los pistachos y la menta sobre la fuente.

OBSERVACIONES FINALES

Me siento privilegiada por haber podido compartir con vosotros mi viaje científico y culinario a través del sistema digestivo, pero en cierto modo también un poco triste porque, por ahora, el viaje de descubrimiento llega a su fin. El proceso de explorar la interconexión entre el sistema digestivo y el mundo de la gastronomía ha sido gozoso y transformador, y me ha producido una profunda satisfacción. Espero que tú también te lleves algunos mensajes positivos para aplicar en tu vida cotidiana.

Ser a la vez médica especializada en el campo de la salud digestiva y cocinera profesional me sitúa en una posición única y privilegiada para poder escribir *Foodology*. A menudo me han preguntado qué se siente al tener dos carreras tan distintas. Pero la realidad es que, para mí, el hilo conductor que une mis vidas de *chef* y médica es que ambas están arraigadas en el deseo de cuidar de los demás; que lo hagas recetando un medicamento o preparando una sabrosa cena es, en cierto modo, secundario. A lo largo de este libro hablo de encontrar el «bienestar digestivo y la felicidad» como una forma de optimizar la salud física y mental a través de la alimentación. Sé que, a primera vista, lo del bienestar digestivo y la felicidad puede sonar un poco… cursi. Pero puedo asegurarte que no he basado nada de lo que escribo en principios hipotéticos; la investigación que he llevado a cabo para elaborar este libro ha sido minuciosa y meticulosa. Me he esforzado por ofrecer la ciencia más actualizada, y basada en pruebas, de una forma accesible y relevante para tu vida diaria como cocinero. También he sido consciente de que ninguna de las afirmaciones que se hacen en este libro es exagerada; cuando el panorama es gris, he dicho que es gris y no he pretendido que sea blanco o negro.

En un mundo en el que los mensajes sobre lo que es «óptimo» comer son contradictorios y a veces abrumadores, utilizar la ciencia como herramienta para ayudarte a fomentar una mejor relación con la comida y la alimentación resulta esclarecedor. Despojarte de las capas de confusión y conceptualizar la comida como un objeto de placer antes que cualquier otra cosa permite elevarte por encima de la vorágine. Saber que el cuerpo humano, en toda su complejidad, está diseñado para disfrutar de los alimentos con su variedad de sabores, texturas y valor social y cultural es la base sobre la que se construyen el bienestar digestivo y la felicidad. Porque el bienestar digestivo y la felicidad no son una dieta, sino una actitud ante la comida y la alimentación.

Encontrar el bienestar digestivo y la felicidad significará cosas diferentes para cada persona en cada etapa de la vida. Por lo tanto, puede que leer este libro ahora y volver a leerlo dentro de unos años te permita llevarte mensajes diferentes, dependiendo de los retos concretos a los que te enfrentes en un momento dado. Aquí se resumen los elementos básicos para lograr la salud digestiva y la felicidad y disfrutar de la comida en todas sus formas.

Los siguientes mensajes se refieren a cómo el sistema digestivo del cuerpo humano está diseñado como vehículo para disfrutar de la comida y te ayudarán a convertirte en el mejor cocinero posible, sentando así las bases para una sensación de bienestar digestivo y felicidad:

> Cocina, cocina y cocina un poco más. Hemos evolucionado como una especie que cocina, y esto es lo que nos distingue de otras criaturas que habitan la Tierra. He optado intencionadamente por incluir recetas en todos los capítulos de este libro para destacar el hecho de que la consecución del bienestar digestivo y la felicidad empieza en la cocina, con el cuchillo, la tabla de cortar, las ollas y sartenes y el contenido del frigorífico y la despensa. Nadie es «demasiado viejo» para aprender a cocinar; y de ser necesario, uno siempre puede perfeccionarse para poder preparar al menos una comida básica.

> Hay que reconocer que probablemente aprendimos a saborear cuando estábamos en el vientre de nuestras madres, y que el placer y el asco están íntimamente ligados al proceso de comer. Establecer los perfiles de sabor no es solo una función de las papilas gustativas de nuestra boca, sino que implica a todos los sentidos, especialmente al olfato. La experiencia de las texturas de los alimentos está entrelazada con nuestro sentido del oído y contribuye en gran

medida a que disfrutemos de la comida. Utilizar activamente todos los sentidos al cocinar te permitirá producir y disfrutar de alimentos más sabrosos.

> Entender que el umami es el misterioso quinto sabor que mejora los sabores puede ayudar a explicar por qué disfrutamos tanto de ciertos platos (como una hamburguesa con queso, por ejemplo). Aprovecha el poder del umami en tu cocina, utilizando alimentos y condimentos naturalmente ricos en umami para realzar tanto los platos salados como los dulces que prepares.

> El mundo de las especias es muy amplio. En general, es probable que muchas de ellas tengan efectos beneficiosos para la salud, pero son difíciles de precisar, dada la escasez de investigaciones en este momento. Derribar las barreras percibidas en el uso de las especias y experimentar instintivamente con ellas en la comida abre la vida a un abanico increíblemente amplio de posibilidades culinarias.

El siguiente conjunto de principios nos da una idea de lo que la ciencia del aparato digestivo nos dice que es más beneficioso comer. Estos principios explican cómo es posible equilibrar el amor por la comida que nos hace la boca agua con el deseo de estar «sanos», en lugar de considerar ambas cosas como entidades separadas:

> El hambre es una experiencia corporal fundamental que vivimos muchas veces al día. Comprender que la forma en que respondemos a las punzadas de hambre puede influir en nuestra salud a largo plazo es un paso hacia la paz con el hambre. Optar por alimentos deliciosos que aporten una liberación constante de energía en lugar de un subidón repentino de azúcar es beneficioso.

> Es fundamental comprender que ninguna «dieta» es útil para todo el mundo. No existen «superalimentos» mágicos para los que quieren perder peso. Todos estamos creados de forma diferente y probablemente tengamos respuestas corporales distintas al comer los mismos grupos de alimentos. Un camino hacia el bienestar digestivo y la felicidad en el futuro puede ser el desarrollo de planes de nutrición individualizados que tengan en cuenta nuestras diferencias.

> Sé uno con los billones de microbios que albergas; son una parte fundamental de ti y pueden influir en tu salud de formas que nunca habrías imaginado. Tus microbios intestinales necesitan ser cuidados y cultivados: necesitan ser alimentados y nutridos, igual que tú

necesitas ser alimentado y nutrido. Conocer los alimentos que ayudan a diversificar los microbios intestinales te ayudará a conectar con el mundo que existe en las profundidades del intestino. Recetas ingeniosas y deliciosas que ayuden a incorporar alimentos prebióticos y probióticos a tus menús diarios pueden contribuir a alcanzar una sensación de plenitud gastronómica.

> Hay que saber que el sistema digestivo no existe como una entidad independiente. El intestino y el cerebro se comunican a través de diversos mecanismos y nuestros microbios intestinales median en esta comunicación. Lo que comemos puede influir en el bienestar mental y el comportamiento de una forma asombrosa. Así pues, encuentra el bienestar digestivo y la felicidad sabiendo que lo que eliges poner en tu interior realmente importa.

> Aprende a aceptar que todos experimentamos flatulencias, hinchazón y estreñimiento en un momento u otro. Ser capaz de hablar abiertamente de estos síntomas sin avergonzarse y reconocer que la alimentación desempeña un papel en su alivio es fundamental si quieres disfrutar de un bienestar digestivo y sentirte pleno.

Soy consciente de que el camino hacia el bienestar digestivo y la felicidad no tiene fin. Los conocimientos científicos, cada vez más amplios, están poniendo en tela de juicio algunos de los conceptos erróneos relacionados con la alimentación y la nutrición que creíamos firmemente ciertos en el pasado. Del mismo modo, en el futuro, a medida que la ciencia avance en nuestra comprensión del impacto de los alimentos en la salud humana, es posible que miremos atrás y nos demos cuenta de lo equivocados que estamos hoy. Se podría argumentar que el bienestar digestivo y la felicidad se encuentran en realidad en un camino de descubrimiento: aprender, evolucionar y participar en un proceso activo (en lugar de pasivo), que tienda puentes entre el mundo de la comida deliciosa y el de los descubrimientos científicos, puede llegar a entregarnos paz.

Tengo treinta y tres años y soy consciente de que me espera toda una vida de aprendizaje. En cierto modo, podría decirse que he escrito *Foodology* en los albores de mi carrera, como gastroenteróloga y como *chef*. Sería fascinante volver a escribirlo al cabo de otros veinticinco años y ver cómo han evolucionado con el tiempo tanto la ciencia médica como las artes culinarias y adónde me ha llevado mi camino hacia el bienestar digestivo y la felicidad. Espero que la ciencia médica y la gastronomía coevolucionen y se muevan a la par más de lo que lo han hecho hasta ahora.

El diálogo abierto entre los distintos agentes —desde médicos y dietistas hasta la industria alimentaria, autores de cocina, gastrofísicos, *chefs*, etcétera— es vital si queremos alcanzar el verdadero nirvana gastronómico.

Mi mensaje final antes de despedirme: el amor por la comida, la cocina y la alimentación es fundamental en la vida del siglo XXI, y creo que es la máxima expresión del cuidado de uno mismo. Así pues, os deseo mucha suerte en este viaje personal hacia el bienestar digestivo y la felicidad, y espero que encontréis la plenitud y el bienestar definitivos en cada parada del camino.

AGRADECIMIENTOS

Un amigo me dijo una vez que se necesita un pueblo para criar a un niño. Pues bien, en cierto modo, escribir un libro no es diferente. Y aunque admito que las palabras que encontraréis impresas en las páginas de *Foodology* son mías, el manuscrito no habría salido adelante de no ser por los esfuerzos acumulados de una serie de personas bastante maravillosas.

Mi marido, el Dr. Usman Ahmed, fue la primera persona que alentó a escribir en este género. Sin él, *Foodology* no habría sido más que una pluma al viento. Él es mi motivación, mi inspiración y el amor de mi vida: mis disculpas si esto te avergüenza, ¡pero había que decirlo!

Hay agentes literarios y luego están los amigos. Para mí, Heather Holden Brown y Elly James, de la agencia HHB, son esto último. Les estoy eternamente agradecida por haber creído tan firmemente en mi propuesta inicial. Nicky Ross, la editora de este libro, ha defendido la filosofía de *Foodology* hasta su publicación y significa mucho que crea no solo en las ideas presentadas en este libro, sino también en mis capacidades como autora. Gracias por luchar por mí.

Olivia Nightingall, Becca Mundy, Caitriona Horne, Anne Newman, Sarah Christie, Elisa Wong (diseño de la portada) y todo el equipo de Yellow Kite books que ha trabajado incansablemente en diferentes aspectos de la producción de este libro. Bravo, no sabéis cuánto os admiro a todos. Estoy muy emocionada por saber adónde nos llevará la próxima etapa de nuestro viaje con *Foodology*.

Muchas gracias a mi amiga Sheriar Arjani. ¡Quién iba a decir que tu título de inglés sería tan útil! Aún no puedo creer que te tomaras el tiempo de editar los capítulos de *Foodology* a pesar de que Ivy nació antes de tiempo. Tú y yo sabemos cuánto valor has añadido al texto de este libro, ayudándome a hacerlo infinitamente más accesible para los no científicos. Lo que más agradezco es que a través de *Foodology* hayamos tenido la oportunidad de convertirnos en amigas por derecho propio. Estoy segura de que el valor de esta amistad irá mucho más allá del éxito de este libro.

Otro agradecimiento a todas las personas de mi entorno de cuyos consejos me he podido beneficiar. Al profesor Stephen Roper, a los consultores de gastroenterología del NHS del Decanato del Noroeste de Londres y a mi colega y amigo el Dr. Arun Sivananthan (por los chistes).

Por último, a título personal, di a luz a mi segundo hijo en plena pandemia de COVID. He escrito este libro mientras lo alimentaba, lo mecía y lo acunaba. Noches hasta tarde, bebés llorando, leche, vómitos, educación en casa y *Foodology* abierto en mi portátil; así era mi vida en 2020. Mis dos hijos me han ayudado a sobrellevar la pandemia y siempre seguirán siendo mi fuerza motriz y mi motivación para que mi vida y mi trabajo sean un éxito. Os quiero a los dos.

Tantas personas han perdido tanto en esta época sin precedentes. La fragilidad de la existencia humana se ha puesto de manifiesto como nunca antes. Espero que este libro sea un rayo de sol y traiga algo de positividad a vuestras vidas. ¡Adelante!

TABLA DE CONVERSIÓN MÉTRICO/IMPERIAL

Todas las equivalencias se han redondeado para mayor comodidad.

Volumen (ingredientes secos,una guía aproximada)	Tazas	Gramos
Mantequilla	1 taza (2 barritas)	225 g
Copos de avena	1 taza	100 g
Polvos finos (por ejemplo, harina)	1 taza	125 g
Pan rallado (fresco)	1 taza	50 g
Pan rallado (seco)	1 taza	125 g
Frutos secos (por ejemplo, almendras)	1 taza	125 g
Semillas (por ejemplo, de chía)	1 taza	160 g
Frutos secos (por ejemplo, pasas)	1 taza	150 g
Legumbres secas (grandes, por ejemplo, garbanzos)	1 taza	170 g
Granos, granulados y legumbres secas pequeñas (p ej., arroz, quinoa, azúcar, lentejas)	1 taza	200 g
Queso rallado	1 taza	100 g

Peso

g	oz
25 g	1 oz
50 g	2 oz
100 g	3 1/2 oz
150 g	5 oz
200 g	7 oz
250 g	9 oz
300 g	10 oz
400 g	14 oz
500 g	1lb 2 oz
1kg	2 1/4 lb

Volumen (líquidos)

ml	oz	cucharadita/taza
5 ml		1 cucharadita
15 ml		1 cucharada
30 ml	1 fl oz	1/8 de taza
60 ml	2 fl oz	1/4 de taza
75 ml		1/3 de taza
120 ml	4 fl oz	1/2 de taza
150 ml	5 fl oz	2/3 de taza
175 ml		3/4 de taza
250 ml	8 fl oz	1 taza
1 lt	1 cuarto	4 tazas
1kg	2 1/4 lb	

Temperaturas del horno

Celsius	Fahrenheit
140	275
150	300
160	325
180	350
190	375
200	400
220	425
230	450
500 g	1 lb 2oz
1kg	2 1/4 lb

Longitud

cm	pulgadas
1 cm	1/2 pulgada
2,5 cm	1 pulgada
20 cm	8 pulgadas
25 cm	10 pulgadas
30 cm	12 pulgadas

Este libro se terminó de imprimir
en el mes de agosto de 2024
en Industria Gráfica Anzos, S. L. U. (Madrid)